KB057457

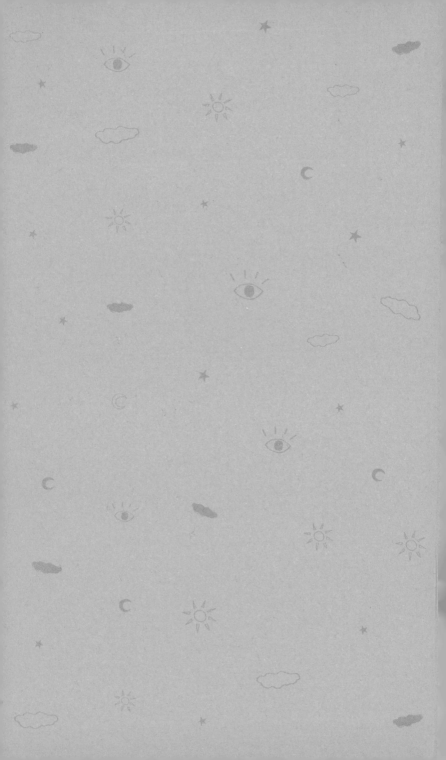

한 입 매 일 철 학

한입

매일

철학

일상의 무기가 되어줄 20가지 생각 도구들

황진규
지음

지식너머

'덕질'이
우리를 구원하리라

'오타쿠'라는 말을 아시나요? 한때 '오타쿠'는 부정적인 의미
였지요. 게임, 장난감, 인형 등 쓸모없는 분야에 편집증적
으로 집착하느라 사교성이 결여된 사람을 의미했으니까요.
'오타쿠'가 일본어로 '집'을 의미하는 이유도 그래서일 겁니
다. '오타쿠'는 게임, 장난감, 인형 등에 미쳐서 집에만 틀어
박혀 있으니까요. 하지만 시간이 지나면서 '오타쿠'란 말에
긍정적 의미도 생겨납니다. 이제 '오타쿠'는 한 분야의 마니
아이자, 전문가보다 더 전문적인 비전문가를 의미합니다.

그렇습니다. 저는 '철학 오타쿠'입니다. 직장을 다니
며 시작한 철학 공부는 제 일상을 뒤흔들었습니다. 누구보

다 외향적이고 사교적이었던 저는 철학 공부를 위해 점점 '사회적 골방'으로 고립되어 갔지요. 급기야 직장까지 그만두고 '집필실'이라고 이름 붙인 '물리적 골방'에 틀어박혔습니다. 그곳에서 철학을 공부하고 글을 쓰는 '철학 오타쿠'가 되었지요.

그래서일까요? 사람들은 제게 종종 묻습니다. "먹고살기도 바쁜 세상에 왜 철학을 공부하세요?" 이런 질문을 받을 때마다 '선배 오타쿠'였던 친구의 얼굴이 떠오릅니다. '오타쿠=사회적 패배자'라고 여기던 시절, 이미 '오타쿠'였던 친구에게 저 역시 같은 질문을 한 적이 있습니다. "야! 먹고살기도 힘든데 건담이 왜 필요하냐?" 친구는 담담한 표정으로 답했습니다. "그냥 좋아. 애들(건담) 하나씩 조립하고 세워두면 마음이 편안해." 제가 철학을 공부하는 이유와 친구가 건담을 모았던 이유는 다르지 않았습니다.

누구보다 열심히 살고 있다고 믿으며 지내던 어느 날, 교통사고처럼 우울증이 찾아왔습니다. 그 우울증은 불안, 초조, 무기력, 불면, 조울증은 물론이고 심지어 삶의 의미마저 잠식했습니다. 우울증은 저를 집요하게 괴롭혔습니다. 세상이 커 보일수록 저는 쪼그라들었지요. 우울증에서 벗어나고 싶었습니다. 아니, 살고 싶었습니다. 하지만 발버둥 칠수록 벗어나기는커녕 우울증이 더 깊어졌지요.

    그러던 중 한 명의 철학자를 만났습니다. 삶에 대한 확신, 해박한 지식, 단호한 어투, 번뜩이는 통찰, 매혹적인 역설에 매료되었습니다. '오타쿠'가 자신이 좋아하는 분야를 파고드는 행위를 '덕질'이라고 하지요. 저는 철학이라는 '덕질'을 시작했습니다. 무작정 철학책들을 사다 모았고, 무슨 말인지 이해하지 못하는 내용을 막무가내로 읽어 내려갔습니다. 그리고 그 '덕질'에 빠져들면서 삶이 바뀌는 놀라운 경험을 했습니다.

    물론 철학이라는 '덕질'이 삶의 구체적인 문제를 해결해 주지는 않았지요. 하지만 철학을 공부하는 순간만큼은 그렇게 마음이 편할 수가 없었습니다. 저 역시 '건담 오타쿠'인 친구처럼, "철학이 그냥 좋아. 마음이 편안해져"라고 말하고 있었습니다. 무엇을 성취하기 위한 수단으로써의 공부가 아니라, 그 자체가 목적인 공부가 얼마나 큰 즐거움을 주는지 알게 되었습니다. 공부의 즐거움을 학교를 졸업하고 한참이 지난 후에야 알게 된 셈이었지요. 철학을 공부하는 즐거움은 우울증도 가라앉게 해 주었어요. 그렇게 저는 철학이라는 '덕질'에 빠진, '철학 오타쿠'가 되었습니다.

이 책을 펼쳐든 여러분께 가장 먼저 하고 싶은 말이 있습니다. 지금 혹시 '건담'과 '철학'처럼 간절히 하고 싶은 '덕질'이 있나요? 그냥 좋은, 그래서 마음이 편안해지는 '덕질'이 떠오르셨나요? 그렇다면 이 책을 덮고 당장 그 '덕질'을 하러 달려가세요. 세상 사람들의 시선 따위는 신경 쓰지 마세요. 그 대상이 무엇이든, '덕질'은 우리를 구원할 겁니다. 성취를 위한 수단이 아닌, 그 자체가 목적인 삶의 영역이 우리를 구원하니까요.

아쉽게도, 마땅히 떠오르는 '덕질'이 없다면, 철학이라는 '덕질'을 한번 맛보면 어떨까요? 철학 오타쿠가 전하는 철학 덕질의 즐거움을 함께 나눌 수 있다면 좋겠습니다. 너무 가볍지도, 그렇다고 너무 무겁지도 않은 삶의 즐거움, 철학의 즐거움을 느낄 수 있다면 좋겠습니다. 혹시 또 아나요? 철학의 즐거움을 통해, 마치 요술 빗자루를 타게 되는 것과 같은 경험으로 더 이상 이전과 동일한 인간이 아닌 사람이 될 수 있을지 말이에요.

2018년 2월 7일
철학 오타쿠, 황진규 씀

철학을
내 삶의 무기로 삼는 법!

철학은 행복에서 영감을 받은 감정철학, 지식에서 영감을 받은
이론철학, 행동에서 영감을 받은 실천철학으로 분류된다.

버트런드 러셀, 《서양 철학사》

영국의 대표 철학자, 버트런드 러셀은 철학을 전공하
지 않은 사람들에게 유용할 철학 분류법을 소개한 적이 있
습니다. 러셀의 분류법에 따르면, 철학은 감정철학, 이론철
학, 실천철학으로 나눌 수 있지요. 러셀이 말한 이 세 가지
철학은 각각 어떤 의미를 담고 있을까요?

먼저 '감정철학'은 행복에 관한 철학입니다. 즉, "삶은

행복한 것일까, 불행한 것일까?" 혹은 "삶은 어떻게 행복에 이를 수 있을까?"와 같은 질문에 나름의 답을 하는 철학입니다. '이론철학'은 말 그대로 이론에 관한 철학입니다. 앎 그 자체에 집중해서 체계를 갖추는 철학입니다. 위대한 체계를 갖춘 대부분의 철학은 이론철학이지요. '실천철학'은 행동을 중요하게 여기는 철학입니다. 앎이 삶을 위한 실천으로 이어지는 것이 중요하다고 여기는 철학이에요. 즉, 실천철학에서 앎은 성공적인 실천을 위한 일종의 도구이지요.

여기서 질문! 그렇다면 지금 우리에게는 어떤 철학이 필요할까요? 러셀의 분류법을 빌려 이야기하자면, 지금 우리에게 필요한 철학은 감정철학과 실천철학일 겁니다. 이론철학이 '앎'에 더 깊이 맞닿은 철학이라면, 감정철학과 실천철학은 '삶'에 밀접한 철학이기 때문입니다.

지금 우리에게 중요한 것은 '앎'이 아니라 '삶'이기에, 우리는 감정철학과 실천철학에 집중해야겠지요. 행복은 무엇인지, 또 그 행복은 어떻게 가능한지(감정철학) 묻고, 그 행복에 도달하기 위해 어떤 행동이 필요한지(실천철학)를 물어야 합니다. 저는 감히, 러셀의 철학 분류법을 조금 바꾸고 싶습니다. 이론철학에 '앎의 철학'이라는, 감정철학·실천철학에 '삶의 철학'이라는 이름을 붙이고 싶습니다.

여러분이 이제부터 만나게 될 철학은 '삶의 철학'입니다. 많은 철학자와 철학적 개념을 만나게 될 겁니다. 그건 일종의 '앎의 철학'이지요. 하지만 거기에 신경 쓰지 않으셔도 됩니다. 다만, 그 '앎'이 상처 입은 우리네 '삶'에 어떤 도움이 되는지 염두에 두셨으면 좋겠어요. 그렇게 '삶의 철학'에 집중하셨으면 합니다. 여러분께 닿은 이 책은 '앎'과 '삶'을 연결하고, 그래서 '삶'을 위한 '앎'이 되는 철학을 이야기해 나갈 겁니다.

　　'앎'과 '삶'을 연결, 그리고 '삶'을 위한 '앎'. 이 두 가지 태도는 책 전체를 관통하고 있습니다. 이 두 가지 태도를 놓치지 않는다면, 철학은 우리 삶의 든든한 무기가 되어 줄 겁니다. 철학을 내 삶의 무기로 삼는 법! 이것이 제가 지향하는 철학이고, 여러분에게 전하고 싶은 철학입니다. 그 철학을 통해 상처받은 여러분의 삶을 돌아보고, 그 상처를 치유하면 좋겠습니다. 더 나아가 거친 세상에서 피할 수 없는 상처를 최소화하며 스스로를 보호한다면 더 바랄 나위가 없을 것 같습니다.

　　조금 더 욕심을 내어보자면, 이 책으로 철학의 쓸모를 알게 되셨으면 좋겠습니다. 철학이 우리네 삶을 바꿀 '삶의 기술'이라는 사실을 말이지요. 제가 전하는 '삶의 철학'이 여러분의 '삶의 기술'이 되기를 바랍니다. 여러분께 닿은 이 유리병 편지로 어제보다 더 건강하고 유쾌한 오늘을 살아가 기를 진심으로 바랍니다.

CONTENTS

01

선입견과 편견에서
벗어날 수 있을까요?

데카르트의 '코기토'

"남자(여자)는 원래 다 그래!"는 맞는 말일까?

'저 인간은 딱 봐도 싸이코네!', '직장을 그만두면 먹고살기 힘들어!', '여자(남자)는 원래 다 그래!', '돈만 있으면 행복해 질 수 있어!' 말로 내뱉든, 그렇지 않든 많은 이들의 머릿속에 있는 생각들이다. 이런 생각들은 맞는 걸까? 딱 봐도 싸이코인 인간은 정말 싸이코인 걸까? 직장을 그만두면 정말 먹고살기 힘들까? 여자(남자)는 정말 원래 그런 걸까? 돈만 있으면 정말 행복해질 수 있는 걸까? 아니다. 이런 생각은 대체로 선입견 혹은 편견이다.

'딱 봐도 싸이코'라고 생각했던 사람이 사실은 나와 다른 삶의 기준을 가진 조금 예민한 사람일 수 있다. 직장을 그만두고 더 잘 사는 경우도 많으며, 세상에는 여성(남성)스럽지 않은 여자(남자)도 많고, 돈이 많아서 불행해지는 경우도 흔하다. 이처럼 우리가 마치 정답처럼 생각했던 것 중 상당 부분은 선입견이거나 편견이다. 선입견과 편견은 있는 그대로의 삶의 진실을 파악하지 못하게 한다. 그렇다면 선입견이나 편견은 왜 생길까?

선입견·편견은 왜 생길까?

어느 선이 더 길까? 아래쪽 선이 더 길어 보인다. 하지만 실제로 두 선의 길이는 같다. 이런 종류의 착시들은 인간의 '지각(시각·청각·후각·촉각)'이 얼마나 불완전한지를 드러낸다. 여기서 중요한 점은 인간의 불완전한 지각이 '의식(생각·판단·신념)'의 불완전성으로 이어진다는 사실이다. 왜 그럴까? 생각하고 판단하기 위해서는 정보가 필요한데, 그 정보를 지각을 통해서 받아들인다. 그런데 지각이 불완전하면 받아들인 정보 역시 불완전할 수밖에 없다. 그러니 그 부정확한 정보로 아무리 잘 생각하고 판단해도 완전한 의식에 이를 수 없다.

말하자면, 시각·청각·후각·촉각 같은 '지각'의 불완전성이 생각·판단·신념 같은 '의식'의 불완전성을 일으키는 셈이다. 이것이 선입견과 편견이 생기는 이유다. 인간의 지각 능력은 불완전하기에 제한된 혹은 왜곡된 정보를 받아들일 수밖에 없고, 그런 정보들로 구성된 의식 역시 제한적이고 왜곡될 수밖에 없다. 이런 의식의 한계를 대표적으로 드러내는 것인 선입견이나 편견이다.

세상 사람들은 대체로 자신은 선입견이 없다고 생각한다. 그래서 사람도, 세상도 있는 그대로 볼 수 있다고 믿는다. 하지만 선입견이나 편견이 없는 사람은 없다. 인간의 지각 능력 자체가 불완전하니까. 자기 삶의 맥락을 넘어선 것들을 온전히 지각할 수 있는 사람은 세상에 존재하지 않는다. 그렇다면 선입견과 편견은 누구에게나 있으니까, 그걸 넘어선 사람은 없으니까, 선입견을 그냥 두어도 좋을까? 쉽게 답할 수 있는 문제가 아니다.

선입견과 편견은 인간을 불행하게 한다

선입견과 편견이 없는 사람은 없다. 하지만 선입견과 편견을 극복하려고 애를 써야 한다. 그것을 극복하는 삶이 행복한 삶이기 때문이다. '딱 봐도 싸이코'라고 생각했던 사람이 사실은 조금 예민한 좋은 사람일 수 있다. 하지만 선입견 때문에 그 사람과 돌이킬 수 없는 불행한 관계가 되곤 한다. '직장을 그만두면 먹고살지 못한다'라는 편견은 또 어떤가? 육체와 영혼을 모두 질식시키는 직장을 떠나지 못하는 불행한 삶은 바로 그 편견에서 시작되었는지 모른다.

'남자(여자)는 다 그래', '돈만 있으면 행복해질 수 있어'라는 편견도 마찬가지다. 전자의 편견은 새로운 이성을 만나 다채롭고 풍요로운 관계를 만들 가능성을 막는다. 후자의 선입견은 돈 이외에 삶을 행복하게 만드는 가치를 발견할 가능성을 애초에 차단한다. 생각해 보라. 새로운 사람을 만나 사랑을 나누지 못하는 불행한 삶은 '남자(여자)는 다 그래', '돈만 있으면 행복해질 수 있어'라는 선입견과 편견이 만들어낸 것일지도 모른다. 그러니 이렇게 말할 수 있겠다. "선입견과 편견에 갇힌 만큼 불행하고, 선입견과 편견을 극복한 만큼 행복하다."

그렇다면 선입견과 편견을 어떻게 극복할 수 있을까? 방법이 있다. 의심이다. 의심하면 된다. 내가 확실하다고, 옳다고 믿는 것들을 처음부터 모조리 의심해 보면 된다. 의심의 과정을 통해 우리를 지배하고 있는 선입견에서 조금씩 벗어날 수 있다. 이쯤에서 '의심의 철학자'라고 불릴 만큼 세상의 모든 것을 의심했던 철학자를 만나보자. 르네 데카르트Rene Descartes다.

의심의 철학자, 데카르트

데카르트는 모든 것을 의심해야 한다고 생각했다. 그는 *"나는 최고의 능력과 책략을 겸비한 심술궂은 악마가 온 힘을 다해 나를 속이려 든다고 가정하려고 한다"*라고 말할 정도로 모든 것을 의심하려고 했다. 데카르트는 먼저 사고의 모든 바탕을 포기했다. 감각으로 지각하는 것뿐만 아니라 가장 확실하고 분명한 것들마저 의심의 대상으로 삼았다. 예를 들면 '2와 3을 더할 때마다 계산을 잘못하는 것일 수도 있지 않을까?'라고 의심했다.

데카르트가 이렇게까지 극단적으로 모든 것을 의심한 이유는 무엇일까? 데카르트는 철학이 불확실한 지식에 확실한 기초를 제공해야 한다고 생각했기 때문이다. 쉽게 말해, 확실한 지식이라는 목적지에 도달하기 위한 첫걸음은 결코 의심의 여지가 없는 것이어야 한다고 생각했다. 세상에 널린 불확실한 지식은 그 첫걸음이 잘못되어 발생한 엉

뚱한 목적지니까 말이다. 처음 구구단을 잘못 외우면 모든 곱셈을 엉뚱하게 하는 것처럼 말이다.

더욱이 데카르트에게 철학은 결코 틀려서는 안 되는 것이었기에, 철학의 출발점은 더없이 자명하고 확실해야 했다. 그래서 데카르트는 모든 것을 마지막까지 집요하게 의심하려고 했다. 데카르트는 끊임없는 의심을 통해 절대 의심할 수 없는, 그래서 모든 사고의 시작점이 될 만한 그 무엇을 찾고 싶었던 것이다. 그런데 그런 것이 존재할까? 세상에 어떤 경우에도 자명하고 확실한 것이 있을까?

회의주의적 관점으로 세상을 바라보면 확실한 것은 존재하지 않는다. '백조는 희다'라는 것은 의심할 수 없는 사실일까? 회의주의자들은 이렇게 묻는다. "검은 백조가 있으면 어쩔 건데?" 회의주의자들에게 '백조는 희다'라는 것은 확실한 사실(진리)이 아니다. 검은 백조가 아직 나타나지 않았을 뿐이다. 실제로 데카르트는 회의주의자들의 공격을 받았다. 그러나 데카르트가 괜히 의심의 철학자인가? 그는 회의주의자들의 집요한 공격에도 불구하고 포기하지 않았다. 결코 의심할 수 없는 더없이 자명하고 확실한 것을 기어이 찾아내고 만다. 데카르트의 이야기를 직접 들어보자.

나는 지금까지 내 정신 안에 들어온 모든 것을 꿈에서 등장하는 환상보다 조금도 참되지 않다고 여기기로 결심했다. 그러나 이렇게 내가 모든 것이 거짓이라고 생각하는 동안에도 이렇게 생각하는 나 자신은 반드시 무언가로 존재해야 한다는 사실을 깨닫게 되었다. 그리고 '나는 생각한다, 고로 존재한다cogito, ergo sum'라는 진리는 매우 확고하고 확실한 것으로써 회의주의자들의 터무니없는 억측에도 결코 흔들리지 않는 점에 주목하여 나는 이것을 내가 추구했던 철학의 제1원리로 받아들이는 데 조금도 주저할 필요가 없다고 판단했다.

《방법서설》

데카르트의 '코기토'

데카르트라는 이름은 들어보지 못했더라도, *"나는 생각한다, 고로 존재한다"*라는 말은 한 번쯤 들어봤을 테다. 데카르트가 발견한 결코 의심할 수 없는 어떤 것은 바로 '코기토cogito'였다. 코기토는 '생각하다'라는 뜻을 가진 라틴어 cogitare의 1인칭 형태다. 즉 코기토는 '나는 생각한다'라는 뜻이다. 세상 모든 것을 다 의심할 수는 있지만, 의심하는 자기 자신만은 결코 의심할 수 없다는 것이다. 데카르트는 '의심이라는 생각을 하고 있는 자기 자신만은 어떤 식으로

든 의심할 수 없다'라는 확실한 사실을 발견했다.

데카르트는 철학의 시작점을 코기토로 삼았다. 코기토에서 출발해서 필연적으로 이어지는 추론을 통해 더 이상 논란의 여지가 없는 진실에 도달하려고 했다. "어떻게 선입견으로부터 벗어날 수 있을까?"라는 질문에 데카르트라면 이렇게 답할지도 모르겠다. "생각(의심)하고 있는 자신을 제외한 모든 것을 의심하라!" 데카르트의 말처럼, 코기토를 제외한 모든 것을 의심하기 시작할 때, 우리에게 저주처럼 들러붙은 선입견으로부터 조금씩 벗어날 수 있다.

이쯤 되면 의아하다. 요즘 같이 팍팍한 세상에 의심 없이 사는 사람은 없다. 오히려 지금은 '믿음이 없는 시대'이지 않은가? 우리는 왜 의심이 판치는 세상에 살면서도 선입견에서 벗어나지 못하는 걸까? 이 물음에 대한 답은 의심 자체가 아니라 '의심하는 태도'에서 찾아야 한다. 의심하는 태도에 관해서 이야기하기 위해 다시 데카르트로 돌아가 보자.

'코기토'의 진짜 의미

사실 데카르트의 '코기토'는 철학사적 맥락에서 보면 한계가 많은 개념이다. 그럼에도 불구하고 여전히 데카르트는 철학사에서 묵직하게 한자리를 차지하고 있다. 왜일까? 그 이유는 데카르트가 '근대 철학의 아버지'이기 때문이다. 데카르트는 철학사에서 중세를 종결짓고 근대를 열었다고 평가받는다. 그렇다면 데카르트는 어떻게 근대 철학의 아버지가 되었을까?

중세는 신이 중심인 시대였다. 말 그대로 '하나님이 아버지'인 시대였다. 신의 말씀이 진리이고, 세상 만물은 그 진리에 따른다고 믿었던 시대였다. 즉, 내가 존재하는 이유도 당연히 신 때문이었다. 바로 여기에서 코기토의 숨겨진 의미를 찾을 수 있다. 코기토를 다시 생각해 보자. *"나는 생각한다, 고로 존재한다"*라는 것이 코기토다.

중세 시대에 이 말은 어떤 함의를 가졌을까? 불온하고 불경스럽게도 신을 부정하는 이야기일 수밖에 없다. '나'의 존재 이유는 '신'이어야 하는데, 지금 데카르트는 '나'의 존재 이유를 '생각(이성)'에서 찾고 있는 것이 아닌가! 데카르트는 인간의 존재 이유가 '신'이 아니라 '이성(생각)'이라고 말했던 것이다. 신이 세상의 중심인 시대에 이보다 더 불경스럽고 불온한, 그래서 위험한 이야기도 없었을 테다.

코키토의 숨겨진 의미는 '의심의 태도'다. 데카르트가 말하고자 하는 의심의 태도는 무엇이었을까? 익숙하고 편안한 삶을 송두리째 흔들 만한 것들까지도 과감하게 의심하는 태도였다. 중세를 살았던 데카르트에게 코기토는 분명 위험한 의심이었다. 조르다노 부르노라는 철학자는 신의 존재를 의심하다가 화형을 당했고, 데카르트는 무신론을 선전하는 위험한 인물로 고발되기도 했다. 그러니 데카르트의 코기토는 얼마나 위험한가.

의심하는 것들과 의심하지 않는 것들

지금 우리는 많은 것을 의심하며 산다. 그 많은 의심에도 불구하고 선입견과 편견에서 벗어나지 못하는 이유를 알 것도 같다. 우리는 우리의 삶을 정당화시키는 것들, 익숙하고 편안한 것들에 대해서는 절대 의심하지 않는다. '저 사람은 싸이코야!'라는 생각은 절대 의심하지 않는다. 그걸 의심하지 않아야 그를 비난하고 무시하는 자신의 삶이 정당화되기 때문이다. '돈만 있으면 행복해질 수 있어'라는 선입견은 의심하지 않는다. 그걸 의심하지 않아야 돈을 벌기 위해 무슨 짓이든 하려는 자신의 익숙한 삶이 유지되는 까닭이다.

하긴 이해 못할 바도 없다. '그는 싸이코가 아닐지도 몰라'라고 의심하는 순간, 이제껏 그를 비난하고 무시했던 내 삶을 부정하게 될지도 모르니까. '돈이 없어도 행복하지 않을까?'라고 의심하는 순간, 돈을 벌기 위해 기계처럼 살고 있는 지금의 삶을 부정하게 될지도 모르니까. 대체로 우리는 이러한 자기 부정을 감당하지 못한다. 자기부정은 필연적으로 지금의 삶을 낯설고 불편하게 하고, 급기야 위험하게 만든다. 우리의 의심과 데카르트의 의심은 분명 다르다. 정확히는 의심의 태도가 다르다.

우리는 의심한다. 익숙한 삶을 부정하고, 낯설게 하고, 불편하게 하고, 위험하게 하는 것들에 대해서는 집요하게 의심한다. "적게 가지는 것에 행복이 있어!", "직장을 떠나면 새로운 삶이 보여!", "사랑은 사람을 변하게 해!"라는 이야기는 집요하게 의심한다. 그 이유는 분명하다. 적게 가지는 것, 직장을 떠나는 것, 사랑을 시작하는 것이 익숙한 삶을 부정하고, 낯설게 하며, 불편하게 하고, 결국에는 위험하게 만들기 때문이다. 우리의 의심은 언제나 익숙한 삶을 부정하고 낯설게 하며, 불편하게 하고, 위험하게 하는 것들을 향해 있다. 역설적이게도 이런 의심들은 선입견과 편견을 더욱 고착시킬 뿐이다.

의심하는 용기를 가져라!

선입견과 편견에서 벗어날 길은 분명 의심이다. 하지만 모든 의심이 선입견을 벗어나게 하지는 않는다. 데카르트가 의심을 통해 중세를 벗어나 근대를 열어젖혔던 것처럼, 우리 역시 익숙한 삶, 편안한 삶, 안전한 삶, 그리고 그런 삶을 정당화시키는 것들까지 과감하게 의심할 수 있어야 한다. '익숙한 집이 사실은 불행의 근원은 아니었을까?', '편안한 연애는 이미 사랑이 끝난 것 아닐까?', '안전한 직장이 내 영혼을 좀먹고 있는 건 아닐까?'라고 의심할 수 있어야 한다.

이런 의심들만이 우리의 내면에 견고한 성처럼 버티고 있는 선입견을 무너뜨릴 수 있다. 하지만 선입견을 무너뜨리는 의심에는 용기가 필요하다. 선입견에 균열을 내는 의심은 필연적으로 우리네 삶을 부정하고, 낯설게 하고, 불편하게 하고, 끝내는 위험하게 만들기 때문이다. '의심할 수 있는 용기', 그것이 우리를 선입견에서 벗어나게 한다. 의심보다 중요한 것은 의심할 수 있는 용기를 가지는 태도다.

과감하게 의심할 용기가 없다면 아무리 많은 의심을 한다고 할지라도 선입견에서 자유롭기는커녕, 더 견고한 선입견에 갇히게 될 테다. 그래서였을까? 칸트는 선입견을

'스스로 사유하기를 원치 않는 수동적인 이성이 취하는 준칙이며, 더불어 그 객관성 여부는 숙고해 보지도 않은 준칙'이라고 했다. *"과감하게 알려고 하라! 스스로의 지성을 사용할 용기를 가져라!"*라는 칸트의 외침이 귀에 맴돈다. 그렇다. 선입견에 갇혀 미성숙한 상태에 머무는 것은 '이성(의심)'의 문제가 아니라 '용기'의 문제다.

데카르트가 우리에게 남긴 유산은 '코기토'라는 철학적 개념이 아닐지도 모르겠다. 그가 남긴 진정한 유산은 '의심할 수 있는 용기'가 아닐까? 익숙함이나 편안함과 결별하고, 낯섦, 불편, 위험을 초래할 수 있는 것들까지 과감하게 의심할 수 있는 용기 말이다. 데카르트에게 배워야 할 철학은 엄격하게 의심하는 태도와 권위에 의존하기를 거부하는 태도라고 나는 믿고 있다. 그런 태도로 우리에게 집요하게 들러붙은 선입견을 하나씩 떼어내면 좋겠다. 그렇게 각자 조금 더 밝고 유쾌한 삶을 이어갈 수 있다면 좋겠다.

데카르트에 대해서 조금 더 알려면 '사유'와 '연장'이라는 개념을 살펴보자. 이 두 개념을 파악하기 위해서는 먼저 '실체'를 이해해야 한다. '실체'는 모습이 바뀌고 다른 것처럼 보이는 경우에도 변하지 않는 본질을 의미한다. 실체는 다른 변화를 만들어내지만, 다른 것에 의존하지 않는 영원한 특징이다. 이렇게 생각하면 쉽다. 컵 속에 물이 있는 경우를 생각해 보자. 컵 모양에 따라 물의 모양은 달라지지만, 물이라는 본질은 변하지 않는다. 컵에 따라 여러 변화를 만들어내지만, 물 자체는 다른 것에 의존하지 않는다. 이 물 자체를 '실체'라고 할 수 있다.

데카르트는 모든 사물에는 두 가지 '실체'가 있다고 주장했다.

그것이 바로 '사유'와 '연장'이다. (데카르트의 '이원론'이란 것은 두 개의 실체를 가정하고 있다는 것을 의미한다.) 먼저 '사유'는 물리적인 공간을 차지하지 않는 성질을 의미한다. '연장'은 물질, 물체의 가장 중요한 특징으로 공간적인 자리를 차지하는 것을 의미한다. 데카르트의 철학 체계 안의 모든 것은 '정신(사유) - 물체(연장)'의 이원론적인 관점에서 설명된다.

인간이라는 실체 역시 마찬가지다. 데카르트에게 인간은 육체라는 '연장'과 정신이라는 '사유', 두 가지 실체로 이루어진 존재다. 여기서 놓치지 말아야 할 것은 데카르트는 사유(정신)를 연장(육체)보다 우선했다는 점이다. 그도 그럴 것이 인간의 정신에는 '본유관념'이 있기 때문에 정신 그 자체는 완벽하고 생각했다. 그래서 데카르트에게 '나'란 '생각하는 나', 곧 정신과 동일한 것으로 여겼다. 데카르트에게 문제는 육체(연장)다.

'남의 것을 훔치면 안 된다'라는 것을 정신은 분명히 안다. 정신은 완벽하니까. 하지만 때로 인간은 남의 것을 훔친다. 즉, 인간의 이성(정신)은 완벽한데 비이성적인 행동을 하는 인간이 있다. 데카르트는 이 논리적인 모순을 육체(연장)로 해결한다. 현실에서 인간의 정신이 완전하지 않은 이유를 육체 때문이라고 진단했다. 육체를 갖고 있기에 발생할 수밖에 없는 본능(배고픔), 감정(질투), 욕망(훔치고 싶다)과 같은 것들이 이성을 교란

시킨다고 보았다. 그래서 데카르트는 정신(이성)이 완전성을 발휘하려면 육체적인 면을 통제하고 억압해야 한다고 믿었다.

데카르트는 도덕학을 최고의 학문이라고 말한 적이 있다. 이는 데카르트에게 너무나 당연한 귀결이다. 엄격한 도덕적 규칙이 육체를 가장 효과적으로 통제할 수 있기 때문이다. 데카르트는 인간이 자연을 지배하기 위해서는 자연을 잘 알아야 하는 것처럼, 정신이 육체를 잘 지배하기 위해서는 육체를 잘 알아야 한다고 주장했다. 육체에서 생겨나는 본능과 감정, 욕망을 규제하고 그 힘을 조절하기 위해서는 육체를 잘 알아야 한다고 말했다. 데카르트의《관념론》은 이러한 문제의식에 기반한 저서다.

데카르트의 철학 자체보다 그의 철학이 우리에게도 여전히 남아 있다는 사실에 주목해야 한다. 우리는 의식적이든, 무의식적이든 인간을 육체와 정신으로 나누어 생각하는 경향이 있지 않은가. 더 나아가 정신적인 것(독서, 사색)은 고상하고 훌륭한 것이고, 육체적인 것(섹스, 잠)은 천박하고 억눌러야 할 것으로 여기는 경향이 있지 않은가. 정신과 관련된 것은 중요하고 소중한 것으로, 육체와 관련된 것은 참고 억눌러야 할 것으로 믿는 것은 데카르트가 남긴 선입견과 편견은 아닐까?

02

사람들에게
관심 받고 싶은가요?

파스칼의 '허영'

왜 SNS에 열광하는 걸까?

집, 카페, 음식점, 여행지, 어디든 빠지지 않는 일상적인 장
면이 있다. 바로 '셀카'다. 사람들은 스마트폰이나 디지털
카메라로 연신 사진을 찍는다. 무작정 찍는 건 아니다. 절
묘하게 카메라 앵글을 조정해서 '없어 보이는' 배경은 가리
고, '있어 보이는' 배경은 부각해 드러낸다. 매 순간 얼굴 각
도를 조절해 가장 예쁘고 행복해 보이게 하는 것도 잊어서
는 안 된다. 포인트는 하나 더 있다. 카메라를 들고 스스로
를 찍으면서도 마치 타인에게 찍힌 것처럼 찍어야 한다. 마
지막 작업이 남았다. 일명 '뽀샵'이다. 배경색을 조절해 분

위기를 극대화한다. 그제야 비로소 SNS에 사진을 올릴 수 있다.

페이스북, 인스타그램, 트위터 등 SNS에 열광하는 시대다. 식사를 하러 가서 사진을 찍는 건지, 사진을 찍으러 가서 식사를 하는 건지 알 수 없는 시대다. 적지 않은 노력과 시간을 들이면서까지 왜 그럴까? 연신 '셀카'를 찍고 SNS에 사진을 올리는 이들에게 이유를 물은 적이 있다. "사진 찍는 게 좋아서" 혹은 "소중한 추억을 간직하고 싶어서"라고 답했다. 하긴 사진 찍는 게 좋은데 거기에 무슨 이유가 필요할까?

하지만 뭔가 석연치 않다. "사진 찍는 게 좋아서"라고 말한 사람을 유심히 살펴보자. 입은 옷이 맘에 들지 않거나 화장을 하지 않은 날이면 사진을 찍지 않는다. 소중한 추억을 간직하고 싶어서 SNS를 한다고 말하는 사람도 석연치 않은 건 마찬가지다. 추억을 간직하고 싶으면 사진을 찍어서 혼자 간직하면 될 일이 아닌가? 함께 있는 사람과 좋은 추억을 만들 시간에 굳이 사진을 편집해서 기어이 SNS에 올리는 건 앞뒤가 안 맞다. 우리가 SNS에 열광하는 진짜 이유는 뭘까?

파스칼의 '심정'

이 질문에 답할 철학자는 수학자이며, 물리학자였던 블레이즈 파스칼Blaise Pascal이다. 파스칼이라면 "왜 SNS와 '셀카'에 열광하는가?"라는 질문에 이렇게 답할 것이다. "인간은 허영을 가진 심정cœur적 존재이기 때문이다." 파스칼의 이야기를 이해하기 위해서는 '허영'과 '심정'이라는 개념을 조금 더 깊게 알 필요가 있다. 파스칼의 '심정'은 낯선 개념이 아니다. 쉽게 말해, "지금 울고 싶은 '심정'이야"라고 할 때 그 '심정'을 생각하면 된다. 파스칼의 이야기를 직접 들어보자.

심정은 이성이 모르는 자신만의 이유를 가지고 있다. 우리는 수많은 일에서 이것을 알 수 있다. 심정은 자기가 열중하는 데 따라서 자연적으로 보편적 존재를, 아니면 자연적으로 자기 자신을 사랑하게 된다고 나는 생각한다. 《팡세》

파스칼은 "심정은 이성이 모르는 자신만의 이유를 가지고 있다"라고 말하며 심정과 이성을 구분한다. 이는 사실 철학사적으로 보자면, 데카르트를 공격하는 것이라고 말할 수 있다. 데카르트는 '코기토'라는 개념을 설명하면서 인간은 이성적 존재이며 그래서 합리적이고 투명한 존재라고 주

장했다. 하지만 파스칼은 다르게 생각했다. 인간은 '이성'
보다는 오히려 '심정'에 더 큰 영향을 받는 존재라고 주장한
다. 파스칼은 인간의 마음에는 이성과 심정이라는 두 가지
측면이 있다고 말했다. 이성이 '기하학의 정신'과 관련된 것
이라면, 심정은 '섬세의 정신'에 관련된 것이라고 말한다.
난해하니 조금 풀어서 설명하자.

'이성'이 인간이라면 누구나 가진 잠재적이고 보편적
능력이라면, '심정'은 개인의 고유한 직관적 감성과 판단 능
력을 의미한다. '기하학'은 배우면 누구나 익힐 수 있지만,
'섬세한 정신'은 개인의 고유한 것이다. 앞에서 이야기 한
'울고 싶은 심정'을 생각해 보자. 이는 누군가의 눈물이 날
것 같은 '직관적 감성'과 지금이 바로 그런 상황이라는 '판단
능력'을 내포하고 있다. 조금 거칠게 말해도 좋다면, '심정'
은 단독적이고 고유한 '감정'이라고 말할 수 있다.

그러니까 파스칼은 인간이 이성이 아니라 심정(감정)에
더 큰 영향을 받는 존재라고 말하는 셈이다. 사실 우리는 이
미 안다. 우리의 삶에 더 가까운 건, 데카르트가 아니라 파
스칼이라는 것을. 감정에 휘둘려 이런저런 일들을 벌이는
게 인간이 아닌가. '이성'적으로 지금은 울면 안 된다는 것
을 알지만, '심정'적으로 터져 나오는 눈물을 참을 수 없는

것이 바로 인간이 아닌가. 파스칼의 이야기처럼, 인간은 결코 이성적인 존재가 아니다.

파스칼의 '허영'

파스칼을 통해 인간은 이성적 존재가 아니라 심정적 존재라는 것을 알았다. 그는 또 이렇게 말한다. *"심정은 자기가 열중하는 데 따라서 자연적으로 보편적 존재를, 아니면 자연적으로 자기 자신을 사랑하게 된다고 나는 생각한다."* 이는 인간은 심정을 통해 '보편적 존재(신)' 혹은 '자기 자신'을 사랑하게 된다는 말이다. 이 말은 심정에서 자유로울 수 없는 인간은 결국 필연적으로 보편적 존재(신)를 사랑하거나 혹은 자기 자신을 사랑할 수밖에 없다는 의미이기도 하다.

여기서 '보편적 존재'에 대한 이야기는 잠시 두고, '자기 자신'을 사랑하는 문제에 집중하자. 인간은 심정에 휘둘리는 존재이기에 자연적으로 자기 자신을 사랑한다. 여기에 심각한 문제가 있다. 자신을 사랑하는 사람은 반드시 타인도 자신을 사랑하기를 바란다는 사실이다. 아니 어쩌면 우리는 타인이 우리를 사랑하는 만큼 자기 자신을 사랑하게 되는 것인지도 모르겠다. 어찌 되었건 인간은 심정적인 존

재이기에 결국 타인의 사랑을 집요하게 갈구하게 된다는 것
만은 분명하다.

바로 이 지점에서 '허영'이라는 감정이 정체를 드러낸
다. 인간은 심정적인 존재이기에 자기 자신을 사랑하고, 이
는 타인에게 사랑받고 싶은 욕망으로 연결된다. 이 연결이
인간을 허영에 휩싸이게 한다. 허영에 대해서 파스칼의 이
야기를 직접 들어보자.

허영은 사람의 마음속에 너무도 깊이 뿌리박혀 있는 것이라서
병사도, 아랫것들도, 요리사도, 인부도 자기를 사랑하고 찬양
할 사람들을 원한다. 심지어 철학자들도 자신의 찬양자를 원한
다. 이것에 반박해서 글을 쓰는 사람들도 훌륭히 썼다는 영예
를 얻고 싶어 한다. 이것을 읽는 사람들은 읽었다는 영광을 얻
고 싶어 한다. 그리고 이렇게 글을 쓰고 있는 나 자신도 아마
그런 바람을 가졌는지 모르겠다. 또한 이것을 읽을 사람들도
아마 그러할 것이다.   《팡세》

허영에서 자유로운 인간은, 없다

인간을 이성적 존재로 본 데카르트가 순진하다면, 인간을

허영에서 벗어날 수 없는 존재로 본 파스칼은 냉정하다. 냉정하기에 날카롭다. 파스칼은 모든 인간은 허영으로부터 결코 자유로울 수 없다는 냉소적인 진단을 내린다. '허영虛榮'은 말 그대로 '비어 있는虛, 꽃榮'이라는 의미다. 겉으로는 아름다워 보이지만 실제로는 비어 있는 꽃이 '허영'이다. 그렇다. 허영은 실제 자신의 모습보다 더 아름답게 꾸미려는 것이다. 즉 인간은 누구나 실제 자신의 모습보다 아름답게 꾸미려는 심정에서 자유로울 수 없다. 왜? 그래야 타인에게 사랑받을 수 있다고 믿기 때문이다.

이제 우리가 왜 SNS와 '셀카'에 집착하는지 알겠다. 인간은 허영을 가진 심정적 존재이기 때문이다. SNS에 '셀카'를 열심히 올리는 이유는 사진을 찍는 게 좋아서도, 추억을 간직하고 싶어서도 아니다. 허영 때문이다. 실제 자신의 모습보다 더 아름답게 자신을 꾸미고 싶은 것이다. 그렇게 해서라도 타인에게 사랑받고 싶은 것이다. 그렇게 자기 자신을 사랑하고 싶은 것이다. 속은 비었더라도 겉은 화려하게 보여서라도 사람들의 시선을 사로잡고 싶은 것이다.

SNS와 '셀카'만 그럴까? 모든 인간은 허영적인 존재다. 아름다운 외모에 집착하는 것만 허영인가? 아니다. 그 반대도 허영이다. "중요한 건 외모가 아니라 내면이야"라는 말도 때론 허영이다. 어린 시절부터 못생겼다고 구박받고 자랐던 사람은 자신의 외모가 아니라 내면이 자신의 진짜 모습이라고 믿기에 그렇다. 모든 사람이 그렇다. 희대의 탈옥수 신창원도 정의롭다는 이야기를 듣고 싶어 했으며, 독재자 박정희도 위대한 지도자라는 이야기를 듣고 싶어 했다. 심지어 초야에 묻혀서 살고 싶다는 책을 쓴 철학자도 그 책에 자신의 이름이 빠지는 것은 참지 못한다.

셀카와 SNS는 일종의 자해다

어떤 인간도 허영에서 자유로울 수 없다. 그렇다면 우리를 지배하고 있는 허영을 그대로 받아들여야 할까? 이건 조금 깊게 생각할 문제다. 철학자 한병철은 "셀카와 자해는 같은 원인에서 비롯된다"라고 말한 적이 있다. 한병철은 우리 사회가 "공허함을 채우기 위해 밖에서는 셀카를 찍고 집에 들어가서는 자해를 하는 사회"라고 진단했다. 다소 과격한 표현이기는 하지만 공감되는 부분이 있다.

　사람들의 관심이나 인정, 칭찬이 없으면 자신이 살아 있다고 느끼지 못하기에 SNS를 하는 것과 육체의 고통이 없으면 자신이 살아 있다고 느끼지 못하기에 자해를 하는 것의 메커니즘은 놀랍도록 닮았다. 정말 그렇다. SNS에 사진을 올리면서 동시에 근사하고 행복해 보이는 다른 사람들의 SNS를 끊임없이 엿본다. 그 사이에 나의 근사함과 행복이 덜한 것 같아 더 아름답고 더 행복해 보이는 사진을 찍으려고 기를 쓴다. 이 악순환이 점점 강도를 더해가는 자해와 얼마나 다른 걸까?

어찌해야 할까? SNS와 '셀카'는 가급적 안 하는 게 좋다. 아름다움과 행복을 날조해 사람들의 관심과 인정, 칭찬을 받으려는 것은 필연적으로 더 큰 불안과 허무, 외로움을 동반하기 때문이다. 비어 있는 꽃을 생각해 보라. 그걸 잠시 보는 사람이야 좋을지 몰라도, 그 꽃 자신은 얼마나 위태로울까? 하지만 의구심이 든다. 그게 가능할까? 파스칼의 말처럼, 인간은 허영에서 결코 벗어날 수 없는 존재다. 그러니 '셀카'든, SNS든 사람들의 관심이나 인정, 칭찬을 얻기 위한 허영적인 행위들을 멈출 수 없는 것이 아닌가?

어떤 '인정투쟁'을 하고 있나요?

우리는 이러지도 저러지도 못하는 상황에 봉착했다. 인간은 허영 때문에 더 큰 불안과 허무, 외로움에 시달리지만 동시에 허영에서 벗어날 수 없다. 인간은 심정적 존재이니까. 어떻게 해야 할까? 우리를 집어삼키는 허영을 있는 그대로 받아들여서는 안 된다. 시쳇말 중에 '관종'이라는 말이 있다. '관심종자'의 준말이다. '관종'은 사람들의 관심을 끌기 위해 무슨 일이든 하는 사람을 일컫는 말이다. 이들은 세상 사람들의 관심을 끌기 위해 자해하는 영상을 찍어 공개하기도 한다. 허영이라는 것을 아무런 필터 없이 무차별적으로 받아들인 결과의 극단이 '관종'인 셈이다.

희망은 있다. 인간은 허영에서 온전히 벗어날 수는 없지만, 허영의 종류를 선택할 수는 있다. '인정투쟁Kampf un Anerkennung'이란 개념이 있다. 어렵지 않다. 주인과 노예가 있다고 가정해 보자. 주인에게는 두 가지 허영이 있을 수 있다. 하나는 '나는 100명의 노예를 거느린 주인이야!'라는 허영이다. 또 다른 허영도 있다. '나는 노예에게도 사랑받는 주인이야!'라는 허영이다. 전자의 허영을 만족시키는 것은 쉽다. 노예를 착취하는 주인의 삶을 지속하면 된다.

하지만 후자의 허영을 만족시키려면 일이 복잡해진다. 왜? 노예가 자신의 곁에 있는 이유가 그들이 노예여서인지, 자신을 진심으로 사랑해서인지 알 수 없기 때문이다. 강제로 붙잡아 둔 연인이 자신을 사랑하는지 아닌지 알 수 없는 것처럼. 후자의 허영을 충족하기 위해서 주인은 어떻게 해야 할까? 놀랍게도 전자의 허영을 포기해야 한다. '나는 노예에게도 사랑받는 주인이야!'라는 허영을 만족시키기 위해서는 노예들을 자유인으로 풀어주어야 한다. 그래야 후자의 허영이 근본적으로 만족한다.

허영에 대처하는 우리의 자세

어떤 허영을 선택해야 할까? 허영의 메커니즘을 되짚어 보자. 허영은 사람들에게 관심이나 인정, 칭찬을 받고 싶은 감정이다. 이 허영이라는 감정 자체에서 벗어날 수 있는 인간은 없다. 하지만 '어떤 사람에게 관심, 인정, 칭찬을 받을 거냐?'라는 선택권은 우리에게 남아 있다. 관심이나 인정, 칭찬을 받고 싶은 대상에 따라, 즉 허영을 만족시키려는 대상에 따라 우리의 삶은 현격히 달라진다. 그 대상은 어떤 존재여야 하는가? 그 대상은 '피상적 관계'가 아닌 '진정한 관계'를 맺는 존재여야 한다.

'나는 100명의 노예를 거느린 주인이야!'라는 허영을 만족시키는 사람은 결국 더 불안하고, 허무하고, 외로워질 수밖에 없다. 왜 그런가? 이 사람은 누구에게 관심이나 인정, 칭찬을 받고 싶었을까? 지나가는 동네 사람, 옆집 성주와 같은 불특정 다수일 테다. 속 깊은 대화는 고사하고 이름조차 모르는 사람일 수도 있다. 불특정 다수는 '피상적 관계' 맺음의 대상이다. SNS가 내면의 자해인 이유도 같은 맥락이다. 사진을 보여주고 싶은 대상이 언제나 '피상적 관계'를 맺고 있는 불특정 다수가 아니던가. SNS는 불특정 다수에게 관심이나 인정, 칭찬을 받고 싶은 욕망의 발현이기에 그 끝에는 필연적으로 불안, 허무, 외로움이 도사린다.

반면 '나는 노예에게도 사랑받는 주인이야'라는 허영을 만족시키려는 사람은 최소한 전자보다는 덜 불안하고, 허무하고, 외로워질 테다. 그가 관심, 인정, 칭찬을 받고 싶은 대상은 누구일까? 속 깊은 대화를 나누고, 함께 음악을 듣고, 시와 소설을 읽었던 친구들일 테다. 그 '진정한 관계' 맺음의 대상에게 관심, 인정, 칭찬을 받고 싶었던 것이다. 사진을 찍어 블로그에 올리는 사람이 있다. 하지만 그의 행위는 내면적 자해가 아니다. 그 블로그는 그의 소중한 사람들에게만 공개되기 때문이다. 놀랍게도 이런 허영은 불안, 허무, 외로움이 아니라 충만감, 행복함을 느끼게 해 준다.

불안, 허무, 외로움에서 벗어나고 싶은가? 그렇다면 SNS 대신 정성스럽게 찍은 사진첩을 사랑하는 이에게 조심스럽게 내미는 것은 어떨까? 허영에서 벗어날 수는 없다. 그렇다고 아무에게나 관심, 인정, 칭찬을 구걸하지는 말자. 그런 '피상적 관계' 속에서 허영을 지속하다간 우리 역시 끔찍한 '관종'이 되지 말란 법도 없다. '진정한 관계'를 맺은 사람에게 허영을 부리자. 그러니 어제보다 더 행복해지고 싶다면 가장 먼저 해야 할 일은 '진정한 관계'를 맺을 사람을 찾는 것이다.

여기서 잊지 말아야 할 삶의 진실이 하나 더 있다. '진정한 관계'는 언제나 '사랑의 관계'라는 것! 이제 알겠다. 왜 사랑하는 사람이 삶을 그토록 행복하게 해 주는지. 그건 사랑하는 사람과의 '진정한 관계'를 통해서만 허영이 행복으로 이어지기 때문이다. 우리에게 저주처럼 뿌리내린 허영은 언제나 불안과 허무, 외로움으로 내몰지만 오직 하나의 경우만은 예외다. 사랑하는 이! 그 사람 앞에서의 허영만큼은 예외다. 그 허영은 우리를 행복하게 한다. 마음껏 허영을 부리자. 사랑하는 사람 앞에서.

파스칼에 대해서 조금 더 알아보기 위해서는 앞서 건너뛰었던 '보편적 존재(신)'에 대한 이야기를 해야겠다. 먼저 《팡세》에 대해서 간단히 이야기해 보자. 《팡세》는 전반부와 후반부로 나뉜다. 전반부는 '신이 없는 인간의 비참'을 이야기하고, 후반부는 '신과 함께하는 인간의 행복'에 대해서 이야기한다. 파스칼은 《팡세》 전반부에서 인간의 허영, 비참함, 부조리를 말하며, 인간의 잔인하고 추하고 변덕스러운 부정적인 면을 노골적으로 드러낸다.

데카르트가 인간은 이성적 존재라며 인간을 과도하게 치켜세웠다면, 파스칼은 인간이 허영에 찌든 존재라며 과도하게 깎아내린다. 왜 그랬을까? 그 이유는 분명하다. 보편적 존재인 신을 다시 불러들이기 위해서였다. 후반부인 '신과 함께하는 인간의 행복'을 이야기하기 위해서였다. 파스칼은 우리에게 이렇게 묻고 싶었던 것이다. "인간이 이렇게 참담한 존재인데 정말 신이 필요 없다고 생각하는 것이냐?"

파스칼은 비루하고 부조리한 인간들이 모여 사는 세상에 신마저 없다면 인간의 삶이라는 것이 얼마나 더 추악해지겠느냐고 묻고 싶은 것이다. 파스칼이 《팡세》의 후반부에서 신에게 매달리며, *"심정은 자기가 열중하는 데 따라서 자연적으로 보편적 존재를 사랑하게 된다고 나는 생각한다"*라고 직접적으로 말한 이유를 이제 알겠다. 신의 믿음을 전파하고 싶었던 파스칼은 신의 필요를 정당화하기 위해 허영, 탐욕, 시기, 질투, 잔혹함과 같은 인간의 어두운 면을 부각시켰던 것이다.

파스칼은 '허영과 허위의식으로 가득 찬 인간에게 신마저 없다면 어떤 희망도 없다'라고 주장함으로써 기독교를 변호하려고 했다. 그는 허영에서 벗어나기 위해 어쩔 수 없이 신이 필요하다고 말하고 싶었던 것이다. 하지만 재미있는 것은 파스칼의 이런 기획이 자신의 의도와 전혀 상관없는 방향으로 흘러갔다는 사실이다.

파스칼은 철학사적으로 기묘한 지점에 서 있다. 그는 신을 더 이상 믿지 않게 된 '근대'인들에게 다시 신의 필요성을 설득하고자 인간의 있는 그대로의 모습에 직면하게 했다. 그렇게 그는 신을 믿었던 '중세'로 돌아가고 싶었던 것이다. 하지만 있는 그대로의 인간을 직시하고자 했던 파스칼의 노력 덕분에, 철학은 인간이 이성적인 존재가 아니라 감정적이고 그래서 불투명한 존재임을 자각하게 되는 '탈근대'의 방향으로 나가게 된다. '근대'에서 '중세'로 가려고 했던 파스칼의 노력은 역설적으로 우리를 '탈근대'의 문 앞으로 데려간 셈이다. 철학사도 한 사람의 인생사만큼이나 재밌다.

03

좋아하는 일로
성공할 수 있나요?

> 스피노자의 '코나투스'

좋아하는 일만 하고 살 순 없어!

"좋아하는 일만 하고 살 순 없어!"

이름만 대면 알만한 직장을 그만두고 글쟁이가 되기로 했을 때 수도 없이 들었던 이야기다. "왜 그 좋은 직장을 그만두느냐?"라는 질문에 "글 쓰는 것이 좋아서"라고 답했기 때문이었다. 그렇다. 세상 사람들은 "좋아하는 일만 하며 살 수는 없다"라고 말한다. 이 말은 좋아하는 일만 해서는 '성공'할 수 없다는 의미다. 우리가 흔히 쓰는 '성공'이란 말은 많은 의미를 담고 있다.

누군가에게는 큰돈과 명예가 성공이지만, 누군가에게는 평범한 가정을 꾸리는 것이 성공이다. 심지어 어떤 이에게는 생존을 위한 밥벌이가 성공일 수 있다. 결국 성공은 '내가 바라는 어떤 삶의 모습에 도달하는 것'이다. 이제 알겠다. 왜 사람들이 좋아하는 일만 해서는 성공할 수 없다고 말하는지. 그건 좋아하는 일로 자신이 바라는 삶의 모습에 도달할 수 없다고 믿기 때문이다. 그렇게 좋아하는 일은 부정의 대상이 된다.

그런데 정말일까? 좋아하는 일로는 성공할 수 없는 것일까? 좋아하는 일, 그러니까 결이 맞는 사람을 만나는 일 혹은 즐겁고 유쾌한 일로는 각자가 바라는 어떤 삶의 모습에 도달할 수 없는 것일까? 세상 사람들의 이야기처럼, 불편한 사람들과 만나고, 싫은 일을 꾸역꾸역 참고 견뎌야 큰돈이나 명예 혹은 단란한 가정, 하다못해 최소한의 밥벌이라도 할 수 있는 걸까? 아니면 타협하기 좋아하는 사람들의 이야기처럼, 좋아하는 일을 하기 위해서 싫어하는 일을 해야만 하는 것일까?

감정과 욕망의 철학자, 스피노자

"좋아하는 일을 억누르고, 싫어하는 일을 참고 견디는 것으로 '성공'에 도달할 수 있을까?" 이 질문의 답을 스피노자 Baruch de Spinoza에게 구해 보자. 스피노자는 '신은 곧 자연'이라는 '범신론'을 주장했고, 동시에 정신과 육체는 합일적이라는 '일원론(심신평행론)'을 주장한 철학자다. 데카르트가 이성과 정신의 중요성을 주장했다면, 스피노자는 일찍이 감정과 욕망의 중요성을 이야기했다. 스피노자의 이야기를 직접 들어보자.

욕망이란, 인간의 본질이 주어진 정서에 따라 어떤 것을 행할 수 있도록 결정된다고 파악되는 한에서 인간의 본질 자체이다.

《에티카》

스피노자는 욕망을 부정하기는커녕 욕망이 '인간의 본질 자체'라고 이야기한다. 그런 스피노자이기에 "좋아하는 (욕망하는) 일로 성공할 수 있을까?"라는 질문에 이렇게 답할 것 같다. "가능하다. 그러니 감정과 욕망이 끌리는 데로 가라." 스피노자의 이야기는 낯설다. 낯설 뿐만 아니라 무책임하게 들린다. 우리네 삶을 돌아보자.

학창 시절에 하기 싫은 공부를 억지로 해야 했고, 성인이 되어서는 먹고살기 위해 하기 싫은 일을 억지로 하고 있다. 그런 우리에게 스피노자의 이야기가 낯설고, 무책임하게 들리는 것은 당연하다. 성공하지는 못했더라도 그나마 지금의 삶을 꾸릴 수 있었던 이유가 좋아하는 일들을 억누르고 싫어하는 일들을 참았던 덕분이라고 믿고 있으니까. 감정과 욕망을 억압하며 살고 있는 우리에게 스피노자의 이야기는 여전히 낯설기에 그의 이야기에 조금 더 귀를 기울여 보자.

스피노자의 '코나투스'

스피노자는 '코나투스'라는 개념으로 자신의 철학을 설명한다. '코나투스'는 무엇일까? 스피노자의 《에티카》를 잠시 들여다보자. *"사물이 자신의 존재를 끈질기게 지속하려는 노력(코나투스)은 그 사물의 현실적 본질 이외에 아무것도 아니다."* 코나투스는 일종의 '관성'이다. 서 있는 물체는 계속 서 있으려고 하고, 움직이는 물체는 계속 움직이려고 하는 관성. 이런 관성처럼 모든 사물은 '자신의 존재를 끈질기게 지속하려는 노력'을 하는데, 이것이 '코나투스'다.

스피노자는 이 코나투스가 바로 어떤 물체의 본질이라고 말한다. 중요한 것은 코나투스가 물체에만 있는 것이 아니라는 사실이다. 인간에게도 코나투스가 있다. 그렇다면 인간의 코나투스는 무엇일까? 다시 《에티카》로 돌아가자.

이 노력(코나투스)이 정신에만 관계되어 있을 때는 의지라고 불리지만, 그것이 정신과 신체에 동시에 관계되어 있을 때는 충동이라고 불린다. 그러므로 충동은 인간의 본질 자체일 뿐이며, 그것의 본성으로부터 필연적으로 인간의 보존에 기여하는 것들이 나온다. 따라서 인간은 그러한 것들을 행하도록 결정되어 있다.   《에티카》

코나투스는 인간의 정신에서는 '의지'로 드러나고, 정신과 육체를 모두 포함하는 온전한 인간에게는 '충동'으로 드러난다고 말한다. '충동'이라는 단어가 낯설다면 '욕구'로 이해하면 된다. 어려운 이야기가 아니다. 배가 고프고 목이 마를 때를 생각해 보자. 그때 우리는 자신의 존재를 지속하고 보존하기 위해 음식과 물에 대한 '의지'와 이를 섭취하려는 '충동(욕구)'을 갖게 된다. 여기서 스피노자는 '의지'와 '충동'을 구분한다.

물과 음식에 대한 '의지'는 머릿속에만 있는 것으로 정의하고, 물과 음식에 대한 '충동'은 몸까지 움직이는 것으로 정의한다. 공부하려는 '의지'만으로는 몸을 책상 앞으로 끌고 갈 수는 없지만, 공부하려는 '충동'이 들면 몸이 이미 책상 앞에 가 있는 것으로 설명할 수 있다. 생각해 보면 우리가 삶을 이어나갈 수 있는 이유가 바로 코나투스 때문이다.

코나투스(의지, 충동)가 있기 때문에 우리는 자신을 보존할 수 있는 것 아닌가. 코나투스가 있기에 지속적으로 물과 음식을 섭취해서 삶을 이어나갈 수 있다. 만약 우리에게 코나투스가 사라진다면, 즉 물과 음식을 섭취할 최소한 의지와 충동조차 사라진다면 삶을 이어나갈 수 없지 않은가. 스피노자에 따르면, 자살은 코나투스가 사라진, 그래서 극심하게 무기력한 상태의 결과라고 말할 수 있다. *"그것(코나투스)의 본성으로부터 필연적으로 인간의 보존에 기여하는 것들이 나온다"*라는 말은 그런 의미다.

정신과 육체는 서로 영향을 주고받는다

여기서 놓쳐서는 안 되는 것이 스피노자가 일원론자라는 사실이다. 그는 정신과 육체가 합일적이며, 그래서 정신과 육체는 서로 영향을 주고받는 관계라고 말했다. 정신적 상태는 육체가 어떤 상태에 있느냐에 따라 영향을 받고, 반대로 육체적 상태는 정신이 어떤 상태인지에 따라 영향을 받는다는 것이다. 실제로 그렇지 않은가. 정신적 의지가 강할 때 육체적 문제도 이겨내고, 반대로 육체적으로 건강할 때는 정신적인 부분도 건강하다. 육체적으로 건강한 사람은 우울증에 걸리지 않으며, 우울증에 걸리면 육체까지 문제가 생기기 마련이다.

목이 마를 때(육체적 상태)는 물을 원하는 의지와 충동만 있다. 하지만 물을 마시고 나면 어떤가? 그때는 밥이나 책, 영화 같은 또 다른 것들을 욕망하는 의지와 충동이 생긴다. 이렇듯 육체적 상태의 변화에 따라 새로운 의지와 충동이 생기기 마련이다. 육체는 정신에 영향을 미치고 정신은 다시 육체에 영향을 미치기 때문이다. 마찬가지로 육체가 어떤 환경에 놓이느냐에 따라 정신적인 면도 달라진다. 공장에서 10년을 일한 사람과 유치원에서 10년을 일한 사람의 정신적인 면이 같을 리가 없다. 즉, 코나투스는 우리의 존재를 유지하고 보존하기 위해 육체와 정신을 합일시키려는 노력이라고 말할 수 있다.

어떻게 성공할 수 있을까?

이제 다시 우리의 질문으로 돌아가자. 우리는 어떻게 '성공'할 수 있을까? 문제는 그 '성공'이 큰돈이든, 명예든, 가정이든, 밥벌이든 쉽지 않다는 사실이다. '내가 바라는 어떤 삶의 모습에 도달하는 것'은 그 누구에게도 쉽지 않기에 그것을 '성공'이라고 부르는 것일 테다. 그 쉽지 않은 '성공'을 가능케 하는 확실한 성공 방정식이 있다. 바로 '자신의 존재를 끈질기게 지속하려는 노력'을 멈추지 않는 것. 즉, 성공은 '코나투스'에 달려 있다.

정말이다. 큰돈을 벌고 싶어 하는 이가 있다고 하자. '(부자가 되려는) 자신의 존재를 끈질기게 지속하려는 노력'이 있다면 부자가 될 수 있다. 대부분이 그 성공(부자)에 도달하지 못하는 이유는 분명하다. 고되고 치사스러운 돈벌이 앞에서 '(부자가 되려는) 자신의 존재를 끈질기게 지속하려는 노력'을 포기하는 까닭이다. 다른 '성공'도 마찬가지다. 자신의 존재를 유지하고 보존하려는 노력, 즉 코나투스가 없다면 그 '성공'은 애초에 요원하다. 자신이 바라는 어떤 모습에 도달하기 위해서는 코나투스가 가장 중요하다.

성공이 코나투스에 달려 있다면 의문이 생긴다. 스피

노자의 말처럼, 모든 존재는 코나투스를 가지고 있지 않은가? 그런데 왜 어떤 이는 성공에 이르고, 또 어떤 이는 성공에 이르지 못하는 걸까? 그것은 코나투스가 고정되어 불변하는 것이 아니기 때문이다. 스피노자가 말하는 코나투스는 타자와의 우발적인 마주침으로 인해 증가하거나 혹은 감소하는 역동적인 힘이다.

기쁨을 주는 타자는 코나투스를 증진한다

이제 성공의 비밀이 보이는가? 그것은 '코나투스의 증대'에 달려 있다. '어떤 경우라도 포기하지 않고 자신을 유지하고 보존하려는 힘을 늘리는 것'이 성공의 관건이다. 이제 우리가 던질 질문은 분명하다. 어떻게 코나투스를 증대시킬 수 있을까? 그건 '코나투스를 증대시킬 타자를 만나는 일'에 달려 있다. 그 마지막 퍼즐을 맞추기 위해 다시 《에티카》를 펼쳐보자.

우리는 정신이 갖가지 커다란 변화를 받아서 때로는 보다 큰 완전성으로, 때로는 보다 작은 완전성으로 이행할 수 있다는 것을 안다. 이러한 수동들은 우리에게 기쁨과 슬픔의 감정을 잘 설명해 준다. 그러므로 나는 이하에서 '기쁨'을 '정신이 보다 큰 완전성으로 이행하는 수동'으로 이해할 것이며, '슬픔'을 '정신이 보다 작은 완전성으로 이행하는 수동'으로 이해할 것이다. '정신과 신체에 동시에 관계되어 있는 기쁨의 감정'을 나는 쾌감 또는 유쾌라고 부르고, '그러한 슬픔의 감정'을 고통 또는 우울이라고 부른다.　　　　　　　　　　　　　《에티카》

　　스피노자는 타자와 마주쳤을 때 인간 내면에 발생하는 변화를 두 가지 원초적 감정으로 나눈다. '기쁨'과 '슬픔'. 인간에게 많은 감정이 있지만, 타자와의 마주침에 의해 발생하는 감정은 근본적으로 '기쁨'과 '슬픔'이라는 두 가지 감정으로 규정한다. 사랑·환희·희망·신뢰·즐거움·유쾌함 같은 긍정적인 감정은 '기쁨'으로, 미움·복수심·수치·공포·절망·우울 같은 부정적 감정은 '슬픔'으로 규정한다. 스피노자에 따르면, 코나투스는 '기쁨'의 감정이 발생했을 때 증진하고, '슬픔'의 감정이 발생했을 때 감소한다.

　　이건 굳이 스피노자의 이야기가 아니어도 이미 알고 있다. 희망·즐거움·유쾌함을 불러일으키는 일을 할 때, 사랑·신뢰·환희를 주는 사람을 만날 때 삶의 의지(코나투스)가 증진하지 않았던가. 반대로 수치·절망·우울함을 불러일으키는 일을 할 때, 미움·복수심·공포감을 주는 사람을 만날 때 삶의 의지(코나투스)가 감소하는 경험을 다들 한 번쯤 해 보았을 테다. 이처럼, 코나투스는 일상적 삶에 깊숙이 관여하고 있다.

성공은 '코나투스'에 달려 있다

어떻게 성공할 수 있느냐고? 즐거움, 경쾌함, 유쾌함 같은 기쁨을 주는 타자와 만나면 된다. 그 타자가 사람이든, 일이든 상관없이, 기쁨을 주는 타자와 마주칠 때 성공할 수 있다. 기쁨이라는 감정은 언제나 코나투스를 증진하기 때문이다. 돈을 벌고 싶은가? 명예를 얻고 싶은가? 좋아하는 사람들과 좋아하는 일을 하면 가능하다. 열심히 살았지만 우리가 원한 만큼의 성공에 도달하지 못했다면 우리의 코나투스를 되돌아 볼 일이다.

여전히 많은 이들이 성공을 오해하고 있다. 성공하고 싶다면 불쾌하고 고통스럽고 우울한 일을 견뎌내고, 동시에 즐겁고 유쾌하고 경쾌한 일들은 포기해야 한다고 믿고 있지 않은가. 현재의 더 많은 슬픔과 더 적은 기쁨이 성공을 담보한다고 믿는 이들이 얼마나 많은가. 하지만 실은 그 반대다. 더 많은 슬픔과 더 적은 기쁨은 코나투스를 소진시키고, 우리가 원했던 성공에서도 점점 멀어지게 한다. 그것은 필연적으로 '자신의 존재를 끈질기게 지속하려는 노력'을 약화시키기 때문이다.

돈과 명예를 좇으면 오히려 그런 것들로부터 더 멀어진다는 말은 사실이다. 돈과 명예와 같은 세속적 가치를 좇으면 필연적으로 코나투스가 줄어들 수밖에 없다. 생각해 보라. 돈과 명예를 좇는 사이에 만나게 되는 타자들이 어떤 타자들인지를. 분명 더 많은 슬픔과 더 적은 기쁨을 주는 타자다. 자신이 좋아하는 일을 하며 사는 사람에게 자연스럽게 돈과 명예가 찾아오는 경우도 마찬가지다. 자신이 좋아하는 일을 하며 사는 사람은 필연적으로 코나투스가 증진되는 삶일 수밖에 없지 않은가. 그런 삶을 사는 이들이 마주치게 되는 타자는 더 적은 슬픔과 더 많은 기쁨을 주니까.

스피노자에 따르면, 삶의 주체가 코나투스를 증가시키는 쪽으로 행동하고 실천하는 것은 당연하다. 쉽게 말해 인간은 자연스럽게 기쁨을 느끼는 쪽으로 행동하고 실천하게 된다는 말이다. 하지만 현실은 다르다. 우리 삶에는 코나투스를 떨어뜨리는 타자들로 넘쳐난다. 꼴도 보기 싫은 인간들과 손도 대기 싫은 일들이 얼마나 많던가. 그러니 우리는 기쁨을 주는 타자를 악착같이 찾아나서야 한다. 동시에 슬픔을 주는 타자들로부터 멀어지기 위해 애써야 한다.

"성공하기 위해서는 좋아하는 일을 해야 한다!"라는 말은 결코 세상 물정 모르는 순진한 이야기가 아니다. 좋아하는 사람을 만나고, 좋아하는 일을 할 때 기쁨이 솟아오르고, 그 기쁨이 코나투스를 증대시키니까. 코나투스가 충만한 삶을 살 때, 우리가 그토록 바라는 성공에 조금 더 가까워질 수 있을 테다. 이것이 성공에 관한 삶의 진실이다.

코나투스는 '진정한 성공'을 드러낸다

이쯤에서 또 하나의 삶의 진실을 말하자. 성공을 위해 코나투스를 증대하고 싶다. 그것이 우리의 정직한 속내다. 속내야 어떻든 많은 이들이 코나투스를 증진시키는 삶을 살았으면 좋겠다. 그런 삶을 살게 되면 '성공' 자체가 새롭게 보인다. 흔히 말하는 성공은 돈이나 명예, 출세와 같은 것들이다. 이런 세속적 성공은 코나투스를 증진하는 삶을 살게 되면 결과적으로, 자연스럽게 따라온다. 하지만 코나투스를 증진하는 삶은 그보다 더 중요한 삶의 변화를 만들어낸다.

기쁨을 주는 사람을 만나고, 기쁨을 주는 일을 하는 삶은 이제껏 보이지 않던 삶의 진실을 드러낸다. 성공을 위해 코나투스가 필요한 것이 아니라, 코나투스를 증진하는 삶 자체가 이미 성공이라는 삶의 진실 말이다. 성공을 해서 행복한 것이 아니라 기쁨을 주는 타자와 마주치는 삶은 행복하기에 이미 성공한 것이다. 코나투스를 증진하며 사는 사람은 안다. 우리가 지금 느끼고 있는 기쁨이라는 감정 자체가 이미 성공임을. 이것이 코나투스가 알려주는 또 다른 삶의 진실이라고 나는 믿는다. 그래서 나는 매일 기쁨을 줄 타자와의 마주침을 찾아 나선다.

스피노자는 신을 너무 사랑해서, 무신론자가 된 철학자다. 이런 스피노자를 이해하기 위해서는 '범신론汎神論'이라는 그의 세계관을 이해할 필요가 있다. 그리고 이 범신론을 이해하기 위해서는 먼저 스피노자의 '실체'와 '양태'라는 두 가지 개념을 알아야 한다. '실체'는 간단히 말해 '자기원인'이다. 자기원인은 다른 것을 원인으로 삼아서 존재하는 것이 아니라, 스스로(자기원인) 존재하는 것이다.

우리 주변에 보이는 것들 중 '자기원인'은 없다. 인간은 '부모'라는, 안경은 '유리'라는, 종이는 '나무'라는 '외부원인'에서 존재하기 때문이다. 그럼 자기원인은 뭘까? 스피노자는 '실체'라는 것이 '자기원인'이라고 정의한다. 실체는 외부원인에 의존하지 않고 스스로를 원인으로 삼는다. 그렇다면 '양태'는 무엇인가? '양태'는 실체가 변용(변형)된 것이다. 변화하는 개체들을 양태라고 부른다.

양태란, 실체의 변용, 또는 다른 것 안에 있으면서 다른 것을 통하여 파악되는 것이라고 나는 이해한다. 《에티카》

난해할 땐 예시다. 영화 〈터미네이터2〉를 보면 액체 금속 로봇이 등장한다. 액체 금속 재질의 로봇은 자유자재로 모습을 바꾸며 주인공을 위협한다. 액체 금속 로봇으로 '실체'와 '양태'를 설명할 수 있다. 어떤 모습으로든 변형되는 그 액체 금속 자체를 '실체'라고 할 수 있다. 액체 금속 로봇은 외부원인 없이 스스로 필요에 따라 때로는 주인공의 엄마로, 때로는 경찰관으로 모습을 얼마든지 바꾸기 때문이다.

이처럼 액체 금속 로봇은 다른 원인 없이도 다른 모습으로 변화할 수 있기에 '실체'라고 말할 수 있다. 여기서 '양태'는 그 실체(액체 금속 로봇)가 변한 모습들, 예를 들어 주인공의 엄마나 경찰관이다. 즉, 양태는 실체가 갖가지 모습으로 변화된 결과물이다. 말하자면, 실체는 '자기원인'으로, 양태는 실체라는 '작용원인'으로 존재하는 것이다. 그래서 스피노자는 "*양태란 실체의 변*

용"이라고 정의했다.

그런데 세상에 '자기원인'이 있을까? 다른 외부원인 없이 스스로 존재하는 것이 있을까? 세상 만물 모든 것이 다 외부원인이 필요한 것 아닌가? 꽃도 씨앗이라는, 책상도 나무라는 외부원인이 없다면 존재할 수 없다. 하지만 자기원인인 실체가 있다. 바로 '신'이다. '신'은 전지전능하고 무한하기에 스스로 존재할 수 있다. 만약 어떤 존재에 외부원인이 있다면 그 존재는 '신'이라고 말할 수 없다. 외부의 작용원인으로 존재하는 순간, 그 존재는 전지전능하고 무한한 존재가 아닌, 유한한 존재로 전락하게 되니까.

스피노자가 말하는 '신'은 우리가 흔히 말하는, 초월적이고 인격화된 종교적 '신'이 아니다. 스피노자의 '신'은 바로 '자연(정확히는 자연을 자연답게 하는 어떤 힘)'이다. 스피노자의 생각을 도식화하면 '실체 = 자연 = 신'이라고 할 수 있다. 자연의 경우를 생각해 보자. 꽃은 피었다 지고, 나무도 푸르렀다 단풍이 든다. 이 모든 것은 양태다. 스피노자는 이런 양태를 자연(신)이라는 실체의 변용(변형)으로 보았다. 스피노자에게 꽃, 나무, 바람, 파도 같은 양태는 자연(신)이라는 실체의 변용이었다.

스피노자에게 '신'이란 개념은 절대자가 아닌 자연의 수많은 변화를 만들어내는 어떤 힘이다. 봄이 되면 꽃이 피고, 겨울에는 눈이 오고, 새는 지저귀고, 말이 새끼를 낳는 이 모든 것들을 가능하게 하는 어떤 힘이 바로 스피노자의 '신'이다. 자연을 자연답게 만들어내는 어떤 힘이 스피노자의 '신'이다. 스피노자에게 '실체 = 자연 = 신'인 이유도 이제 알 수 있다. '신'은 '실체'인 동시에 '자연'이기 때문이다.

실체(신, 자연)는 볼 수도 만질 수도 없기에 그 자체로는 존재하는지 알 수 없다. 그래서 실체는 '양태로 표현'되고 혹은 '양태로 존재'하게 된다. 실체(신)는 '자연 안에서 무엇인가를 스스로 만들어내는 힘'이라고 보는 스피노자의 관점이 바로 '범신론'이다. 자연이 곧 신이라면 '신神'은 '어디에나汎' 있으니까. 육체와 정신이 합일적이라는 일원론 역시 범신론의 연장선이다. 만들어지는 자연(꽃, 나무, 파도)과 만드는 자연(신)이 따로 분리되어 있지 않듯이 인간의 육체와 정신 역시 따로 분리되어 있지 않다는 것이다. 이처럼 스피노자의 철학은 모든 것이 유기적으로 촘촘하게 연결되어 있다.

스피노자는 신을 너무 사랑했기에, 신이 어떤 존재인지 알고 싶어 했다. 누구보다 영민했던 그는 논리적, 기하학적인 방식을 통해 신의 진짜 모습에 도달하고자 했다. 하지만 그 결과, 역설적이게도 그는 무신론자가 된다. 정확히 말해, 당대의 전통적인 신, 즉 인격화된 신은 존재하지 않는다는 결론에 도달한다. 신을 너무 사랑했기에 무신론자가 된 셈이다. 이것이 스피노자가 유대교 사회로부터 고초를 겪고 결국 추방되는 결정적 계기가 되었다. 스피노자는 시대를 앞서갔다는 이유만으로 고통받았던 천재 중 한 명이다.

04

착한 사람이
될 수 있을까요?

어떤 사람이 '착한' 사람일까?

남녀가 데이트를 하고 있다. 둘이 육교를 지날 때였다. 깡통을 세워놓고 엎드려 구걸하고 있는 사람이 보였다. 여자는 지갑에서 만 원을 꺼내 깡통에 넣었다. 남자는 말없이 그 모습이 지켜본다. 탐탁지 않은 눈치다. 카페로 들어선 남자는 여자에게 단호하게 말한다.

"구걸하는 사람에게 돈을 주면 안 돼."
"왜? 추운 날씨에 뭐라도 드셔야 할 거 아니야."
"돈을 주는 건 도와주는 게 아니야. 저 사람이 왜 저렇게 구걸을 하겠어? 너 같은 사람들이 돈을 주니까 계속 저러고 있는 거야.”

　“그럼 어떻게 해? 당장 마음이 아픈데….”

　남자와 여자 중 누가 ‘착한’ 사람일까? 질문에 답하기 전에 ‘착하다’라는 말의 의미부터 정의해야겠다. ‘착하다’라는 말은 다양하게 사용되니까. 여기서 ‘착하다’라는 말을 ‘선하다’ 혹은 ‘윤리적이다’라는 의미로 규정하기로 하자. 이제 다시 묻자. 남자와 여자 중 누가 더 선하고 윤리적일까? 자신의 호주머니를 털어 구걸하는 사람에게 돈을 준 여자는 착한 사람이다. 그럼 남자는 어떤가? 걸인에게 돈을 주지 않았기 때문에 착하지 않은 걸까?

　남자는 돈이 아깝지만, 동시에 곤경에 처한 이를 외면하는 사람은 되고 싶지 않았을 수 있다. 그래서 “돈을 주는 건 도와주는 게 아니야”라고 말했을 수 있다. 이런 추측은 개연성이 높지만 단정할 수는 없다. 남자가 진심으로 걸인을 도와주고 싶은 것일 수도 있지 않은가? 물고기를 주는 대신 낚시하는 법을 알려주려고 말이다. 조금 길게 본다면, 여자보다 남자가 걸인의 인생에 더 큰 도움이 될지도 모른다. 구걸하는 삶은 계속 유지해서도 안 되고, 또 그럴 수도 없으니까 말이다.

그렇다면 남자처럼 살아야 할까, 여자처럼 살아야 할까? 우리는 착한 사람이 되고 싶다. 대단히 고결하고 헌신적인 삶까지는 아니더라도 최소한의 선과 윤리는 지키며 살고 싶다. 하지만 혼란스럽다. '착하다'라는 것이 무엇인지, 또 어떻게 행동하고 실천하는 것이 선하고 윤리적인 행동인지 혼란스럽다. 어쩌면 우리는 "착함(선, 윤리)은 무엇이고, 그것을 어떻게 실천해야 할까?"라는 질문에 명료하게 답할 수 없어서 착한 사람이 되지 못하고 있는 것인지도 모르겠다.

회의주의자 데이비드 흄

"착함은 무엇이고, 그것을 어떻게 실천해야 할까?"

이 질문을 답할 철학자는 데이비드 흄David Hume이다. 흄이라면 이 질문에 "착함은 동정심sympathy에 달려 있다"라고 답했을 것 같다. 이 아리송한 대답을 이해하기 위해서 흄의 철학에 대해 알아보자. 흄을 한마디로 정의하면, 회의주의 철학자라고 말할 수 있다. 회의주의란 쉽게 말해 뭐든 끝까지 의심하는 것이다. 흄은 이 회의주의 철학을 통해 근대철학을 극한까지 밀어붙였다.

흄은 너무 자명해서 결코 의심할 수 없다고 여겨지는 것까지 의심했다. 예를 들어보자. '가열하면 물이 끓는다' 혹은 '아침에는 해가 뜨고, 저녁에는 해가 진다'라는 것은 너무나 자명해서 의심할 필요가 없어 보인다. 하지만 흄은 이런 것들까지도 의심의 끈을 놓지 않는다. 그 과정에서 흄은 '인과관계'에 주목한다. '인과관계'는 말 그대로 '원인과 결과의 관계'다. 흄은 우리가 자명한 사실(진리)이라고 여기는 것들은 대부분이 인과관계에 의존하고 있다고 주장한다.

'가열을 하면 물이 끓는다'라는 것은 '원인(가열)'이 '결과(물이 끓음)'로 연결되는 경험이 압도적으로 많았기에 그것을 진리라고 여긴다. 또 '아침에 해가 뜨고 저녁에 해가 진다'라는 것도 '원인(아침, 저녁)'에서 '결과(해가 짐, 해가 뜸)'로 이어지는 반복된 인과관계 때문에 진리로 여기는 것이다. 여기서 영민한 철학자인 흄이 묻는다. "인과관계는 정말 진리를 담보하는가?" 쉽게 말해, 자판기에 동전을 넣으면(원인) 음료수가 나오는(결과) 경험이 여러 번 반복되었다고 해서 계속 그러리라는 것을 누가 보증할 수 있겠느냐는 것이다.

인과관계는 논증 불가능하다

흄은 '인과관계는 근본적으로 논증 불가능하다'라는 놀라운 사실에 봉착한다. 다시 '가열을 하면 물이 끓는다'라는 걸 생각해 보자. 이제껏 그런 원인(가열)이 결과(끓음)로 이어지는 경험이 반복되었고, 그 반복에 의한 추론일 뿐이지 않은가? 극단적으로 말해, 다음번에는 가열해도 물이 끓지 않을 수 있고, 내일은 해가 뜨지 않을 수 있지 않은가? 엄밀히 말해서 그건 다음번 혹은 내일이 되어야 알 수 있다. 이에 대해 흄은 다음과 같이 말한다.

어떤 대상이 항상 어떤 결과를 동반한다는 사실을 깨달았다는 명제와 현상적으로 그 대상과 유사한 다른 어떤 대상이 유사한 결과를 동반하리라고 예상한다는 명제는 서로 전혀 다른 것이다. 당신이 원한다면 나는 후자의 명제로부터 정당하게 도출될 수 있음을 허용하려 한다. 사실 나는 이런 방식의 도출이 항상 이루어진다는 사실을 알고 있다. 그러나 만일 당신이 이를 엄밀한 연쇄적 추론으로 여기려 한다면 당신에게 그런 추론을 제시해 보라고 말하고 싶다. 《인간 지성에 관한 탐구》

흄은 우리가 믿고 있는 인과관계라는 것은 '유사한 다른 어떤 대상(원인)이 유사한 결과를 동반하리라고 예상하는 것'일 뿐이라고 말하고 있다. 쉽게 말해, 우리가 믿는 인과관계라는 것에는 사실 아무런 인과관계도 없는 셈이다. 흄은 우리가 믿고 있는 인과관계라는 것은 '습관'일 뿐이라고 주장하며 다음과 같이 말했다. *"두 가지 대상이 서로 항상 연결되는 것을 본 후에 우리는 하나의 현상이 다른 현상으로부터 등장하리라고 오직 습관적으로 기대할 뿐이다."*

세상에 확실한 건 없다

여기서 심각한 문제가 발생한다. 대부분의 법칙이나 진리란 것은 결국 '인과관계'에 의한 것 아닌가? 그런데 인과관계가 단지 습관일 뿐이며 그 자체가 논증 불가능하다면, 진리를 포함하는 모든 법칙 역시 근본적으로 논증 불가능한 것 아닌가? 인과관계는 결국 근본적으로 우연적인 것(높은 개연성이 있는 것들이 있지만)이다. 이는 항상 예외가 발생할 가능성이 있다는 의미다.

'인과관계'에 기반을 둔 모든 법칙과 진리는 단 하나의 예외가 발생하는 순간, 법칙도 진리도 아닌 것이 된다. 모든 법칙이나 진리는 그런 가능성을 항상 내포하고 있다. '백조는 하얗다'라는 것이 한동안 진리였지만, 검은 백조가 실제로 등장하면서 순식간에 진리가 아닌 것이 되었던 것처럼 말이다. "귀납법을 논리적으로 정당화할 수 없다는 흄의 지적은 전적으로 옳았다"라는 철학자 칼 포퍼의 전언도 이제 이해할 수 있다.

귀납법(개별적 사례에서 일반적인 결론을 끌어내는 추론 방법)을 어떻게 논리적으로 정당화할 수 있단 말인가? 귀납적으로 추론된 결론은 단 하나의 반례로도 진리가 아닌 것이 되어버리니 말이다. 반례의 가능성이 항상 열려 있기에 귀납법은 논리적으로 정당화될 수 없다는 것이 흄의 입장이다. 그러니 흄은 모든 것을 극한까지 의심할 수밖에 없었던 것이다. '회의주의'란 이런 진리의 불가능성을 표현하는 말이다.

흄의 '동정심'

흔히 흄을 경험론자라고 하는데, 그 이유 역시 이제 알 수 있다. 역설적이게도 흄은 진리의 불가능성을 통해 진리에 도달한다. '세상에 자명한 법칙이나 진리 같은 건 존재하지 않는다'라는 진리. 인과관계를 바탕으로 이성적으로 추론하는 것은 언제나 오류를 범할 가능성이 있다고 판단했다. 그래서 흄은 우리가 알 수 있는 것은 오직 자신의 지각(감각 기관을 통하여 대상을 인식)뿐이라는 '경험론'을 받아들인다.

흄은 '경험'을 중요하게 생각한다. 매 순간 감각 기관을 통해 대상을 인식하는 경험 말이다. 우리가 법칙이나 진리라고 생각했던 것은, 우연히 계속 이어졌던 두 사건을 필연적인 원인과 결과로 추론했기 때문에 발생한 것이니까. 이제 우리는 흄이 말한 '동정심'이 구체적으로 어떤 것인지 이해할 준비가 되었다. 흄의 '동정심'은 우리가 일상적으로 사용하는 의미, 즉 '누군가를 불쌍하게 여기는 마음'과는 다르다. 경험론자답게, 흄은 '동정심'이 '경험'과 관련되어 있다고 말한다. 흄의 이야기를 직접 들어보자.

다른 사람이 느끼는 고통의 정념 그 자체가 직접 나의 마음에 느껴질 수는 없다. 우리는 다른 사람이 느끼는 정념의 원인이나 결과를 감각할 수 있을 뿐이다. 우리는 이것으로부터 정념을 추리한다. 그리고 결과적으로 이것들이 곧 우리의 동정심을 불러일으키는 것이다.　　　　　　　《인간본성에 관한 논고》

흄의 '동정심'은 '타인의 고통을 인식한 뒤에 발생하는 나의 고통에 대한 경험(회상, 기억)'이라고 말할 수 있다. 다른 사람이 느끼는 고통 자체가 나의 마음에 직접 느껴질 수는 없지만, 내 경험에 비추어 타인의 고통을 추리할 수 있다. 그 과정에서 '동정심'이 일어난다. 추운 날씨에 구걸하는 사람을 보고 '동정심'이 드는 이유는, 완전히 똑같지는 않더라도, 추위에 떨었던 유사한 '경험'이 나에게도 있기 때문이다.

착함은 동정심에 달려 있다

"착함은 무엇이고, 그것은 어떻게 실천해야 하는가?"라는 질문에 이제 명료하게 답할 수 있겠다. 선, 윤리, 도덕이 무엇인지 알고 있다고 착한 것이 아니다. '착함(선, 윤리, 도덕)'은 '동정심'에 달려 있다. 무엇보다 먼저 내면에서 동정심이 일어나야 한다. 착함은 타인의 감정(고통)을 나의 유사한 경험을 매개로 공유하는 동정심에 기반을 둬야 한다. 달리 말해, 타인의 고통에 공감하는 것이 바로 착함이다. 그리고 이러한 동정심이 바탕이 된다면, 어떠한 행동도 착한 행동이다.

앞의 커플 이야기로 돌아가자. 여자와 남자 중 누가 착한 사람인가? 이 질문의 답은 그 여자와 남자 자신만이 할 수 있다. 동정심은 한 개인의 내면에서 일어나는 감정이기 때문이다. 여자가 만 원을 깡통에 넣었던 행위가 내면에 일었던 동정심 때문이라면 그건 착함이다. 하지만 여자가 걸인에게 돈을 주었던 행동이 어떠한 감정적 공유(고통의 공감) 없이, 부모나 학교에서 '불쌍한 사람을 보면 도와주어야 한다'라는 학습의 결과였다면 그것은 선한 것도, 윤리적인 것도, 도덕적인 것도 아니다.

마찬가지로, 남자의 "돈을 주면 안 돼"라는 말이 '착함'일 수 있다. 남자가 걸인의 고통에 절절하게 공감했음에도 불구하고 그의 자립을 위해서 돈을 주지 않았다면, 그 행동은 선하고 윤리적이며 도덕적인 행동이다. 반대로, 남자의 행위가 부모, 학교, 사회에서 "일하지 않고 구걸하는 사람은 도와주지 마라"라는 훈육의 결과였다면, 그건 착함이 아니다. 우리는 어떤 행위 자체만 놓고 선, 윤리, 도덕을 미리 판단하는 경향이 있다. 하지만 중요한 것은 '동정심', 즉 타인의 고통에 공감할 수 있느냐다. 이것이 착함의 시작이고 끝이다.

걸인을 폭행하는 것도 착한 행동일 수 있다

한 남자가 서 있다. 한 걸인이 남자에게 모자를 내밀었다.

남자는 그 걸인의 눈빛을 잠시 응시했다. 그리곤 갑자기 걸인에게 달려들어 그 걸인을 무자비하게 폭행했다. 주먹으로 얼굴을 때려 이가 부러졌고, 무자비하게 목을 잡아 머리를 벽에 찧었다.

    이 남자보다 악하고 비윤리적이고 비도덕적인 인간도 없다. 이 남자는 시인 보들레르가 쓴 〈파리의 우울〉에 등장하는 인물이다. 인간의 자유와 행복을 노래했던 보들레르는 왜 그처럼 악하고 비윤리적인 인물을 그렸던 걸까? 놀랍게도, 보들레르는 그 남자를 통해 진정한 착함이 어떤 것인지를 드러내려고 했다. 그 남자는 걸인의 눈빛에서 고통을 느꼈고 진심으로 그를 도와주고 싶었다. 돈을 주는 것도, 외면하는 것도 걸인을 도와주는 것이 아니라고 생각했던 것이다. 오해가 더 커지기 전에, 〈파리의 우울〉을 잠시 읽자.

몸을 일으키는 것을 보았다. 그리고 이 늙어빠진 불한당은 나에게 '좋은 징조'로 생각되는 증오에 타는 시선을 보내며 나에게 달려들어 내 눈을 멍들게 하고 이를 네 개나 부러뜨렸다. … 나는 그에게 말했다. "선생, 당신은 나와 동등하오! 나와 나의 돈주머니를 나누는 영광을 베풀어주시오. 그리고 당신이 진정한 박애주의자라면 당신의 동료들에게도, 그들이 당신에게 동냥을 구걸하거든, 방금 내가 마음 아프게도 당신의 등에 시도

한 '수고'를 낳게 했던 이론을 적용시킬 것을 기억하시오."

그 걸인은 남자의 갑작스러운 공격에 분노했고, 그 분노로 남자를 반격해 눈을 멍들게 했고, 이를 네 개나 부러뜨렸다. 그렇다. 그 남자는 걸인을 구원했다. 절망과 무기력에 휩싸인 걸인에게 실낱같이 남아 있던 한 인간으로서의 자긍심을 깨닫게 했던 것이다. 육교를 지나왔던 연인보다, 어찌 보면 잔혹해 보이는 이 남자가 더 착한 사람일지도 모르겠다. 자긍심이 깨어난 걸인은 더 이상 걸인으로 남지 않을 테니까.

착함에서 중요한 것은 외면적으로 드러나는 행위나 행동이 아니다. 세상 사람들에게 아름답게 보이는 행동이 전혀 착하지 않은 것일 수도 있고, 세상 사람들이 전혀 받아들이지 못하는 행동이 무엇보다 착한 것일 수도 있다. 사실 우리는 이미 알고 있다. 선거철에 보육원을 방문해 아이들을 안아주는 국회의원보다 아픈 마음을 부여잡고 아이들의 종아리를 때리는 수녀가 더 선하며, 윤리적이고 도덕적이라는 사실을 말이다.

착함이란 것은 결국 흄이 말한 '동정심'에 달렸다. '타인의 상처, 아픔, 고통에 얼마나 공감할 수 있느냐?'가 선과 윤리를 가늠하는 유일한 기준인 셈이다. 전쟁터에서 부상을 당해 지옥 같은 고통 속에서 죽어가는 전우의 숨을 끊어주는 건, 선한 행동이다. 살아날 가능성이 없이, 지옥 같은 고통 속에서 하루하루를 보내는 연인의 숨을 끊어주는 건 윤리적인 행동이다. 그 전우와 연인에 대한 애절한 동정심만 있다면 말이다.

"이성은 정념(감정)들의 노예여야만 한다." 흄의 이 말을 기억하자. 착한 사람이 되고 싶다면, 선, 윤리, 도덕이 무엇인지, 또 그런 행동과 실천이 무엇인지에 대한 고민을 잠시 멈추어야 한다. 그 이성의 작용의 멈추고, 감정에 집중해야 한다. '나는 타인의 상처와 고통에 공감하고 있는가?'를 자신에게 물어야 한다. 그런 동정심 없이 하는 어떠한 행동, 설사 세상 사람들이 착하다고 칭송하는 행동도 선하거나 윤리적이지 않다. 반대로 그런 동정심이 있다면, 어떠한 행동, 설사 세상 사람들이 나쁘다고 비난하는 행동도 선하고 윤리적이다.

데이비드 흄 아는 척 매뉴얼

흄에 대해서 조금 더 알아보기 위해서는 '인상', '관념', '믿음'이라는 세 가지 개념을 알 필요가 있다. 흄은 우리의 정신에는 '인상'과 '관념'이 있다고 말한다. '인상'은 직접적인 지각이고, '관념'은 그 인상의 결합으로 만들어진 것이다. 예를 들면, 지금 보고 있는 딸기는 '지각'되는 것이고, 나중에 딸기나 혹은 딸기나무를 떠올리는 것은 '관념'이다. 인상은 직접적이고, 관념은 한 번 거쳐서 만들어진 것이라고 할 수 있다. 흄에 따르면, 선천적 시각 장애인은 받아들인 '인상'이 없기에 '관념'도 없지만, 사고로 시력을 잃은 사람은 '인상'은 없어도, '관념'은 있다.

흄은 '인상'과 '관념'의 차이를 분석하면서 당대로서는 파격적인 결론을 도출한다. 흄은 인간이 감정적 동물인 동시에 이성적 동물이지만, 이성은 감정의 노예일 뿐이라고 말한다. 이에 대해 흄은 이렇게 말했다. *"이성은 정념의 노예이며 또한 노예여야만 한다. 그리고 이성은 정념에 봉사하고 복종하는 것 이외의 다른 어떤 임무도 탐내서는 안 된다."* 흄은 데카르트부터 이어진 '인간은 이성적 존재'라는 근대적 사고를 근본부터 뒤흔든 셈이다.

'회의주의자'인 흄은 우리의 이성과 지식으로 판단하는 것이 틀릴 수 있음을 지적했다. 더 나아가 '이건 분명하고 확실한 거야!'라는 신념을 구성하는 논리학이나 과학에 대해서도 근본적인 의문을 제기했다. 논리학, 과학마저 객관적이고 분명하고 확실한 법칙과 진리를 제공하지 못한다면 이제 사람들은 어떤 법칙과 진리를 신념으로 여기며 살아야 할까?

여기서 흄은 '믿음'이란 개념을 제시한다. 우리는 인상이나 관념을 결합해 어떤 지식을 형성한다. 그런데 이 지식은 법칙이나 진리가 아니다. 흄은 그것을 '믿음'이라고 한다. 참된 진리, 법칙 대신 '믿음'이란 개념이 들어서게 된 것이다. 법칙, 진리 없이도 살아갈 수 있는 이유는 각자의 믿음 때문이다. 흄은 믿음을 이렇게 정의한다. *"현재의 인상과 관련이 있는, 혹은 그것들로 결합되어 있으며, 그것들로 연합되어 있는 살아 있는 원리."*

흄의 말처럼, 믿음은 '살아 있기'에 그것을 가진 사람에게 안정감을 준다. 실제로 그렇지 않은가? 사이비 종교의 믿음에 빠진 사람을 생각해 보자. 우리가 가진 진리와 법칙으로 보기에 어리석은 행동들을 확신에 차서 하지 않던가. 그들의 믿음은 살아 있어서 견고하고 확실하며 안정감을 느끼게 한다. 그래서 흄은 이 '믿음'이 '허구'와는 다르다고 말했던 것이다. 정확히는 우리에게 '허구'인 것이 누군가에게는 '믿음'일 수 있다.

흄은 회의주의를 끝까지 밀어붙여서 법칙과 진리의 불가능성을 주장했다. 그 과정에서 '믿음'에 대한 새로운 지평을 열었다. 절대불변의 진리나 법칙은 존재하지 않으며, 각자의 믿음이 있을 뿐이고, 인간은 그 믿음에 기대어 살아간다는 것 말이다. 이제 '이성은 감정의 노예일 뿐'이라는 흄의 파격적인 주장을 이해할 수 있다. 인간은 '옳은 것(이성)'을 '믿는 것(감정)'이 아니라 '믿는 것'이 '옳은 것'이라고 여기는 존재가 아닌가!

인간은 자기가 믿고 싶은 것을 옳은 것이라 정당화하며 사는 존재이기에, 이성은 감정의 노예다. 인간은 어떤 이의 특정한 행동과 특징 때문에 그를 좋아하거나 싫어하는 이성적 존재가 아니다. 먼저 누군가를 좋아하거나 싫어하고, 나중에 그를 좋아할 혹은 싫어할 이유는 찾는 감정적인 존재다. 흄은 인간이 이성적 존재가 아닌 지극히 감정적 존재임을 이미 간파했던 것이다.

05

경험하지 않아도
알 수 있을까요?

칸트의 '아 프리오리'

똥인지, 된장인지 먹어봐야 아니?

초등학교 시절, 친구가 느닷없이 2층에서 뛰어내렸다. 그 친구는 다리가 부러졌고 한동안 깁스를 하고 지냈다. "왜 그랬어?"라는 선생의 추궁에 친구는 천진한 표정으로 답했다. "2층에서 뛰어내리면 진짜 아플지 궁금해서요." 선생은 황당한 표정으로 말했다. "똥인지, 된장인지 먹어봐야 아니?" 철없던 시절의 에피소드로 끝낼 수 없는 이야기다. 유사한 일들이 지금 우리에게도 여전히 일어나고 있으니까.

자퇴, 사표, 세계 일주, 이혼, 귀농 등 무엇이든 상관없다. 세상이 암묵적으로 정해 놓은 기준에서 벗어난 시도나 도전을 고민하는 사람들은 다들 한 번쯤 들어봤을 테다. "똥인지, 된장인지 먹어 봐야 아니?" 이 말은 학교를 그만두면, 직장을 때려 치우면, 세계 일주를 떠나면, 시골로 내려가면, "너에게 무슨 일이 벌어질지 뻔히 예상되지 않느냐?"라는 의미다. 지극히 현실적인 이런 이야기는 심오한 철학적 주제를 담고 있다. 바로 경험주의와 합리주의다.

경험주의는 '참된 앎이란 이성이 아니라 사물에 대한 경험에서 비롯된다'라고 주장한다. 반면 합리주의는 '참된 앎이란 경험이 아니라 이성을 이용한 덕분에 얻을 수 있다'라고 주장한다. 2층에서 뛰어내린 아이가 경험주의자라면, 핀잔을 준 선생은 합리주의자인 셈이다. 아이는 '높은 곳에서 떨어지면 다친다'라는 지식을 직접 뛰어내리는 경험으로 얻었고, 선생은 그 지식을 이성적으로 생각하면 얻을 수 있다고 여기기 때문이다.

경험하지 않아도 알 수 있을까?

경험주의와 합리주의는 삶에서 중요한 문제다. "경험하지 않아도 알 수 있을까?"라는 질문에 서로 다른 답을 하게 되기 때문이다. 경험주의자는 몸을 움직이는 체험으로 삶을 파악할 테고, 합리주의는 머리를 써서 이성으로 삶을 파악할 테다. 이처럼 '경험주의냐, 합리주의냐?'에 따라 그 삶은 현격히 달라지기 마련이다.

"경험하지 않아도 알 수 있을까?"라는 질문에 다들 나름의 답을 갖고 있다. 경험으로 어떤 지식을 알게 된 경우가 많거나 혹은 그런 결정적 사건이 있었던 사람은 경험주의자가 된다. 반대로 합리적으로 생각해서 어떤 지식을 알게 된 경우가 많거나 혹은 그런 결정적 사건이 있었던 사람은 합리주의자가 된다. 즉, 다들 나름의 답을 하지만, 그 답은 모두 자신의 한정적이고 협소한 삶을 일반화시켜서 얻게 된 답일 뿐이다.

경험주의자도, 합리주의자도 아닌 철학자, 칸트

너무 위험하지 않은가? 이 중요한 질문에, 지나온 자신의 한정적이고 협소한 삶을 성급하게 일반화시켜 답을 한다는 사실이. 철학자가 필요하다. 경험해야 알 수 있는 것인지, 경험하지 않아도 알 수 있는 것인지를 더욱 분명하게 답할 철학자. 바로 임마누엘 칸트Immanuel Kant다. "경험해야 알 수 있을까?"라는 질문에 칸트는 기본적으로 "아니다"라고 답한다. 칸트는 참된 지식, 확실한 지식은 경험을 통해 알 수 있는 것이 아니라고 말한다.

예를 들어보자. '백조는 하얗다'라는 것은 참되고, 확실한 지식인가? 아마 대부분 '그렇다'라고 답할 테다. 하지만 이 지식은 참되고, 확실한 앎이 아니다. 아직 검은색 백조를 경험하지 못한 것일 뿐이다. 1697년 호주에서 검은 백조가 발견되면서 '백조는 하얗다'라는 지식은 참된 것도, 확실한 것도 아니게 되었다. 칸트는 이처럼 눈이나 귀, 코 등의 감각 기관으로 받아들인 경험으로 무엇인가를 알 수 있다는 생각에 강한 의심을 품었다.

그렇다면 칸트는 합리주의자인 걸까? 이성으로 생각해서 참되고 확실한 지식에 도달할 수 있다고 믿었을까? 그 또한 아니다. 칸트는 몸을 쓴 경험으로도, 머리를 쓴 이성으로도 참되고 확실한 지식(진리)에 도달하는 것이 불가능하다고 생각했다. 경험도, 이성도 아니라면, 칸트는 어떻게 참되고 확실한 앎에 도달할 수 있다고 생각했을까? 바로 이 질문에 답함으로써 칸트는 서양 철학사에서 묵직한 한자리를 차지하게 된다.

칸트의 '아 프리오리'

'아 프리오리a priori'라는 개념이 있다. 라틴어로 '처음부터', '최초의 것으로부터'라는 의미다. 칸트가 말한 '아 프리오리'는 '선험적'이라는 말로 번역되는데, 이는 '경험적'의 반대말이다. 즉, '선험적'은 '경험하기 전에 이미 주어진 것'이라는 의미다. 칸트는 참되고 확실한 앎은 '경험적'인 것이 아니라 '선험적'인 것으로 파악할 수 있다고 주장했다. 그런데 이 '선험적'이라는 개념이 쉽사리 손에 잡히지 않는다. 도대체 경험하지 않고 알 수 있는 것이 있긴 한 걸까?

'불은 뜨겁다'라는 것도 어린 시절 불에 덴 경험으로 알게 된 것이고, '겨울은 춥다'라는 것도 한겨울 매서운 찬바람을 경험했기에 알게 된 것 아닌가? 이처럼 참되고 확실한 지식은 모두 경험을 통해 알게 된 것이라고 믿고 있다. 하지만 이 믿음은 오해다. 경험은 주관적이고, 한정적이다. 내가 보기엔 분명 흰 백조이지만, 옆 사람이 보기엔 회색 백조일 수 있다. 그렇다면 그 백조는 흰 백조인가, 회색 백조인가?(주관적 경험) 또 모두가 백조를 희다고 경험해도 '백조는 희다'라고 확정할 수 없다. 아직 검은 백조를 경험하지 못했을 뿐이니까.(한정적 경험)

칸트는 이런 경험의 문제를 '선험적'인 것으로 돌파하려고 한다. 경험하지 않고도 이미 알 수 있는 어떤 조건이 있다고 가정해 보자. 만약 그렇다면, 참되고 확실한 지식에 도달할 수 있다. '경험적'인 것은 사람마다, 상황마다 다르지만 '선험적'인 것은 상황과 사람에 관계없이 동일하다. 왜 그런가? 선험적인 것은 경험 이전에 이미 존재하는 것이기 때문이다. 선험적인 것은 누구에게도 어떤 상황에서도 확실하기에 참되고 확실한 지식에 도달하게 해 준다.

칸트는 이런 조건, 즉 경험 이전에 이미 주어진 조건, 경험에 좌우되지 않는 확실한 조건을 '선험적 조건'이라고 했다. 난해하니 예를 들어보자. 여기 연필, 볼펜, 사인펜이 있다. 이것들은 모두 다르지만, '필기구'라는 공통된 형식을 갖고 있다. 쉽게 말해, 이 공통적인 어떤 형식을 '선험적 조건'이라고 할 수 있다. 칸트식으로 말하자면, 이것이 연필이냐, 볼펜이냐, 사인펜이냐는 경험을 통해야 알 수 있지만, '쓸 수 있는 어떤 것(필기구)'이라는 동일한 형식은 경험 이전에 갖고 있다는 것이다. 이런 경험 이전의 동일한 어떤 형식이 칸트의 '선험적 조건'이다.

'공간', '시간', '범주'라는 선험적 조건

여전히 손에 잡히지 않는다. '선험적 조건'이란 게 구체적으로 뭘까? 칸트는 우리에게 두 가지 선험적 조건을 이야기했다. '선험적 감성형식'과 '선험적 지성형식'이 그것이다. 먼저 '선험적 감성형식'에 대해 알아보자. 경험은 사람마다 다르다. 각자가 지닌 감성이 다르기 때문이다. 감성이 다르기에, 똑같은 온도에서도 어떤 이는 춥다고 하고, 어떤 이는 덥다고 한다. 하지만 칸트에 따르면, 누구도 다르게 경험할 수 없는 조건이 있는데, 그것이 '선험적 감성형식'이다. 이 '선험적 감성형식'은 바로 '공간'과 '시간'이다.

한 여성이 카페에서 커피를 마시고 있다. 두 남자가 그 여성을 바라본다. 한 남자는 그녀를 '아름답다'라고 경험했고, 다른 한 남자는 '아름답지 않다'라고 경험했다. 그럴 수 있다. 두 남자의 미적 기준이 다르기 때문이다. 하지만 어떤 사람도 똑같이 경험하는 조건이 있다. 그것은 그녀가 카페라는 '공간'에, 오후 한 시라는 '시간'에 존재했다는 사실이다. 이것은 분명 경험 이전의 것이다. 칸트는 누구도 벗어날 수 없는 '공간'과 '시간'이라는 '선험적 감성형식'을 발견했다.

그렇다면 '선험적 지성형식'은 뭘까? 일반적으로 지성적으로 생각(분별, 판단)하는 것은 경험에 의존한다고 믿는다. 어떤 물체가 약인지 독인지 직접적으로 먹어보든, 간접적으로 공부하든 경험을 통해 분별하고 판단할 수 있다. 하지만 칸트에 따르면, 누구도 다르게 분별하고 판단할 수 없는 조건이 있는데, 그것이 '선험적 지성형식'인 '범주'다.

트럭은 자전거보다 크다. 이 분별과 판단은 분명 경험적이다. 하지만 이 분별과 판단을 하려면 먼저 '크다 – 작다'라는 '범주'를 이미 알고 있어야 한다. 이 '범주'는 분명 선험적이다. 갓난아기는 트럭이 큰지, 자전거가 큰지는 알수 없지만 '크다 – 작다'라는 범주는 이미 갖고 있다. 마찬가지로 '트럭이 한 대냐, 네 대냐?'라는 판단은 경험적이지만, '하나 – 다수'라는 '범주'는 경험 이전에 존재한다. 칸트는 누구도 벗어날 수 없는 '범주'라는 '선험적 지성형식'을 발견했다.

선험적인 것과 경험적인 것 사이

우리의 질문으로 돌아가자. "경험하지 않아도 알 수 있을까?"라고 묻는다면, 칸트는 "그럴 수도, 아닐 수도 있다"라고 말할 게다. 시간, 공간, 범주 같은 선험적인 것들은 분명 경험하기 전 알 수 있는 것들이기에 "그렇다"라고 답할 테다. 하지만 동시에 선험적인 것만으로 참되고 분명한 지식에 도달할 수 없다. 시간, 공간, 범주라는 선험적 조건에 경험으로 얻는 특정한 인식(정보)들을 더하지 않는다면 아무 의미도 없기 때문이다.

'트럭이 자전거보다 크다'라는 참되고 분명한 지식은 아침 9시(시간)에, 집 앞(공간)에서, 큰 것과 작은 것(범주)이 부딪치는 장면을 경험해야지 알 수 있는 것 아닌가. 결국 참되고 확실한 지식은 시간, 공간, 범주라는 선험적 형식에, 어떤 경험적 내용이 들어가야 알 수 있다. 이런 측면에서 "경험하지 않아도 알 수 있을까?"라는 질문에 칸트는 다시 "아니다"라고 답할 테다. 결국 경험이 없다면 참되고 확실한 지식에 도달할 수 없으니까.

이럴 수가! "경험하지 않아도 알 수 있을까?"라는 질문에 답을 구하기 위해 칸트라는 큰 산맥을 겨우 넘었는데, 결국 우리가 얻은 답은 "모르겠다"가 아닌가. 기왕 여기까지 왔으니 포기하지 말고 끝까지 밀고 가 보자.

칸트의 선험적인 것은 '허구'다

칸트는 분명 위대한 철학자이지만, 그의 철학에는 한계가 있다. 그 한계를 통해 "경험하지 않아도 알 수 있을까?"라는 질문에 다시 답해보자. 칸트가 "경험하지 않아도 알 수 있다"라고 말한 이유는 선험적인 것들 때문이다. 그런데 정말 칸트가 말한 선험적인 것은 존재하는 걸까? 먼저 '선험적 감성형식'인 공간과 시간부터 살펴보자. 칸트의 철학은 뉴턴의 물리학에 상당한 영향을 받았다. 칸트가 공간과 시간은 경험 이전의 것이고 누구에게나 공통된 조건이라고 주장한 데는 뉴턴의 영향이 컸다.

뉴턴의 물리학에서 시간과 공간은 공통적이고 불변적이며 절대적이다. 마치 물체의 크기를 가늠하는 줄자의 눈금처럼 시간과 공간은 공통적이고 불변적이며 절대적이다. 물체들의 변화를 가늠하는 기준이 바로 시간과 공간인 셈이다. 이것은 누군가의 경험 때문에 달라지거나 변하지 않는다. 그래서 칸트는 시간과 공간에서 선험적 조건을 발견한 것이다. 하지만 아인슈타인이라는 걸출한 천재의 등장으로 뉴턴의 물리학은 상당한 타격을 입는다. 뉴턴의 물리학 앞에 '고전'이라는 수식어를 붙일 만큼.

아인슈타인의 '상대성이론'이 그것이다. 상대성이론은 간단히 말해, '빛의 속도로 빨리 운동하는 공간에서는 시간이 천천히 간다'라는 이론이다. SF영화에 종종 등장하는 장면을 떠올리면 이해가 쉽다. 우주선을 타고 오랜 시간 우주를 여행한 아버지는 아들보다 젊은 모습으로 우주선에서 내린다. 영화 속 이 장면은 허무맹랑한 상상이 아니다. '상황에 따라 시간이 다르게 흐를 수 있다'라는 아인슈타인의 상대성이론에 근거한 것이다.

이 상대성이론은 뉴턴뿐만 아니라 칸트마저 해체시킨다. 정확히는 칸트의 선험적 감성형식인 공간과 시간의 개념을 해체시킨다. 아인슈타인에 이르러 시간은 조건에 따라 다르게 경험되는 것으로 증명되었기 때문이다. 즉, 시간은 선험적이지 않다. 공간도 마찬가지다. 아인슈타인에 따르면, 공간은 균질적으로 비어 있는 것이 아니라 중력이 강한 곳에서는 구부러져 있다. 이는 공간이 중력에 의해 다르게 경험된다는 의미다. 즉 칸트가 선험적이라고 했던 공간마저도 결국 상황에 따라 다르게 경험되기에 전혀 선험적이지 않은 게 되어버린다.

선험적 지성형식인 범주도 조금만 꼼꼼히 살펴보면 해체할 수 있다. 이 범주라는 것도 철학자마다 다르게 설정할 수 있는 것 아닌가? 실제로 칸트가 제시한 12개의 범주는 이미 아리스토텔레스가 제시한 10개의 범주를 변용한 것이다. 결국, 범주라는 것은 범주 이전에 그것을 나누는 어떤 기준이 있어야 하는데, 그것은 사람(철학자)마다 다를 수 있다. 그러니 이 범주라는 것도 불변하고 모두에게 공통적인 선험적 조건이라고 할 수 없다.

경험하지 않으면 알 수 없다

칸트의 선험적 조건은 모두 해체되었다. 이 말은 결국 "경험하지 않으면 알 수 있는 건 없다!"라는 의미이기도 하다. 이제 "경험하지 않아도 알 수 있을까?"라는 질문에 조금 더 분명하게 답할 수 있다. 경험하지 않으면 알 수 있는 건 없다. 물론 안다. 경험하지 않아도 알 수 있는 게 있다는 걸. 하지만 경험하지 않고 아는 것과 경험을 통해 아는 것은 질적으로 다른 앎이다. 자동차를 책으로 배운 앎과 실제 운전을 하면서 배운 앎은 질적으로 다르지 않은가.

조금 단정적으로 말해도 좋다면, 경험하지 않으면 알수 없다. 무엇인가를 제대로 알기 위해선 결국 온몸을 움직여 부대끼며 배워야 한다. 그것이 진짜 앎이다. 굳이 경험주의와 합리주의 중 하나만을 택하고 살아야 한다면, 경험주의자가 되는 게 낫다. 경험주의가 옳아서가 아니라 경험주의가 우리의 삶을 더 풍성하고 유쾌하게 만들기 때문이다. 멀리 갈 것 없이 사랑에 관해서만 보아도 그렇지 않은가? 사랑과 연애에 관한 책과 강연이 넘쳐난다.

하지만 그것은 진짜 앎이 아니다. 창피하지만 고백하고, 아낌없이 사랑하고, 아프게 이별했던 경험으로 알게 된 앎은 깊고 진하다. 깊고 진한 앎만이 진짜 앎이다. 그리고 진짜 앎이 삶을 더 풍성하고 유쾌하게 만든다. 어쩌면 경험이 아닌 이성으로 앎에 도달할 수 있다고, 또 그러고 싶다고 말하는 사람은 비겁한 사람인지도 모르겠다. 마치 미지의 세계로 여행을 가고 싶지만, 두려워서 책상머리에 앉아 인터넷으로 여행을 하려는 사람처럼 말이다.

온몸을 던져 미지의 세계로 떠나자

미지의 세계로 떠나자. 자퇴, 사표, 연애, 여행, 결혼, 이혼, 귀농 등 뭐든 좋다. 온몸을 던져 경험하자. 위험할 수도, 상처받을 수도 있다. 하지만 괜찮다. 우리를 불행하게 만드는 건 위험이나 상처가 아니다. 불안과 권태다. 합리적으로 살면 위험과 상처에서는 벗어나겠지만, 결국 만나게 되는 건 불안과 권태다. 경험적으로 살면 위험과 상처를 감당해야겠지만, 불안과 권태에서는 벗어날 수 있다. 어떤 삶을 원하는가? 아니 어떤 삶이 더 풍성하고 유쾌한 삶일까?

이제 선택해야 할 때인지도 모르겠다. 안전하고 안정된 그래서 동시에 불안과 권태에 잠식된 삶을 살 것인가? 아니면 위험과 상처를 감당하면서 풍성하고 유쾌한 삶을 살 것인가? 나는 방에서 나와 온몸으로 부대끼며 세상을 여행하는 삶을 살고 싶다. 연애에 관한 책을 읽는 대신 매혹적인 사람에게 용기를 내어 고백하는 삶을 살고 싶다. 나는 그렇게 끝끝내 경험주의자로 살고 싶다. 누군가 "똥인지, 된장인지 먹어봐야 아니?"라고 묻는다면, 단호하고 강건하게 답할 수 있었으면 좋겠다. "네! 먹어봐야 알지요."

칸트 아는 척 매뉴얼

서양 철학사에서 칸트만큼 큰 영향을 미친 사람도 드물다. 오죽 했으면, 칸트를 '서양 철학의 저수지'라고 불렀을까? 칸트 이전 의 거의 모든 서양 철학이 칸트라는 저수지로 모여들고, 그 저수 지를 통과해 다시 흘러가게 된다는 의미다. 문득 궁금해진다. 그 렇다면 칸트라는 그 거대한 저수지는 어떻게 시작되었을까? 그 저수지는 칸트의 유명한 말로 시작되었다.

감성이 없으면 대상은 주어지지 않을 것이다. 지성이 없으면 대 상은 절대로 생각되지 않을 것이다. 지성이 없는 감성은 맹목적 이고, 감성이 없는 지성은 공허하다. 《순수이성비판》

칸트만큼 지식인들에게 많이 인용된 철학자도 드물다. 하지만 그 많은 인용에도 불구하고 칸트의 이 유명한 말을 제대로 이해하는 이는 드물다. 이 말을 제대로 이해하려면 칸트가 어떻게 '서양 철학의 저수지'가 되었는지도 이해할 수 있다. 난해한 칸트의 이야기를 이해하기 위해 먼저 '감성'과 '지성'에 대해 알아보자.

'감성'은 무엇일까? "넌 참 감성적이구나"라고 흔히 말한다. 이게 무슨 뜻인가? 섬세한 감정 변화를 느낀다는 말이다. 칸트의 '감성'도 이와 유사한 면이 있다. 칸트는 감성을 이렇게 정의했다. *"우리가 대상에 의해서 촉발되는 방식에 의해 표상을 받아들이는 능력(수용성)을 감성이라고 부른다."* 감성은 대상(책, 음악, 영화)에서 발생하는 어떤 정보들을 받아들이는 능력(기관)을 의미한다. *"감성이 없으면 대상이 주어지지 않는다"*라는 말은 당연하다. 어떤 정보도 받아들일 수 없으니까.

그렇다면 '지성'은 무엇일까? "그는 지성인이야"라고 흔히 말한다. 이건, 그에게 어떤 대상, 사건을 올바르게 분별하고 판단할 능력이 있다는 의미다. 칸트의 '지성' 역시 이와 크게 다르지 않다. 칸트의 지성은 대상을 분별하고 종합적으로 판단하는 능력(기관)이다. 달리 말해, 감성이 대상의 정보를 받아들이는 능력이라면, 지성은 그 정보를 가지고 분별, 판단하는 능력이다. *"지성이 없으면 대상은 절대로 생각되지 않는다"*라는 말도 너무 당연하다. 아무것도 분별, 판단할 수 없기 때문이다.

왜 칸트가 선험적 조건을 '감성형식'과 '지성형식'으로 나누었는지 알겠다. 칸트는 참된 앎에 도달하기 위해서는 정보를 받아들이는 '감성'과 그 정보로 분별, 판단하는 '지성'이 모두 필요하다고 보았기 때문이다. 참된 앎, 즉 상황과 사람에 따라 달라지지 않는 앎은 선험적인 것에서 출발할 수밖에 없다. 그래서 칸트에게는 감성과 지성이라는 선험적 형식이 필요했던 게다.

*"지성이 없는 감성은 맹목적이고, 감성이 없는 지성은 공허하다"*라는 칸트의 난해한 이야기도 이제 이해할 수 있다. 지성이 없는 감성은 맹목적일 수밖에 없다. 일곱 살 천재 아이를 지성적이라고 할 수 있을까? 아니다. 그 아이는 맹목적이다. 감성을 통해 많은 정보를 파악했지만, 그 정보를 올바르게 분별, 판단하는 능력이 없기 때문이다. 또 감성이 없는 지성은 공허할 수밖에 없다. 고집불통 노인의 조언은 공허하다. 세월의 힘으로 분별하고 판단할 수 있는 지성이 생겼다고 해도, 감성을 통해 어떤 정보도 파악하려고 하지 않기 때문이다.

철학사적으로 보자면, 경험주의는 '감성'과 결부된 사유고, 합리주의는 '이성'과 결부된 사유다. 이 두 사유는 긴 시간 대척점에서 논쟁했다. 칸트가 서양 철학의 저수지가 된 까닭은, 바로 이

논쟁을 끝냈기 때문이다. *"감성이 없으면 대상은 주어지지 않을 것이다. 지성이 없으면 대상은 절대로 생각되지 않을 것이다. 지성이 없는 감성은 맹목적이고, 감성이 없는 지성은 공허하다"*라는 짧은 이야기로 칸트는 지난한 논쟁의 종지부를 찍었다. 흔히, 칸트를 '경험주의(감성)와 합리주의(이성)를 종합한 철학자'라고 평가하는 이유도 그래서다.

"철학이란 진리가 아니라
건강한 삶을 추구해야 한다!"

- 니체, 《즐거운 학문》

철학을 하는 이유는 분명합니다. 건강한 '삶'을
위해서지요. 철학이 '앎'에만 머물 때 그것은 질병처럼
기능할 겁니다. '아는 게 병'이란 말은 그저 농담이
아닙니다. 많이 알기에 불행한 사람들이 얼마나
많던가요. 철학을 이야기하는 저는, 언젠가 니체가
정의했던 '철학의 과업'을 항상 잊지 않으려고
노력합니다.

"더 이상 철학은 주어진 대로 개념을 받아들여 그것을
갈고닦아 윤을 내는 일로 자족할 수는 없다. 철학은 우선
개념들을 만들고, 창조하고, 확고히 세워서 사람들이
그것들을 이용하도록 설득하는 작업부터 시작해야 할
것이다."

06

어떻게
'나'를 찾을 수 있을까요?

너답지 않게 왜 그래?

"오늘 영화 보러 가자."

"글쎄, 오늘은 좀 그러네."

"몸이 안 좋아?"

"아니, 그런 건 아닌데, 혼자 있고 싶어."

"야, 너답지 않게 왜 그래?"

정은과 예빈은 친구다. 정은은 늘 그랬던 것처럼 예빈에게 영화를 보러 가자고 했다. 하지만 예빈이는 "혼자 있고 싶다"며 평소와 다르게 거절했다. "너답지 않게 왜 그래?"라는 정은의 이야기는 예빈의 낯선 모습 때문이었다. 집으로 돌아가는 길에 예빈은 스스로에게 묻는다. '나다운 게 뭐지? 아니, 나는 누구지?' 비단 예빈의 이야기만은 아니다. '나는 누구일까?'라는 질문은 대단히 철학적이면서 현실과 밀접하게 관련되어 있다.

감수성이 폭발하던 사춘기 시절, 떨어지는 낙엽 때문에 '나는 누구일까?'라고 묻게 된다. 오랜 친구에게 "너답지 않게 왜 그래?"라는 핀잔을 들을 때도 마찬가지다. 시간이 지나 결혼을 하고, 사회인이 되어도 상황은 달라지지 않는다. 의미 없는 일상이 반복되거나 삶이 내 맘처럼 풀리지 않을 때, 깊이 눌러두었던 질문이 불쑥 올라오지 않던가. '나는 누구일까?'라는 이 질문은 언제나 우리의 일상과 붙어 있다. 그래서 중요하다.

'나'를 찾아 행복해지고 싶다

나이가 들면 어느 순간 알게 된다. 행복은 있는 그대로의 자신을 긍정하며 사는 거란 걸. 그렇다. 행복은 멀리 있지 않다. 나답게 사는 게 행복이다. 우리가 행복에서 멀어진 이유를 알겠다. '나는 누구일까?'라는 질문에 제대로 답하지 못했기 때문이다. 나답게 사는 것이 행복이란 건 알지만, 정작 나답다는 것, 즉 '나는 누구일까'라는 질문에는 답할 수 없었기 때문이다. '나를 찾는 여행'을 떠나겠다는 사람이 왜 그리도 많은지 알겠다.

세계 일주를 떠나고, 산티아고 순례길을 걷고, 심지어 속세를 떠나 절에 들어가는 것도 모두 여행이다. 나를 찾아 떠나는 여행. 그들은 모두 진짜 '나'를 찾아서 행복해지고 싶은 게다. 그러니 행복을 원한다면 가장 먼저 해야 할 일은 분명하다. "나는 누구일까?"에 답할 수 있어야 한다. 삶의 굽이굽이에서 만나게 되는 수많은 관계와 사건을 통해 불현듯 엄습하는 "나는 누구일까?"라는 질문에 나름의 답을 찾아야 한다. 그래야 행복해질 수 있다.

'자아'를 찾으려던 철학자, 피히테

"나는 누구일까?"라는 질문에 답할 철학자는 피히테Johann Gottlieb Fichte다. 피히테라면, "나는 누구일까?"라는 질문에 이렇게 답할 것이다. "나는 자아自我다." 고개가 갸웃거려진다. 흔히 '자아'는 '나'라는 단어와 같은 의미로 사용되고 있지 않은가? 그러니 피히테의 대답은 '나는 나다'라는, 의미

없는 동어 반복처럼 들린다. 하지만 피히테의 '자아'는 흔히 사용되는 '나'와는 조금 다른 혹은 복잡한 함의가 있다. 피히테의 수수께끼 같은 대답을 이해하기 위해 '자아'라는 개념을 알아보자.

피히테의 '자아'는 직접 경험되지 않고 인식되지도 않지만, 주체와 대상을 연관 지어 통일시키는 활동이다. 예를 들어, '자아'가 있기에 밥(대상)은 인간(주체)이 먹는 것이라는, 주체와 대상을 연관 짓고 통일시킬 수 있다. '자아'가 없다면 인간(주체)은 밥(대상)을 보고 그것이 먹는 것인 줄 모른다. 말하자면, '자아'는 일종의 '자기의식'인 셈이다. 피히테의 이야기를 직접 들어보자.

자아는 우리의 경험적 의식 상태 속에서 나타나지 않고 나타날 수도 없는, 아니 그보다는 차라리 모든 의식의 기초에 놓여 있어서 그것들을 가능하게 하는 활동을 표현하는 데 있다.

《전체지식론의 기초》

피히테의 말처럼, 모든 의식의 기초에 놓여서 그것들을 가능하게 하는 '활동'이 바로 자아이고 자기의식이다. 피히테는 이 자아가 모든 것의 출발점이자, 모든 것의 기초라고 생각했다. 그도 그럴 것이, 우리는 자아(자기의식)를 통해서 세상에 존재하는 수많은 대상을 나와 관계 짓는다. 정말 그렇다. 누구든 자아(자기의식)를 통해 '나'를 규정한다. 밥을 보면 '먹는 나'로, 책을 보면 '읽는 나'로, 샌드백을 보면 '때리는 나'로 정립되는 것은 자아 때문이 아닌가. 자아가 없다면 '나'라는 존재를 규정할 수 없다.

자아(자기의식)는 어디에서 오는가?

다시 질문으로 돌아오자. "나는 누구일까?"라는 질문에 피히테는 "나는 자아다"라고 답했다. 이제 이 말을 이렇게 바꿀 수 있다. "나는 자기의식이다." 그렇다면 이제 자기의식이란 수수께끼를 풀면, "나는 누구일까?"라는 질문에 실마리를 찾을 수 있다. 피히테는 이 자기의식에 대해 조금 더 구체적으로 말한다.

명제 'A는 A다(A = A)'는 누구나 인정하는 것이며, 그것도 그에 대해 최소한의 의심도 품지 않고 인정하는 것이다. … 내 안에 항상 같으며 항상 하나이고 동일한 어떤 것이 있다는 것이 정립된다. 이 단적으로 정립된 필연적 연관은 다음과 같이 하나로 표현될 수 있다. 나 = 나. 나는 나다.

《전체지식론의 기초》

얼핏 난해해 보이지만 내용은 어렵지 않다. 피히테가 말한 'A'를 '밥'이라고 해 보자. 이제 'A는 A다'는 '밥은 밥이다'란 말이 된다. 이것은 누구나 인정하는 것이다. 누구나 밥을 보고 밥이라고 인정하니까. 그런데 이것은 어떻게 가능한가? '밥 = 밥'이라는 도식이 가능한 이유는 바로 '김이 모락모락 나는 하얀 어떤 것'을 밥이라고 판단하는 '자기의식'이 있기 때문이다. 피히테가 명시적으로 말하지 않더라도, 우리는 자기의식이 어디서 오는지 눈치챌 수 있다. 기억! 각자가 갖고 있는 기억 때문에 'A(밥) = A(밥)'일 수 있는 것이다.

자아는 기억이다

그렇다. 자기의식은 기억에서 온다. '밥 = 밥'이라는 판단은 '나 = 나'라는 사실이 전제되어야 가능하다. 과거에 밥을 보았던 기억을 '나'가 갖고 있어야 지금 밥을 보고 그것을 밥이라고 말할 수 있기 때문이다. 도식화해서 말하자면, '밥(과거) = 밥(현재)'이라는 자기의식은 '나(과거) = 나(현재)'에서 온다. 자아(자기의식)를 가질 수 있는 이유는 '과거의 나'가 '현재의 나'로 생각할 수 있는 '기억'이 있기 때문이다. 기억 상실증에 걸린 사람은 자기의식을 가질 수 없고, 그래서 자아가 존재한다고 말할 수 없다. 또한, 치매에 걸려서 똥을 밥이라고 하는 노인에게 자기의식 또는 자아가 있다고 말하기 어렵다. 왜? 나에 대한 '기억'이 없기 때문이다.

이제 "나는 누구일까?"에 대해 명쾌하게 답할 수 있다. 자기의식은 기억이기에, '나'는 내가 가진 기억의 총합이다. 그게 바로 자아이고 '나'다. 내가 누구인지 알기 위해 여행을 할 필요는 없다. 펜을 들고 자신의 과거의 기억을 더듬어 정리하면 된다. 그게 바로 '나'다. '나를 찾는 여행'을 떠나는 이유도 거기에 있을 것이다. 여행은 바쁜 일상을 벗어나 자신의 과거를 돌아볼 여유를 주고, 동시에 익숙한 곳을 떠나 낯선 곳에서 잊고 있었거나 흐릿했던 과거가 더 잘 떠오르기 때문이다.

중요한 것은 기억이다. '나'는 내가 가진 기억의 총합이다. 자신과 평생을 살았지만 '나'를 잘 모르겠다고 말하는 사람이 얼마나 많던가. 그 이유를 알겠다. 많은 이가 살면서 기억을 왜곡하고 날조하며 또 어떤 기억은 애써 잊으려고 하기 때문이다. 자신을 보호하려고 했던 일상적 기억의 왜곡이 나를 누구인지 모르게 했던 것은 아닐까? 자신의 '기억'을 믿지 못하게 했기에, '자기의식'이 명료하지 못하고, 그래서 언제나 흔들리고 불안한 '자아'를 갖게 된 것은 아닐까?

기억을 모두 찾으면 행복해질까?

이제 이런 의문이 든다. 과거의 기억을 찾으면 행복해질까? 기억을 모두 찾아, "나는 누구일까?"라는 질문에 답할 수 있다면 행복해질까? 그럴 것 같지 않다. 가장 먼저 긴 시간 왜곡되었던 기억을 모두 찾아내는 것이 현실적으로 불가능한 까닭이다. 또 그것이 가능하다고 해도 행복해질 것 같지는 않다. 기억을 찾으면 현재의 '나'에 대한 이해는 깊고 넓어지겠지만, 그것이 행복을 담보하지는 않는다. 기억은 '과거'의 총합이다. 기억에 집착하면 오히려 불행해질 가능성이 높다. 불행은 언제나 과거에 대한 집착에서 시작되니까.

많은 남자와 연애했던 40대의 여자가 있다고 해 보자. 그녀는 과거 연애의 기억을 떠올리면서 '나는 이런 사람이었구나!'라는 자기이해를 할 수 있다. 하지만 그런 자기이해는 역설적으로 그녀를 행복에서 멀어지게 한다. 새로운 남자가 나타났을 때, 그의 매력에 빠지기보다 '예전에 그 남자랑 비슷하네'라며 그를 오해하느라 사랑을 놓치게 될지도 모르기 때문이다. 그녀의 새로운 사랑을 가로막은 것은 다름 아닌, 애써 찾아낸 과거의 기억이다.

기억은 분명 자기이해를 돕지만, 서글프게도 과거에

머무르게 만든다. 기억을 통해 '나(과거) = 나(현재)'라는 연속적인 자아(자기의식)를 갖게 되지만, 엄밀한 의미에서 '나(과거) =나(현재)'라는 자기의식은 기억이 만든 착시 효과다. 결국 '나'는 없다! 기억을 통해 이어지는 연속된 자기의식 때문에 고정불변의 '나'가 있다고 여기지만 사실은 그렇지 않다. 지금 '나'는 많은 사건을 통해 다양하게 변해온 수많은 과거의 잠정적이고 일시적인 '나'다. '나'는 끊임없이 변해 왔고, 앞으로도 변할 것이다. 우리는 그걸 기억할 뿐이다. 그래서 '나'는 없다.

나는 없다, 그렇다면 무엇을 기억해야 할까?

"나는 누구인가?"라는 질문에 답하고 싶다면 '기억'을 찾으면 된다. 하지만 "나는 어떻게 행복해질 수 있을까?"에 답하고 싶다면 다시 질문해야 한다. "무엇을 기억해야 할까?"라고. 모든 것을 기억할 수는 없지만 반드시 기억해야 하는 것이 있다. "나는 지금껏 끊임없이 변해 왔구나!"라는 사실이다. 기억을 통해 과거에 머무르지 않으려면, 특정한 사건과 특정한 관계를 통해 자신이 끊임없이 다른 사람으로 변해 왔다는 것을 기억해야 한다.

어린 시절 엄마의 김치찌개를 좋아했다는 기억은 분명 '나'가 어떤 사람인지를 답할 수 있게 한다. 하지만 그 기억을 통해 계속 김치찌개에 머무는 것은 어쩐지 좀 서글프지 않은가? 정작 기억해야 할 건, 엄마의 김치찌개만큼, 친구와 먹었던 떡볶이도, 연인과 먹었던 파스타도 좋았었다는 기억이다. 그 기억은 우리가 계속 다른 사람으로 변해 왔다는 자기의식(자아)을 갖게 한다. 이 자기의식은 소중하다. 과거의 특정한 기억에서 벗어나 새로운 기억을 만들 준비를 하기 때문이다. 중요한 것은 '고정불변의 자아는 존재하지 않는다'라는 사실을 기억하는 자아다.

그래서 '기억'으로 충분히 자기이해에 도달한 사람은 역설적이게도 '망각'의 중요성을 이야기한다. 마흔의 그녀는 언제 다시 사랑할 수 있을까? 그건 과거의 기억을 잊은 뒤에야 가능할 것이다. 그렇지 않으면, 과거에 머무르느라 새로운 사랑을 시작하지 못할 테다. 그녀가 새로운 연애를 시작한다고 해도, 그건 과거의 반복이고 변주일 뿐이다. 과거의 기억에서 머무를 때, 삶은 우울하고 어두워진다. 유쾌하고 밝은 삶에서 중요한 것은 '망각'이다. 이 '망각'을 위해서 '기억'이 필요하다. '고정된 자아는 없었다'라는 기억!

낙타에서 사자로, 그리고 아이로

니체는 인간 정신의 세 단계 변화에 대해 이렇게 이야기한 적이 있다. *"나는 그대들에게 정신의 세 가지 변화에 대해 말하고자 한다. 어떻게 하여 정신이 낙타가 되고, 낙타가 사자가 되며, 사자가 마침내 아이가 되는가를."* 니체는 인간의 정신이 낙타에서 사자로, 그리고 끝내는 다시 아이로 되돌아가야 한다고 말한다.

인내심 많은 정신은 이 모든 무겁기 그지없는 짐을 짊어지고 그의 사막을 달려간다. 가득 짐을 실은 채 사막을 달리는 낙타처럼. 하지만 고독하기 그지없는 사막에서 두 번째 변화가 일어난다. 여기에서 정신은 사자가 된다. 정신은 자유를 쟁취하려 하고 사막의 주인이 되고자 한다.

《차라투스트라는 이렇게 말했다》

낙타는 가장 낮은 수준의 정신이다. 짐을 가득 실은 낙타처럼 의무만 짊어진 채 살아가는 인간의 정신. 그런 낙타는 사자가 된다. 사자는 자유를 쟁취하여 사막의 주인이 되려는 정신이다. 낙타는 '나'를 찾지 못한 사람들을 의미하는 것인지도 모른다. 의무만 가득한 속박된 삶에 지쳐 '나를 찾는 여행'을 간절히 꿈꾸는 사람들. 그렇다면 사자는 누구일까? 기억을 찾아 떠난 이들이다. 과감하게 '나를 찾는 여행'을 떠난 자유로운 사람들이다. 니체는 여기서 또 한 번의 변화가 필요하다고 말한다.

새로운 가치의 창조, 이것은 사자도 아직 이루지 못한 일이다. 그러나 새로운 창조를 위한 자유의 획득, 이것은 사자의 힘이 할 수 있는 일이다. … 형제들이여, 사자도 하지 못한 일을 어떻게 아이가 할 수 있단 말인가? 강탈하는 사자가 이제는 왜 아이가 되어야만 하는가? 아이는 순진무구함이며 망각이고, 새로운 출발, 놀이, 스스로 도는 수레바퀴, 최초의 움직임이며, 성스러운 긍정이 아닌가.

《차라투스트라는 이렇게 말했다》

기억해 내자, 잊기 위해서

사자는 결국 아이가 되어야 한다. 사자는 새로운 가치를 창조하지 못하기 때문이다. 사자가 되어 자유를 쟁취하면 '나를 찾는 여행'을 떠날 수 있다. 그렇게 과거의 기억을 찾아 '나'를 알 수 있다. 하지만 그 '기억'은 우리를 과거에 머물게 할 뿐, 새로운 삶을 시작하게 하지는 못한다. 해맑은 아이들의 행복은 어디서 오는가? 어제의 일들을 '망각'하고 오늘을 맞이하기 때문이 아닌가. 그렇게 매일 새 출발을 할 수 있기 때문이 아닌가. 아이들은 망각할 수 있기에 매일 행복하다.

새로운 기억으로 새로운 '자아'를 만나게 되는 것, 어제의 '나'를 잊고 매일 새로운 '나'를 만나는 것, 그것이 행복한 삶이라고 나는 믿고 있다. 기억은 중요하다. 기억이 바로 '나'이니까. 하지만 정작 중요한 기억은 '나는 끊임없이 변해 왔다'라는 기억이다. '고정된 나는 없었다'라는 기억을 통해 우리는 과거의 '나'에 집착하지 않고 과거를 망각할 수 있게 된다.

어차피 고정된 '나'는 없으니 어제의 나는 잊어도 좋지 않은가? 그 망각을 통해서만 과거에 얽매이지 않는 새로운 기억(자아, 자기의식)을 만들 수 있다. 기억이 중요한 이유는 망각하기 위해서다. '망각을 위한 기억', 바로 그 기억이 유쾌하고, 새로운 삶을 가능케 한다. '나'라는 존재의 기억을 제대로 발견할 때, '나'라는 존재를 망각할 수 있다. 그때 우리 역시 해맑은 아이처럼 행복할 수 있다. 기억해 내자! 잊기 위해서!

"시계는 존재하지 않는다!" 어느 관념론자의 말이다. 황당하다. 눈앞에 뻔히 시계가 있는데, 그것이 존재하지 않는다고 하니 황당할 수밖에. 하지만 '관념론'을 알게 되면 황당함이 아니라 고개를 끄덕일지도 모르겠다. 피히테는 셸링, 헤겔과 더불어 '독일 관념론'을 대표하는 철학자다.

관념론은 실재론(혹은 유물론)에 대립되는 용어로 사용된다. 실재론은 관념적인 것보다 실재(물질)적인 것이 우선한다고 보는 입장이다. 우리는 대체로 실재론(유물론)자다. 그래서 관념론이 익숙하지 않다. 예를 들어 보자. 사과를 보고 "사과가 있네"라고 말할 때, 사과라는 실재(물질)가 먼저고, 그것을 보고 생긴 관념

(인지, 인식)이 나중이라고 생각하는 편이다.

하지만 관념론은 그 반대다. 특정한 관념이 먼저고, 실재(물질)가 나중이라는 것이다. 이 관념론을 극단적으로 밀고 나가면 놀라운 일이 벌어진다. 사과(실재, 물질)는 존재하지 않고, 사과를 보고 생긴 관념만 존재하게 된다. 영화 〈매트릭스〉를 떠올려 보자. 〈매트릭스〉에 등장하는 세상에는 실재(물질)하는 것은 없고, 모든 것이 인간의 뇌 속에서 발생하는 환영(관념)이다.

피히테가 '자아'를 강조하는 것도 같은 맥락이다. 어떤 특정한 대상보다 나의 관념이 더 중요하기에 '자아'의 중요성을 역설하는 것이다. *"너 자신을 주목하라. 너를 둘러싼 모든 것이 아니라, 너 자신의 내적 삶에 주의를 집중하라. 우리의 관심은 당신 바깥에 있는 어떤 것이 아니라 바로 당신 자신이다."* 이제 피히테의 말을 이해할 수 있다. 나와 대상에서 중요한 것은 '나'다. '자아'가 만들어내는 관념이 실재(물질)보다 우선하니까.

피히테는 '자아自我'와 '비아非我'라는 개념을 통해 관념론을 설명한다. 비아는 어렵지 않다. 비아는 말 그대로 '나我'가 '아닌非' 것들이다. 물, 시계, 옷처럼 실재(물질)적인 것이 비아다. 세상에 존재하는 사물을 비아라고 말할 수 있다. 피히테는 이 비아에 대해 이렇게 말한다. *"자아는 비아를 반정립 한다. 나아가 자아는*

114

비아를 자기 안에 반정립 한다." 얼핏 어려운 말인 것 같지만 그렇지 않다.

물 한 잔이 있다고 하자. 피히테는 물이라는 '실재'는 자아의 '관념' 속에서 존재한다고 말한다. 그러니까 물이라는 비아는 존재하지 않는다. 물은 자아의 관념 속에서 존재하는 것이다. 생각해 보면 틀린 말도 아니지 않은가? '나'가 투명한 어떤 물질을 인지하고 인식(관념)했기에 그것이 물이 되는 것 아닌가. 어떤 비아(물)의 정립(존재)은 결국 '나(자아)'가 그것을 이미 알고 있어야 하는 것 아닌가. 그러니 비아(물)를 정립하는 것은 자아(나)이고, 그것은 자아 안에서 일어나는 일인 셈이다.

피히테는 *"대상이 자아 안에 이미 놓여 있다"*라고 말한 적이 있다. 관념론을 단적으로 표현하는 이야기다. 대상(물질, 실재)이 먼저 존재하는 것이 아니라 자아(관념)가 먼저 존재하는 것이다. 옷, 물, 시계 같은 실재적(물질적)인 대상이 존재하는 이유는 자아라는 관념 안에 이미 놓여 있기 때문이다. 모든 비아(물질 · 실재 · 대상)는 자아의 관념 안에서 일어나는 일이기에, 피히테는 자아는 비아를 자기 안에서 반정립 한다고 말했던 것이다. 관념론에 익숙하지 않은 우리에게 피히테의 관념론은 기발해 보이기까지 한다. 이제 어느 관념론자가 "시계는 존재하지 않는다!"라고 말해도 귀를 기울이게 될지도 모르겠다.

꿈과 현실 중
무엇을 선택해야 할까요?

꿈 때문에 상처받는 이유

프로 복서를 꿈꾸는 사람이 있었다. 그는 꽤 좋은 회사에 다니는 직장인이었고, 두 아이를 둔 가장이었다. 어린 시절부터 너무나 간절히 원했던 꿈이었기에, 종종 넌지시 주위 사람들에게 말했다. "사실 내 꿈은 프로 복서야. 언젠가는 꼭 이루고 싶어." 그 이야기에 주위 사람들이 어떤 답을 했는지는 쉽게 예상된다. 친구들은 "야! 네 나이가 몇 갠지 아냐?", 동료들은 "쓸데없는 생각을 하다가 승진이 누락되면 어쩌려고?", 아내는 "정신 차려! 복싱이 밥 먹여 주니?", 부모는 "아비야, 딴생각 말고 열심히 일하거라"라고 말했다.

프로 복서를 꿈꾸는 그 직장인만의 이야기가 아니다. 그림을 너무 좋아하는 아이에게 선생은 "네가 아직 현실을 몰라서 그래. 지금은 영어 공부를 해야 해"라고 말한다. 세계 일주가 꿈인 친구에게 부모는 "현실을 모르니까 저렇게 철없는 소리를 하는 거야"라고 말한다. 꿈꾸는 사람은 언제나 주변 사람에게 상처받는다. 그리고 그 상처는 결국 '현실'의 문제로 귀결된다. 꿈을 품은 사람들에게 세상은 "정신 차리고 현실을 보라!"라는 말로 상처를 준다.

꿈꾸는 사람은 현실적이지 않을까?

꿈을 지닌 사람은 언제나 폭력적인 이분법을 강요받는다. "꿈이냐, 현실이냐?" 이 이분법은 '꿈은 현실적이지 않다'라는 말이기도 하고, 또 한편으로는 '현실을 모르기에 꿈을 꿀 수 있다'라는 말이기도 하다. 우리가 소망하는 꿈이 질식하는 이유는 이 폭력적인 이분법 때문이다. 우리의 꿈은 왜 켜켜이 먼지 쌓인 서랍 제일 아래 칸으로 밀려났을까? '꿈은 현실적이지 않다', '현실을 모르기에 꿈을 꿀 수 있다'라는 세상 사람들의 믿음에서 벗어날 수 없었기 때문이다.

우리의 소중한 '꿈'을 지키기 위해서는 '현실'의 문제에 집중해야 한다. 우리의 꿈을 집요하게 가로막고 질식하게 하는 것이 바로 그 '현실'의 문제인 까닭이다. "꿈꾸는 사람은 현실적이지 않아!", "현실을 모르니까 꿈같은 소리를 하는 거야!"라는 말은 옳은 것일까? 세상 사람들의 비난과 조롱의 대상이 되는 꿈을 가진 사람들은 바로 이 질문에서 다시 시작해야 한다. "꿈꾸는 사람은 현실적이지 않을까?"

변증법의 철학자, 헤겔

이 질문에 답할 철학자는 헤겔Georg Wilhelm Friedrich Hegel이다. 헤겔의 방대한 철학적 사유를 모두 다룰 필요는 없다. 헤겔 철학의 대표격인 '변증법'을 통해 원하는 답을 얻을 수 있다. 흔히 헤겔의 '변증법'을 '정正→반反→합合'이라는 도식으로 기억하고 있다. 쉽게 말해, '흰 것(정)'이 있고, '검은 것(반)'이 있을 때, 둘이 합해지면 '회색(합)'이 된다는 식으로 변증법을 이해하고 있다. 이런 식의 설명을 완전히 틀렸다고 말할 수 없지만, 그렇다고 정확히 설명하고 있다고 할 수도 없다. 헤겔의 변증법을 제대로 알아보자.

원시인이 한 명 있다. 동굴에서만 살던 그가 머릿속으로 '편하게 살 수 있는 어떤 공간'을 생각한다. 그리고 그 생각대로 움막을 지었다. 세월이 흘러 누군가 그 움막을 보고 '조금 더 안락한 어떤 집'을 생각했고, 기와집을 지어서 현실화했다. 또 세월이 흘러 누군가 그 기와집을 보고 '왕이 살 어떤 집'을 생각했고, 궁궐을 지어서 현실화했다. 마찬가지 과정을 통해 누군가 아파트와 초고층 빌딩을 구상하고 그것을 현실화했다고 생각하자. 이 과정을 통해 헤겔의 변증법을 조금 더 정확하게 설명할 수 있다.

변증법 : 정신(정)→대상(반)→정신(합)

헤겔의 변증법 도식은 '정신(정)→대상(반)→정신(합)'의 반복으로 설명할 수 있다. 움막에서 아파트까지 변화하는 과정을 생각해 보자. 애초에 원시인이 정신(정)으로 '원시 형태의 주거 공간'을 구상하고, 그것을 대상(반)인 '움막'으로 현실화했다. 현실화된 '움막'을 보고 또 거기서 살면서 사람들에게 '더 안락한 주거 공간'이라는 새로운 정신(정)이 만들어진다. 그 정신(정)은 다시 '기와집'이라는 대상(반)으로 현실화된다. 동일한 반복으로, 현실화된 '기와집'을 경험하면서 '함께 살 큰 주거 공간'이라는 정신(합)이 만들어지고, 그 정신이 '아파트'라는 대상(반)으로 다시 현실화된다.

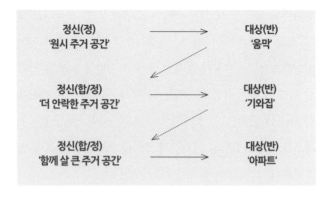

정신(정) '원시 주거 공간'	→ 대상(반) '움막'
정신(합/정) '더 안락한 주거 공간'	→ 대상(반) '기와집'
정신(합/정) '함께 살 큰 주거 공간'	→ 대상(반) '아파트'

반복되는 이 과정을 도식화해 보자. '정신(움막 구상)→대상(움막)→정신(기와집 구상)→대상(기와집)→정신(아파트 구상)→대상(아파트)' 즉, 정(정신)이 반(대상)을 만들어내고, 그 반(대상)이 다시 더 발전된 정(정신)을 불러일으킨다. 달리 말하면, 생각했던 것이 현실화되고, 그 현실화된 것이 다시 새로운 생각을 불러낸다는 것이다. 이것이 바로 헤겔의 변증법이다. 어떤 '정신'이 '대상'을 만들고, 그 '대상'이 다시 '조금 더 높은 단계의 정신'을 만드는 원환 운동이다. 결국 헤겔의 변증법은 '정신과 대상의 변증법'이라고 말할 수 있다.

이성적인 것은 현실적이며, 현실적인 것은 이성적이다

이제 헤겔의 이야기를 직접 들어보자. 헤겔은 《법철학강요》

에서 이렇게 말한다. *"이성적인 것은 현실적인 것이며, 현실 적인 것은 이성적인 것이다."* 헤겔의 변증법에 대해서 제대로 이해한 우리는 어렵지 않게 이 말을 이해할 수 있다. 머릿속(정신)으로 생각했던 것은 현실화되며, 그렇게 현실화된 것은 그 현실화된 것을 넘어설 좀 더 진보된 생각(정신)을 만든다는 의미다. 여기서 움막부터 아파트까지의 역사적 흐름을 다시 한 번 살펴보자.

모두 '동굴(현실)'에서 사는 것을 당연한 것으로 여길 때 '움막(이성)'은 그저 누군가의 머릿속에만 존재하는 한낱 꿈일 뿐이다. 시간이 흘러 다들 '움막(현실)'에서 사는 것이 현실적이라고 믿을 때 '기와집, 궁궐, 아파트(이성)'를 생각하는 것은 그저 어떤 몽상가의 꿈이었을 테다. 말하자면 헤겔이 이야기한 '이성적인 것'은 꿈이고, '현실적인 것'은 현실인 셈이다. 이제 눈을 돌려 움막부터 아파트까지의 역사적 흐름이 아니라 그 속에 존재했던 개인의 삶에 주목하자.

'동굴(현실)'에서 사는 것에 익숙하던 시대에 처음 '움막(꿈)'을 구상했던 원시인은 어떤 존재였을까? 다들 '움막(현실)'에서 사는 것이 현실적이라고 믿던 시기에 처음 '기와집(꿈)'을 구상했던 사람은 어떤 존재였을까? 존재하지 않았던 궁궐, 아파트를 처음 구상했던 사람은 어떤 존재였을까? 여기서 놀라운 사실을 발견할 수 있다. 움막, 기와집, 궁궐, 아파트라는 존재하지 않았던 어떤 것을 현실화시킨 사람은 모두 이상주의자라는 사실!

꿈꾸는 자만이 현실적이며, 현실적인 것이 꿈이 된다

이제 우리네 삶으로 돌아올 시간이다. *"이성적인 것은 현실적인 것이며, 현실적인 것은 이성적인 것이다"*라는 헤겔의 말을 이렇게 바꿔도 좋지 않을까? "꿈꾸는 자만이 현실적이며, 현실적인 것이 꿈이 된다." 꿈꾸는 이상주의자는 세상 사람들에게 집요하게 공격받는다. "네 꿈은 현실적이지 않아!", "현실을 모르니까 그런 꿈을 꾸는 거야!" 우리가 당연하게 받아들인 이런 충고에 헤겔은 이리 답할 것이다. "꿈꾸는 자만이 현실적이며, 현실적인 것이 꿈이 된다."

정말 그렇지 않은가? 동굴에 안주해서 사는 사람에게 동굴에서 사는 것(현실)이 얼마나 불편한지 보일 리가 없다. 오직 새로운 형태의 집을 꿈꾸는 사람에게만 동굴에서 사는 것(현실)이 얼마나 춥고 불편한 것인지 적나라하게 드러난다. 그리고 동시에 그 벗어나고 싶은 현실(동굴에서의 삶)이 바로 꿈(움막, 기와집, 아파트)을 가능케 하지 않던가! 이성적인 것이 현실적인 것이며, 현실적인 것이 이성적이라는 헤겔의 말은 옳다. 오직 꿈꾸는 사람에게만 현실이 보이며, 그 현실이 바로 꿈이 되니까 말이다.

'현실적'이라는 두 가지 의미

'직장을 그만두고 세계 일주를 떠나겠다'라는 꿈을 가진 사람을 알고 있다. 세상 사람들이 그에게 쏟아낸 조언과 충고를 가장한 비난을 알고 있다. "네 꿈은 현실적이지 않아!", "현실을 모르니까 그런 꿈을 꾸는 거야!" 누가 '현실'을 모르는 걸까? 영혼을 질식시키는 직장의 현실을 외면하고 있는 건 세계 일주를 꿈꾸는 사람이 아니다. 아무런 꿈도 없이 하루하루를 때우며 사는 사람들이다. 그 현실에 직면할 용기가 없기에 현실을 제대로 알지도 못한다. 세계 일주를 꿈꾸는 사람이야말로 가장 현실적이다. 두 가지 측면에서 정확히 그렇다.

첫째, 지금 자신이 처한 현실을 정확히 받아들였다는 측면에서 현실적이다. 돈을 버는 것 이외에 어떤 의미도 없는 직장을 다니는 현실이 얼마나 끔찍한 것인지 정확히 받아들였다. 꿈을 꾸면 있는 그대로의 현실이 보이기 마련이다. 이 얼마나 현실적인가. 둘째, 그렇게 드러난 현실을 어떻게 극복해 나갈 것인지를 구체적으로 고민하게 된다는 측면에서 더욱 현실적이다. 퇴직금을 계산하고, 보험과 적금을 깼지만 돈이 모자랐다. 그는 직장을 6개월 더 다니기로 했다. 세계 일주를 떠나기 위해서. 이보다 더 현실적인 사람이 또 어디 있을까?

꿈꾸는 사람은 현실적이기에 이상주의자다

그렇다. 꿈꾸는 사람은 너무나 현실적인 이상주의자다. 아니 꿈꾸는 사람만이 진정한 의미에서 현실주의자가 된다. 우리는 허황된 꿈을 꾸지 않는 사람을 현실주의자라고 믿지만 이는 사실과 다르다. 역설적이게도 현실주의자는 현실을 보지 못한다. 정확히는 극복해야 할 현실은 외면하고, 받아들여야 할 현실만을 인정한다. 이것은 현실적인 걸까? "동굴에서 사는 게 당연한 거 아니야? 직접 집을 만든다고? 그건 헛된 꿈이야"라고 말하는 원시인은 과연 현실적인가?

그 원시인이 받아들인 현실은 어리석음이나 비겁함의 발로일 뿐이다. 동굴 이외의 어떤 주거 공간을 이성적으로 상상할 수 없다는 측면에서 어리석고, 익숙하고 안정적인 동굴 밖으로 나가 새로운 주거 공간을 만드는 것을 두려워하고 있다는 측면에서 비겁하다. 자칭 현실주의자들이 꿈을 이루려는 사람에게 조언과 충고를 하려는 이유를 알 것도 같다. 얼핏 드러나는 자신의 어리석음과 내면의 비겁함을 정당화하고 싶기 때문이 아닐까? "세계 일주? 그건 현실적이지 않아. 네가 현실을 몰라서 그래"라는 말은, 사실 "내가 세계 일주를 가지 않는 건 어리석고 비겁하기 때문이 아니야!"라는 자기변명은 아닐까?

진짜 꿈 vs 가짜 꿈

여기에서 덤으로 '진짜 꿈'과 '가짜 꿈'을 판별할 기준을 얻을 수 있다. 세상으로부터 조롱과 비난의 대상이 되지 않는 꿈은 진짜 꿈이 아니다. 진짜 꿈은 언제나 있는 그대로의 현실을 적나라하게 드러내기 때문이다. '받아들여야 할 현실'뿐만 아니라 '극복해야 할 현실'도 드러낸다. 그래서 진짜 꿈을 꾸는 사람은 언제나 조롱과 비난의 대상이 된다. 처음으로 움막, 기와집, 아파트를 꿈꿨던 사람이 조롱과 비난의 대상이었듯이.

세계 일주, 영화감독, 시인, 프로 복서라는 꿈은 언제나 조롱과 비난의 대상이 된다. 하지만 그렇기에 그게 진짜 꿈이다. '먹고사는 것만이 현실적인 것'이라는 지금의 현실을 넘어서려고 하기 때문이다. 동시에 임원, 건물주, 투자 고수와 같은 꿈은 가짜 꿈이다. 그건 조롱과 비난의 대상이 아니라 세상 사람들에게 인정과 격려를 받는 꿈인 까닭이다. 그들은 순응하고 받아들여야 할 현실만을 인정할 뿐, 넘어서고 극복해야 할 현실은 외면하고 은폐한다.

가짜 꿈을 꾸는 사람은 비현실적이고, 진짜 꿈을 꾸는 사람은 현실적이다. 임원, 건물주, 투자 고수를 꿈꾸는 사람은 돈이면 모든 것이 되는, '받아들여야 할 현실'은 직시하고 있지만, '극복해야 할 현실'은 외면하고 은폐하며 산다. 절반의 현실만 받아들이는 셈이다. 그래서 가짜 꿈을 꾸는 사람은 비현실적이다. 하지만 진짜 꿈을 이루려는 사람은 '받아들여 할 현실' 뿐만 아니라, 그 꿈을 이루기 위해 '극복해야 할 현실'까지 모두 받아들일 수밖에 없다. 그래서 진짜 꿈을 가진 사람이야말로 진정한 현실주의자다.

'꿈이냐? 현실이냐?' 폭력적 이분법 너머

'꿈이냐, 현실이냐?'라는 폭력적 이분법에 매몰될 때, 현실은 꿈에 두 가지 부정적 영향을 미친다. 첫째, 현실이 꿈을 교살시킨다. 간직해 온 꿈으로 한발 내디디려고 할 때 우리를 주저하고 망설이게 했던 이야기를 우리는 안다. "넌 왜 그렇게 현실적이지 못하니?" 그렇게 꿈은 교살된다. 둘째, 현실은 꿈을 왜곡시킨다. 집요하게 우리에게 들러붙은 현실은 '하고 싶은 꿈'을 '해야만 하는 목표'로 왜곡시킨다. 임원, 건물주, 투자 고수라는 왜곡된 꿈은 그렇게 탄생했을 게다. 그러니 꿈과 현실에서 고민하고 있다면 헤겔의 말을 되새겨 볼 일이다.

"이성적인 것은 현실적인 것이며, 현실적인 것은 이성적인 것이다." 꿈과 현실은 양자택일해야 하는 모순적인 것이 아니다. 꿈을 꾸었을 때 비로소 현실이 보이고, 그 현실이 우리가 꿈을 이룰 방법을 드러낸다. 움막을 꿈꾸었던 원시인처럼 우리 역시 각자의 꿈을 놓치지 않았으면 좋겠다. 그럴 수 있을 때, 받아들이거나 극복해야 할 현실에 모두 직면하는 현실주의자가 될 테다. 그렇게 우리 모두 기어이 자신만의 꿈을 이루는 현실적인 이상주의자가 될 수 있었으면 좋겠다.

헤겔에 대해서 이야기하면서 '세계정신(절대정신)'이란 개념을 빼놓을 수 없다. 먼저 헤겔이 역사를 어떻게 보고 있는지부터 알아보자. 헤겔은 역사를 변증법적으로 본다. 세상 만물은 끊임없이 변화하는데, 이를 설명하기 위해 헤겔은 변증법을 도입한다. 어떤 정신이 있으면 그것이 대상화되고, 다시 그 대상이 더 진보된 차원의 정신을 만들어내는 방식으로 역사가 발전한다는 것이다. 여기서 중요한 것은 헤겔이 말한 '정신'이다.

헤겔이 말하는 '정신'은 어느 한 개인의 정신을 의미하지 않는다. 헤겔의 정신은 개인의 차원을 뛰어넘은 거대한 '세계정신'이다. 헤겔은 기본적으로 이전 시대를 비판적으로 사유하고 그것을 넘어서는 시대를 현실화하는 과정이 개인의 정신적 능력으로는 불가능하다고 보았다. 어떤 거대한 사유의 힘이 개인의 정신을 매개로 작동했기에 움막, 기와집, 궁궐, 아파트라는 새로운 문명이 가능했다는 것이 헤겔의 관점이다. 그 거대한 사유의 힘이 바로 헤겔의 '세계정신'이다. 헤겔의 이야기를 직접 들어보자.

철학적 역사가 말하는 개인이란 세계정신이다. 철학이 역사를 다룰 때 대상으로써 제시하는 것은 구체적 형태로 그리고 필연적 진화를 통해 포착되는 구체적인 대상이다. 철학이 다루는 최초의 사실은 인민의 운명, 에너지, 열정이 아니며, 나아가 사건들의 무정형적인 웅성거림도 아니다. 철학이 다루는 최초의 사실은 사건들의 정신 자체, 그 사건들을 생산해 낸 정신이다.

《역사철학 강의》

헤겔에 따르면, 세계를 발전시키고 완전한 것으로 만드는, 개개인의 정신을 뛰어넘는, 어떤 힘이 있는데, 그것이 '세계정신'이다. 헤겔은 동시대 인물인 나폴레옹을 보고 "살아 있는 세계정신을 보았노라"라고 말한 적이 있다. 이것을 두고, 헤겔이 나폴레옹을 칭송한 것이라 보는 견해가 있는데 이는 오해다. 이는 엄밀히 말해 헤겔 자신이 발견한 '세계정신'이란 개념을 칭송한 것에 가깝다. '세계정신'이란 거대한 힘이 '나폴레옹'이란 개인을 매개로 해서 등장했다고 보았기 때문이다. 헤겔은 '세계정신'을 통해 세계가 변증법적으로 자신의 모습을 드러낸다고 보았다.

여기서 헤겔은 심각한 모순에 봉착한다. 역사가 변증법적으로 발전하는 거라면, 헤겔 자신의 철학도 언젠가는 움막이나 기와집처럼 구식으로 전락할 수밖에 없는 것이 아닌가? 변증법적 사유 방식은 변증법 그 자체도 위협한다. 헤겔 자신의 철학도 언젠가는 필연적으로 낡은 이론이 될 수밖에 없다. 역사는 변증법적으로 계속 진보해 나갈 테니까. 헤겔은 자신의 철학으로, 스스로의 철학을 부정하는 상황에 직면한 셈이다. 헤겔은 어떻게 이 모순을 극복하려 했을까?

헤겔은 역사의 진보를 막으려고 했다. 역사를 막을 수 있으면 헤겔 철학은 구식이 되지 않는 것 아닌가. 문제는 방법이었다. 즉, 세계정신이라는 거대한 사유의 힘이 끌고 가는 역사를 어떻게 막을 것인가? 헤겔은 과감하게 역사를 완성시키려 했다. 헤겔에 따르면, 세계정신에 의해 역사는 발전하지만 그 역사에는 종착지가 있다. 바로 그 역사의 종착지가 헤겔 자신이 살던 시대였다. 헤겔의 변증법이 목적론적인 이유도 그래서다. 역사는 이미 정해진 목적을 향해 가고 있다는 것이다. 그 목적이 이뤄지면 역사는 완성된다는 것이다.

"프로이센 국가 만세!"라는 헤겔의 외침은 그런 의미였다. 세계

정신이 목적한 세계의 완성이 바로 자신이 살던 시대의 국가라는 의미였다. 역사가 완성되면 더 이상 진보할 일은 없으니까. 과유불급은 이럴 때 쓰라고 만든 말이다. 헤겔의 탁월했던 철학적 사유 능력이 과도해져서 지금까지도 계속되고 있는 역사마저도 종결(완성)하려 했으니 말이다.

08

노력한다고
달라지는 게 있나요?

마르크스의 '역사유물론'

노력이 무색해진 시대

"네가 정말 최선을 다해 본 적이 있어?" 가끔 우리를 주눅들게 하는 질문이다. 삶이 맘처럼 되지 않을 때, 그래서 주저앉거나 혹은 핑계를 대고 싶을 때가 있다. 그럴 때 누군가가 "최선을 다해 노력해 본 적이 있느냐"라고 돌직구를 날리면 뜨끔해서 주눅이 들곤 한다. 하지만 지금 세상 꼴을 보라. 비정규직이 난무하고 그나마 그 비정규직도 없어서 난리인 시대다. 비정규직도 없어서 햄버거 가게에서 아르바이트라도 해야 한다. 그러나 햄버거 가게에서 한 시간을 눈코 뜰 새 없이 일해도, 그 가게의 햄버거 세트 하나 사 먹을 수가 없다.

이런 세상에서 "최선을 다한 적 있느냐?", "노력은 해
봤느냐?"라는 이야기는 공허함이 아니라 분노를 불러일으
킨다. 더욱 화가 나는 것은 그런 말을 들으면 '혹시 내 노력
이 부족했던 것은 아닐까?'라는 자책감이 든다는 사실이다.
그렇다. 지금은 노력이 무색해진 시대다. 삼성을 세운 '이
병철', 현대를 세운 '정주영'이 누구보다 열심히 노력했다는
것을 부정할 순 없다. 하지만 가진 것 하나 없이 바닥부터
시작해야 했던 그들이 지금 이 시대에 태어났다면, 운 좋으
면 비정규직이고 무난하면 햄버거 가게의 아르바이트생이
되었을지도 모를 일이다.

노력한다고 달라지는 게 있나요?

그래서 영민한 사람들은 묻는다. "노력한다고 달라지는 게
있나요?" 지금은 영민한 사람들이 염세주의에 빠지지 않는
것이 힘든 세상이다. 객관적이고 냉정하게 사회를 바라보
면 희망이 없기 때문이다. 있는 집 자식은 아무런 노력 없
이 유학은 물론이고 건물까지 물려받고, 없는 집 자식은 '쎄
가 빠지게' 노력해도 비정규직에서 벗어날 수 없는 세상 아

닌가. 이런 세상을 있는 그대로 직면하고서 어찌 염세주의
에 빠지지 않을 수 있을까? 그러니 "노력한다고 달라지는
게 있나요?"라는 질문은 냉소적이라기보다 지극히 합리적
이고 영민한 질문이다.

하지만 세상은 이들에게 따져 묻는다. "그럼 어쩔 건
데? 아무 노력도 안 하면 뭐가 달라져?" 노력이 무색해진
시대인 것은 분명하지만, 이 질문에 뾰족이 답할 말도 없
다. 아무리 부조리한 세상일지라도 아무런 노력을 하지 않
으면 달라지는 것이 없기 때문이다. 우리는 부조리하고 불
공정한 세상에 산다. 그래서 '노력'이라는 문제 앞에서 고민
하고 갈등할 수밖에 없다. 지금처럼 부조리하고 불공정한
세상에서 강건하게 살아가기 위해서는 이 질문에 분명히 답
할 수 있어야 한다. "노력하면 정말 삶이 달라질까?"

카를 마르크스의 '역사유물론'

이 질문에 답할 철학자는 《자본론》으로 알려진 카를 마르크
스Karl Marx다. "노력하면 정말 삶이 달라질까?"라는 질문의
답을 듣기 위해서는 먼저 그의 '역사유물론'이라는 개념을
이해해야 한다. '역사유물론'이라는 낯선 개념을 이해하려

면 '유물론'이 무엇인지부터 살펴보자. 쉽게 말해, 유물론은 '물질이 근본적인 실재'라고 여기는 이론이다. 이는 마음이나 정신 같은 관념을 실재로 보는 관념론과는 반대되는 이론이다. 책상 위에 컵이 있다고 가정하자. 유물론자는 컵이라는 물질이 실재라고 생각하고, 관념론자는 컵을 보고 우리의 정신에 생긴 관념(컵의 이미지)이 실재라고 생각한다.

기본적으로 마르크스는 유물론자다. 물질을 중요하게 생각했다. 그러니 당연히 관념론을 비판했다. 하지만 동시에 마르크스는 기존의 전통적인 유물론마저도 비판했다. 기존의 전통적인 유물론을 흔히 '기계론적 유물론'이라고 한다. 이 기계론적 유물론은 쉽게 말해, '인간이란 자기가 먹는 것과 다르지 않다'라는 식이다. 대상을 구성하는 물질적인 것이 그 대상을 규정한다는 뜻이다. 난해할 땐, 예다.

유럽에서는 과거에 성으로 쓰였던 건물을 개조해서 호텔로 사용하기도 한다. 기계론적 유물론자에게 '과거의 성'과 '지금의 호텔'은 같은 대상이다. 개조와 보수가 이뤄졌더라도, 그 대상을 이루는 물질적인 면이 거의 유사하기 때문이다. 하지만 철학을 모르는 우리가 봐도 성과 호텔은 뭔가 다르지 않은가? 성과 호텔이 물질적으로 완전히 같다고 가정하더라도 그 둘을 같은 대상이라고 말하기 어렵다. 마르크스 역시 이런 기계론적 유물론에 동의하지 않았다.

'실천'의 철학자, 카를 마르크스

물질적으로는 같은 성과 호텔이지만 뭔가 다르게 느껴진다. 마르크스는 그 '뭔가'를 무엇이라고 말했을까? 그 '뭔가'를 '실천Praxis'이라고 했다. 이 '실천'은 일반적으로 인간의 의식적, 능동적 활동을 의미한다. 즉, 실천은 이론이나 생각을 의식적, 능동적 행동으로 옮기거나 실행하는 것을 의미한다. 쉽게 말해, 실천은 능동적인 노력이라고 말할 수 있다. 마르크스는 성과 호텔의 차이가 바로 실천, 즉 능동적인 노력에 있다고 말하고 있는 셈이다.

조금 난해하니 처음부터 다시 질문해 보자. 성과 호텔은 분명히 다르다. 구체적으로 어떤 점이 다른가? 성은 돈이 있어도 살 수 없다. 과거 봉건시대의 성은 왕이나 귀족 계급만이 가질 수 있기 때문이다. 하지만 호텔은 전혀 다르다. 호텔은 돈만 있으면 누구든 살 수 있다. 마르크스는 이 다름이 '실천'을 통해서 이루어졌다고 보고 있다.

구체적으로 말해, '시민혁명'과 '산업혁명' 같은 '실천'을 통해 성과 호텔의 차이가 발생했다는 것이다. 시민혁명이라는 실천을 통해 봉건제에서 민주제로 변화했고, 산업혁명이라는 실천을 통해 자본주의 체제가 확립되었다. 이런 실천이 만든 역사적 변화를 통해 우리가 성과 호텔을 분명 다른 것으로 인식하게 되었다. 결국, 대상(성-호텔)을 규정하는 것은 '물질'이 아니라 '실천'인 것이다. 이것이 바로 마르크스의 유물론, 즉 '역사유물론'의 관점이다.

마르크스의 저서《임금 노동과 자본》에 등장하는 유명한 이야기를 이제 이해할 수 있다. *"흑인은 흑인이다. 특정한 관계 속에서만 노예가 된다."* 흑인은 물질적으로는 흑인일지라도, 흑인이 노예가 될지, 자유인이 될지는 전적으로 '실천'에 달렸다는 말이다. 흑인이 노예가 되는 것은 실천이 없었던 시대의 특정한 관계 속에서만 가능한 일이니까.

'노력'이 어떤 '실천'이었는지를 물어야 할 때

우리네 삶으로 돌아오자. "노력하면 정말 삶이 달라지나요?"라고 마르크스에게 묻자. 마르크스는 "그렇다. 세상은 수많은 실천(노력)으로 변했고, 앞으로도 그럴 것이다"라고 답할 것이다. '실천'이 무엇인가? 개개인의 능동적인 노력의 다른 이름이 아닌가? 더 답답하다. 요즘 같은 시대에 열심히 노력하지 않는 사람이 어디 있을까? 다들 '열심'이라는 단어보다 '가혹'이라는 단어가 더 잘 어울릴 만한 실천(노력)을 하고 살지 않던가. 그럼에도 불구하고 우리네 삶은 별반 달라지지 않았고, 앞으로도 크게 달라질 것 같지 않다. 그래서 마르크스의 이야기에도 불구하고 암울하고 답답하다.

무엇이 잘못된 걸까? 마르크스의 '역사유물론'을 가능케 했던 것은 분명 '실천'이다. 여기서 잠시 우리의 실천을 되짚어보자. 우리가 그토록 열심히 했던 실천은 무엇이었을까? 각자의 영어 공부, 취업 준비, 업무 처리, 주식 투자, 자기계발이 아니었던가. 지금은 우리의 노력이 어떤 '실천'이었는지를 물어야 할 때다. 우리의 실천은 개별적이고 파편화된, 그래서 공동체를 와해하는 쪽으로 기능한 실천이다. 그런데 흑인이 노예가 아니라 자유인이 된 것은 어떤 실천 덕분이었을까? 각자 더 인정받는 노예로, 더 순종적인 노예로, 더 경쟁력 있는 노예가 되기 위한 실천 덕분이었을까?

'저항'으로써의 실천을 하고 있나요?

결코 아니다. 흑인들의 실천은 노예의 삶을 단호하고 강건하게 거부한 실천이었다. 버스의 백인 전용 자리에서 일어나지 않았던 어느 흑인 여성의 실천! 흑인이라는 이유로 음식점에서 쫓겨나자 자신의 금메달을 강물에 던져버렸던 어느 흑인 복서의 실천! 인종차별에 저항했던 수많은 흑인의 그런 실천들 덕분에 흑인은 자유인이 되었다. 그 치열하고 절절한 노력이 없었다면 지금까지도 흑인은 여전히 노예였을지도 모를 일이다.

마르크스가 말했던 '실천'은 더 인정받는, 더 순종적인, 더 경쟁력 있는 노예가 되기 위한 실천이 아니다. 우리를 억압하고 착취하는 세상에 저항하는 실천이다. 마르크스의 '역사유물론'과 '실천'이 우리에게 전하는 교훈은 분명하다. 촛불과 짱돌을 들고 거리로 나가라는 것! 하다못해, 투표장에라도 가라는 것! 그렇게 악착같이 저항하라는 것이다. 그 저항적 실천이 없다면, 역사는 결코 우리 편이 되지 않을 것이다.

카를 마르크스와 엥겔스는 《공산당 선언》에서 이렇게 말했다. "노동자가 혁명에서 잃을 것이라고는 쇠사슬뿐이요, 얻을 것은 세계 전체다. 만국의 노동자여, 단결하라!" 마르크스가 말하고 싶었던 실천은 분명 '저항적 실천'이다. 그 저항적 실천은 '나'가 아닌 '우리'를 위한 공동체적 실천이다.

이런 실천은 어떻게 가능할까? 사랑이다. 저항적 실천의 바닥에는 서로를 돌보며 사랑하는 마음이 있기 마련이다.

실천의 바닥에는 언제나 사랑이 있다

서로를 사랑하는 마음이 없다면, 어떻게 만국의 노동자들이 단결할 수 있을까. 옆 사람이 파업을 하든 말든 더 열심히 일하면 나 혼자 잘 먹고 잘살 수 있으니까 말이다. 흑인들의 그 저항적 실천 역시 그랬을 테다. 서로를 돌보고 사랑하는 마음이 없었다면 흑인들의 실천은 애초에 불가능했을 실천이었다. 저항적이고 공동체적 실천의 바닥에는 언제나 서로에 대한 사랑이 있다.

지금이 어떤 세상인가? 노력한다고 달라지는 게 없는, 더 잃을 것도 없는 세상이 아닌가. 우리에게 새로운 세상이 필요하다. 노력하면 삶이 달라지는 세상이 필요하다. 그러니 지금은 마르크스가 말했던 '실천', 각자도생하는 실천이 아니라, 서로가 서로를 돌보고 사랑하는 마음으로 하는 저항적 실천이 필요한 때다. 그 실천이 하나하나 더해질 때, 분명 '노력하면 삶이 달라지는 세상'이 도래할 것이다.

카를 마르크스를 조금 더 알기 위해서는 그가 가진 '인간'에 대한 관점을 살펴보는 게 좋겠다. 마르크스 이전의 철학자들은 "인간은 어떤 존재인가?"에 대해서 각자 나름의 기준으로 답했다. 포이어바흐라는 철학자는 인간의 본질을 '사랑'과 '의지'라고 정의했고, 데카르트는 인간의 본질을 '이성'이라고 정의했다. 하지만 마르크스는 이런 식으로 인간을 정의하는 것에 동의하지 않았다. 인간이 지닌 많은 특성 중 몇 가지를 뽑아 인간의 본질을 정의하는 것을 납득하지 못했다. 더 나아가 그런 식의 인간 개념을 해체시켰다.

그렇다면 마르크스는 '인간'을 어떻게 정의했을까? 《포이어바흐에 관한 테제》를 통해 마르크스의 이야기를 직접 들어보자. *"인간의 본질은 개별적인 인간에 내재하는 추상물이 아니다. 현실적으로 인간의 본질은 사회적 관계의 총체이다."* 마르크스에게 '인간'이란 선천적이고 영원히 변하지 않는 어떤 존재가 아니라, 특정한 사회적 관계에 따라 만들어지는 것이었다. 쉽게 말해, 인간은 어떤 환경에 놓여 있는지에 따라 전혀 다른 존재가 된다는 말이다. 노예가 노예의식을 가진 건 그가 노예로 태어나서 노예로 자랄 수밖에 없는 사회적 관계에 놓여 있었기 때문이란 것이다. 주인의 주인의식 역시 마찬가지다.

이로써 마르크스 이전의 전통적인 '인간' 개념은 해체된다. 마르크스에 이르러 인간은 '사랑'이나 '이성'과 같은 선천적이고 항구적인 어떤 특정한 본질을 지니지 않은 존재가 된다. 인간의 본질은 사회적 관계 속에서 정의되기 때문이다. 마르크스의 이런 '인간'에 대한 관점을 이해하면, 한국 사회에서 긴 시간 동안 (어쩌면 지금까지도) '마르크스 = 빨갱이'라는 부정적 도식이 받아들여져 왔는지도 이해할 수 있다.

마르크스와 함께하는 노예는 희망을 가질 수밖에 없다. 자신이 선천적이고 항구적인 노예가 아니라, 노예로 살 수밖에 없는 사회적인 관계 속에 던졌다는 사실을 깨닫기 때문이다. 그 사실을 깨달은 노예는 어떻게 될까? 사회를 바꾸려고 노력하게 될 것이다. 자신을 둘러싼 사회적 관계를 바꾸면 노예가 아니라 주인이 될 수 있으니까.

반대로 노예를 거느린 주인들에게 이것은 위험천만한 발상이다. 노예를 부리며 편하게 잘 먹고 잘살고 있는데 갑자기 노예들이 사회적 관계를 바꾸려 드니까 말이다. 역사의 강자였던 '주인(왕, 귀족, 자본가)'에게 마르크스의 철학은 위험천만하다. 언제나 말을 잘 듣던 '노예(신하, 하인, 노동자)'들이 "나와 당신은 전혀 다를 게 없는 인간이야!"라고 말하며, 사회적 관계를 재배치하려고 도전할 테니까. 마르크스가 그리도 혁명을 외쳤던 것은 '인간은 사회적 관계가 달라지면 다른 존재가 될 수 있다'라는 믿음 때문이었다.

09

세상에 휘둘리지 않고
살 수 있을까요?

세상에 휘둘릴 때, 삶은 불안하고 우울해진다

평일 아침 7시, 강남역에 가본 적이 있는가? 거기엔 많은
사람이 있다. 가방을 둘러멘 학생들, 넥타이를 맨 직장인들
이 넘쳐 난다. 학생들은 그 새벽에 영어, 중국어, 일본어를
배우기 위해 분주하고, 직장인들은 무엇이 그리도 급한지
서둘러 회사에 가느라 정신이 없다. 그들을 세밀히 관찰하
면 유쾌함이나 즐거움, 활기라는 단어에 어울릴 만한 모습
을 찾기 힘들다. 그들의 표정에는 우울함과 불안함, 다급함
만이 묻어날 뿐이다.

비단 평일 아침 강남역의 모습이기만 할까? 우리는 대체로 유쾌하고 즐겁고 활기 넘치는 삶보다는 우울하고 불안하고 다급한 삶에 익숙해져 있다. 유쾌하고 즐겁고 활기 넘치는 삶을 원하지 않는 사람은 없다. 그럼에도 불구하고 우리는 왜 그것들과 멀어졌을까? 세상 사람들의 말처럼 '먹고 살기 힘들기 때문'일까? 그런 것도 같다. 새벽부터 일어나 공부하고 일하지 않으면, 요즘 같은 세상에서 어떻게 먹고 살 수 있을까? 하지만 이것은 피상적인 이유일 뿐이지 본질적인 이유는 아니다.

본질적인 이유는 우리가 세상에 휘둘리며 살고 있기 때문이다. 이것이 유쾌함, 즐거움으로부터 멀어지고, 우울함, 불안함, 다급함에 휩싸였던 본질적인 이유다. 돌아보면 그렇다. 외국어, 자격증 공부를 유쾌하게 하는 사람이 얼마나 될까? 직장 일이 즐거워서 하는 사람이 얼마나 될까? 공부와 일을 하면서 점점 더 우울하고 불안하며 다급해진다. 이런 삶의 모습은 '먹고살기 위해서'라기보다 부모, 선생, 선배, 친구의 '원래 다 그렇게 사는 거야!'라는 이야기에 휘둘렸기 때문이다.

여유를 갖고 세상을 돌아보면 알게 된다. 똑같이 먹고 살기 힘들어도 세상에 휘둘리지 않고 사는 사람이 많다는 걸. 또 그런 사람들은 유쾌하고 즐겁고 활기 넘치는 삶을 살아내고 있다는 사실을. 그렇다면 우리는 질문해야 한다. "어떻게 먹고살 수 있을까?"가 아니라 "어떻게 세상에 휘둘리지 않을 수 있을까?"를 말이다.

니체의 '질문 방식'

이 질문에 답할 철학자를 만나보자. 프리드리히 니체Friedrich Wilhelm Nietzsche다. 니체에 관해서 알고 싶다면 먼저 그의 '질문 방식'에 주목해야 한다. 니체 이전 철학의 주된 질문 방식은 "본질이 무엇이냐?"에 관한 것이었다. 예를 들어, "강함이란 것은 무엇인가?"라고 물었다고 가정해 보자. 이에 대해 '힘이 센 것, 풍부한 지식, 사람들을 포용할 수 있는 능력'이라고 답할 수 있다. 이런 답에 대해 니체 이전의 많은 철학자는 다시 묻는다. "좋네, 그 모든 것이 강함이라면, 그것에는 어떤 공통점이 있어야 하지 않겠나?"

즉, 이 말은 "강함의 본질이 무엇이냐?"를 묻는 것이다. '힘이 센 것', '풍부한 지식', '사람들을 포용할 수 있는 능력' 같은 것들은 모두 강함의 한 단면일 뿐 본질은 아니다. 결국 강함의 본질은 그 모든 단면(힘, 지식, 포용)을 관통하는 어떤 공통점이다. 그것이 본질이다. 니체 이전의 철학은 어떤 대상의 본질을 찾으려고 했기에 그들의 질문 방식 역시 "본질이 무엇이냐?"였다. 하지만 니체는 집요하게 본질을 묻는 이런 전통적인 '질문 방식'을 바꾸어 버린다.

니체는 "강함이란 무엇인가?"라는 질문을 "강한 것이 무엇인지 왜 알려고 하는가?"라는 질문으로 바꿔버린다. 서구의 전통 철학은 진리에 집착했다. 어떤 경우에도 확실하고 분명한 진리를 알고자 했다. 그래서 본질을 집요하게 물었던 것이다. 세상 만물의 본질을 알 수 있다면 세상 만물의 진리에 도달할 수 있다고 생각했다. 하지만 니체는 진리 그 자체를 묻는 대신 진리를 사로잡고 있는 힘 혹은 의지가 어떤 것인지 묻는다.

'꿍꿍이'의 철학자, 니체

노골적으로 말하자면, 니체는 '꿍꿍이'를 묻는 것이다. 어떤 사람이 강함의 본질을 알기 위해 질문한다면, 니체는 도리어 강함이라는 것을 알려는 꿍꿍이가 무엇인지 묻는 식이다. 니체 철학의 핵심은 진리라는 것 속에 어떤 것이 표현되거나 혹은 숨어 있는 것이 없는지 묻는 것이다. 쉽게 말해,

니체는 누군가 진리(이것은 무엇인가?)를 물을 때, "그게 나에게 무슨 의미가 있는가?"라고 다시 묻는 것이다. 니체는 진리 중심이었던 기존 철학에 의미와 가치를 끌어들인다.

이것은 혁명적이다. 왜 그런가? "이것은 무엇인가?"라는 진리 중심의 질문 방식은 주어진 질문 안에서 허우적거리게 만든다. 하지만 "이것을 질문하는 의도가 무엇인가?"라고 질문의 방식을 바꾸면 상황이 확연히 달라진다. 어떤 질문의 의미나 가치를 묻는 순간, 우리는 주어진 질문 밖에서 사고할 수 있게 된다. 질문 방식을 바꿈으로써 새로운 사고방식이 가능케 된 셈이다. 이런 니체의 태도는 《유고》에서 분명하게 드러난다.

본질이나 본성은 관점적인 것이며, 이미 다양성을 전제한다. 언제나 근저에 놓여 있는 것은 '그것은 나에게(우리에게 혹은 존재하는 모든 것에게 등) 무엇인가?'이다. … 모든 사물에 대한 자신의 고유한 관계와 관점을 가지고 있는 존재자가 하나라도 빠져 있다고 해 보자. 그 사물은 여전히 정의되지 않고 있을 것이다. 　　　　　　　　　　　　　　　　　　《유고》

니체는 전통 철학이 그리도 찾으려 했던 본질이나 본성은 관점적인 것이며 이미 다양성을 전제하는 것들이라고 말한다. 즉 고정불변의 본질, 본성 같은 건 없다는 의미다. 중요한 것은 "그것은 나에게 무엇인가?"라는 질문이다. 즉 그것이 나에게 어떤 의미와 가치가 있는지가 중요하다.

니체의 '힘의 의지'

이 지점에서 니체 철학의 핵심 개념인 '힘의 의지'를 논의할 수 있다. '질문의 의미'를 발견한다는 건, 그 질문을 왜 하는지 안다는 것이다. 이는 달리 말해, 그 질문에 관계된 '힘'을 안다는 말이다. "돈을 어떻게 벌 수 있을까?"라는 질문을 생각해 보자. 이 질문 안에 매몰되면 할 수 있는 답은 뻔하다. 사업, 취업, 도둑질 같은 답들이다. 하지만 이 질문의 '의미'를 발견하면 사정이 달라진다. 니체식으로 질문을 바꿔보자.

"'돈을 어떻게 벌 수 있을까?'라는 질문을 왜 할까?" 이렇게 질문을 바꾸면 그 질문을 한 '힘'이 드러난다. 어떤 '힘'이 사람들에게 '돈을 어떻게 벌 수 있을까?'라는 질문을 불러일으켰는지 알 수 있다. 그 '힘'은 어린 시절 돈이 없어서 느껴야 했던 모멸감 같은 개인적인 상처일 수도 있고, 자본이 인간보다 높은 가치를 갖는 자본주의적 사회구조일 수도 있다는 걸 파악하게 된다. 질문의 꿍꿍이를 물어보면 가려져 있던 어떤 '힘'이 드러난다.

이제 '힘의 의지'를 분명하게 정의할 수 있을 것 같다. '의미(꿍꿍이)'를 발견한다는 건, 주어진 대상을 지배하고 있는 '힘'을 안다는 것이다. 그런데 어떤 대상이든 거기에는 지배적인(명령내리는) 힘과 피지배적인(복종하는) 힘이 결합되어 있다. 두 힘 중 어떤 힘이 명령내리는 힘이고, 어떤 힘이 복종하는 힘인지 구별하는 것을 의지라고 한다. 반대로 이러한 의지는 두 힘의 관계에 의해서 정의되는 셈이기도 하다. 니체는 바로 이 의지를 '힘의 의지'라고 말한다.

조금 난해할 수 있으니 예를 들어보자. 교실에 선생과 학생이 있다. 선생은 '선생의 힘'이 있고, 학생은 '학생의 힘'이 있다. 교실에서 선생의 힘은 지배적인(명령내리는) 힘이고, 학생의 힘은 피지배적인(복종하는) 힘이다. '선생 – 학생'의 관계 속에는 눈에 보이지 않는 어떤 '의지'가 있다. 그 '의지'가 선생의 힘을 지배적인 힘으로 만들고, 학생의 힘을 피지배적인 힘으로 만드는 것이다. 바로 이 의지가 '힘의 의지'인 셈이다. 그 '힘의 의지'가 '선생 – 학생' 관계를 만들어낸다. 니체의 이야기를 직접 들어보자.

이 세계는 힘의 의지다. 그 외의 아무것도 아니다. 너희 역시
이 힘의 의지다. 그 외의 아무것도 아니다.   《유고》

세상은 '힘 싸움으로써의 관계 맺음'이다

니체는 세계를 '힘의 의지'라고 말한다. 또한 우리 역시 '힘
의 의지'라고 말한다. 즉 세상 전체가 '힘의 의지'라는 것이
다. 바로 여기에 우리가 세상에 휘둘리지 않을 수 있는 실마
리가 숨어 있다. 우리는 자명한 세상을 살아가고 있다고 생
각한다. 그래서 주어진 삶을 그저 받아들인다. 그러니 "토
익 점수를 어떻게 올리지?", "자격증은 어떻게 따지?", "돈
은 어떻게 벌지?"라는 질문밖에 하지 못하는 것이다.

　니체에게 세상은 당연한 것이 아니다. 니체가 보기에
는 세상은 지배적인 힘과 피지배적인 힘의 투쟁으로 이루
어진다. 생각해 보면 정말 그렇지 않은가? 사장이 직원에게
무례하게 굴고, 이 일 저 일 함부로 시키는 것은 당연한 것
이 아니다. 사장은 자본이라는 힘이 있고, 월급쟁이에게는
그런 힘이 없기 때문이다. 그런 '힘 싸움으로써의 관계 맺
음'이 지금 같은 부조리한 '사장 – 직원'의 관계를 만든 것일
뿐이다.

'힘의 의지'는 '힘 싸움으로써의 관계 맺음'의 결과다. 세상 자체가 이런 '힘 싸움으로써의 관계 맺음'으로 이뤄진 것이다. '부모 – 자식', '선생 – 학생', '사장 – 직원', '남자 – 여자', '대통령 – 국민' 등 세상의 모든 관계는 결국 '힘의 의지'로 생겨났다. 우리가 세상에 휘둘리며 사는 이유는 세상을 당연한 것으로 여기며 그것에 순응하기 때문이다. 이것은 달리 말해 세계로써의 '힘의 의지'를 비판없이 받아들였기 때문이다.

세상에 휘둘리지 않는 법

다시 질문으로 돌아가자. 어떻게 하면 세상에 휘둘리지 않고 살 수 있을까? '힘의 의지'를 발견하려는 노력이 필요하다. 니체의 질문 방식처럼 진리를 묻는 대신, 그 진리를 묻는 이유에 대해서 물어야 한다. 그것을 왜 묻는지, 어떤 꿍꿍이를 가지고 그것을 묻는지, 질문의 의미와 힘을 드러내려고 노력해야 한다. '취업은 무엇인가?'를 묻는 대신, 그것을 묻는 꿍꿍이를 다시 물어야 한다. 그때 취업을 하지 않으면 생존조차 할 수 없는 부조리하고 불합리한 '힘의 의지'가 사회 곳곳에 깔렸다는 사실을 깨닫게 된다.

니체의 업적은 분명하다. '힘의 의지'라는 개념을 철학에 끌어오면서, 세상을 비판적으로 사고하고 평가할 수 있는 '비판철학'을 만들어낸 것이다. 니체는 새로운 질문 방식을 통해 우리에게 날이 선 비판을 의식을 선물한다. 니체의 철학을 따라가면 날이 선 비판 의식을 가질 수밖에 없다. 세상 사람들은 이런 비판 의식을 가진 사람들에게 "왜 그렇게 삐딱하나?", "왜 그렇게 부정적이야?"라고 말하곤 한다.

하지만 잊지 말아야 할 것이 있다. 우리가 세상에 휘둘리며 살 수밖에 없었던 이유는 우리에게 날이 선 비판 의식이 없었기 때문이라는 사실이다. 니체는 세계도 '힘의 의지'이지만, 우리 역시 '힘의 의지'라고 했다. 나는 니체의 이 말을, 사회를 향한 날이 선 비판 의식을 놓지 않는다면, 세계를 구성한 '힘의 의지'에 균열을 낼 수 있다는 이야기로 받아들이고 있다.

우리는 이미 경험했다. 대통령의 힘은 지배적인 힘이고, 우리의 힘은 피지배적인 힘이 아니었던가. 그런 '힘 싸움으로써의 관계 맺음'에 익숙해져 있었다. 그런 '힘의 의지'가 구성한 세계를 받아들였다. 하지만 2016년 겨울, 수백만 명이 촛불을 들고나와 대통령의 탄핵을 외치면서 새로운 '힘 싸움으로써의 관계 맺음'을 이뤄냈다. 이제 우리는 다른 세계에 산다. 시민의 힘이 지배적인 힘이고, 대통령의 힘이 피지배적인 힘으로 구성된 세계에 산다. 우리는 그렇게 새로운 '힘의 의지'를 만든 셈이다. 우리가 세상에 휘둘린 것이 아니라 세상이 우리에게 휘둘린 셈이다.

세상에 휘둘리지 않는 법? 새로운 '힘의 의지'를 구성하면 된다. 그것은 세상을 지배하는 '힘의 의지'를 발견하는 날이 선 비판 의식에서 시작된다. 질문에 갇히지 말고 끊임없이 질문의 꿍꿍이를 물어야 한다. 그때 세상이 우리에게 휘둘리게 될 테다.

니체를 더 알고 싶다면 '계보학'이란 것을 알아 두자. 니체가 강조했던 것은 비판철학이었다. 세상과 사회를 비판적으로 사고할 수 있는 철학을 지향했다. 그 비판철학의 방법론으로 제시한 것이 바로 '계보학'이다. 계보학은 말 그대로 계보를 찾는 학문이다. 쉽게 말해, '아버지'를 찾는 작업이다. 예를 들면, '한국 랩의 아버지는 누구인가?', '클래식의 아버지는 누구인가?'라는 질문에 답을 찾고, 찾은 '아버지'로부터 계보의 선을 그려나가는 작업이 계보학의 원론적 정의라고 할 수 있다.

원론적인 의미의 계보학은 '족보학'이라고도 볼 수 있다. 족보학은 '아버지'로 상징되는 신성한 기원을 찾아가는 것이다. 그러나 니체는 이런 족보학적인 계보학을 비판하면서 다른 의미의 '계보학'을 제시했다. 니체의 계보학은 어떤 대상, 개념이 어떻게 만들어지고 어디서 기원했는지를 묻는다. 예를 들어, 니체는 '좋다 / 나쁘다', '선하다 / 악하다', '옳다 / 그르다'라는 세상 사람들이 당연하게 여기는 가치 판단을 문제 삼는다.

당연한 것으로 여겨지는 그런 가치 판단이 어떤 역사적 과정을 거쳐 형성되었는지를 추적한다. 그 추적을 통해 가치 판단이 어떤 의도에 의해서 형성된 것인지 드러낸다. 이것이 니체의 계보학이다. '옳다' 혹은 '그르다'라고 믿는 가치가 누군가의 기획에 의해서 '옳은 것' 혹은 '그른 것'이 된 것임을 폭로하는 것이 계보학의 과제다.

예를 들어보자. 지금은 동성애를 '나쁜 것' 혹은 '그른 것'이라고 당연하게 받아들이는 경향이 있다. 하지만 계보학적으로 동성애를 추적하면 놀라운 사실을 발견하게 된다. 고대 그리스에서 동성애는 자연스러운 일이었다. 심지어 어떤 동성애는 국가가 권장하기도 했다. 소년이 지혜로운 성인의 성욕을 만족시키는 과정을 통해 지혜와 덕을 교육받아 훌륭한 성인이 된다고 생각했기 때문이다.

이런 계보학적 추적 과정에서 어떤 의도가 동성애를 혐오의 대상으로 변질시켰는지를 묻고, 이 과정에서 자연스럽게 세상을 조금 다른 기준으로 바라보게 된다. 당연하지 않은가? 의심의 여지 없이 '나쁜 것', '그른 것'으로 생각했던 대상이 한때는 '좋은 것', '옳은 것'으로 여겨졌다는 사실을 알게 되었을 때, 세상을 바라보는 관점은 달라질 수밖에 없다.

이런 계보학적 추적을 통해 당연하게 생각하던 대상들 예컨대, 결혼, 자본주의, 국가 개념 역시 전혀 다른 시선으로 바라볼 수 있다. 결혼이란 제도적 장치 없이도 행복하게 잘 살았던 역사가 있다면 지금의 결혼 제도를 낯설게 볼 수밖에 없다. 화폐의 축적, 교환 없이도 인간답게 살 수 있는 역사를 발견하면 지금의 자본주의 체제를 낯설게 볼 수밖에 없다. 국가라는 제도적 장치 없이도 공동체를 이루며 잘 살았던 역사를 발견하면 지금의 국가라는 장치는 전혀 다르게 보인다.

계보학은 우리에게 익숙한 것들을 낯설게 볼 수 있는 비판적 시선을 선물한다. 세계를 지배하는 '힘의 의지'에 맞설 수 있는 우리의 '힘의 의지'는 이 비판적 시선이 없다면 애초에 요원한 것인지도 모르겠다. 자신이 노예인 것을 당연한 것으로 여기는 노예에게 세계를 지배하는 '힘의 의지'에 맞설 자신만의 '힘의 의지'가 생길 리 없다. 니체의 계보학이 세상에 길든 우리에게 날이 선 비판 의식을 불러일으켜 줄 강력한 방법론인 것은 분명하다.

10

생각하고
말해야 하나요?

소쉬르의 '랑그'

"넌 생각을 하고 말하는 거니?"

"넌 생각을 하고 말하는 거니?" 상대가 받아들일 수 없는 이야기를 했을 때 듣게 되는 핀잔이다. 부모나 선생 혹은 직장 상사에게 이런 핀잔을 들을 때면 여지없이 주눅이 든다. 시간이 지나도 그 핀잔이 머릿속을 맴돌아서 하고 싶은 말이 있어도 쉽사리 내뱉지 못하고 고민한다. '이 이야기를 해도 되는 걸까?' 세상은 생각하고 말하라고 강요하고, 우리는 그 강요를 비판 없이 받아들인다.

과연 그 강요는 정당한 것일까? "넌 생각을 하고 말하는 거니?"라는 핀잔이 전제하는 것이 있다. '생각이 말(언어)을 만든다'라는 전제다. '예쁘다'라는 말을 생각해 보자. 꽃이든, 하늘이든, 사람이든 그 대상을 보고 '예쁘다'라는 '생각'을 먼저 하고 난 이후에 "예쁘다"라고 '말(언어)'하게 된다. 글도 마찬가지다. 최소한의 '생각'이 정리된 후에 '글(언어)'을 쓰는 게 가능하다.

신중함과 소심함 사이에서

'생각이 언어(말, 글)를 앞선다'라는 것이 일반적인 상식이다. 알 것도 같다. 말보다 생각이 앞서는 사람은 '신중한' 사람이 되고, 생각보다 말이 앞서는 사람은 '경솔한' 사람이 되는지. 상식에 부합하는 자는 미덕의 대상이고, 그렇지 않은 사람은 비난의 대상이 되기 마련이다. 하지만 얼마나 많은 사람이 알고 있을까? 신중함은 소심함의 다른 이름이라는 것을. 많이 생각하고 말하는 '신중한' 사람이 되려다가 오히려 하고 싶은 말도 못하고 사는 '소심한' 사람이 되지 않던가. '생각하고 말해야 한다'라는 강박을 공유한다는 측면에서 '신중함'은 '소심함'의 다른 이름인지도 모른다.

신중함이 칭송받는 이유, 경솔함으로 비난받는 이유,

소심함으로 괴로워하는 이유는 모두 같다. '생각이 언어를 앞선다'라는 말이 진리처럼 떠받들어지기 때문이다. 우리가 믿고 있는 이 상식은 정말 옳은 것일까? '생각 – 언어'의 관계를 다시 생각해 보면서 '신중함', '경솔함', '소심함'에 대한 조금 다른 관점을 얻어 보자.

언어의 달인, 소쉬르

'생각 – 언어'의 관계에 대한 답은 언어학자인 소쉬르Ferdinand de Saussure에게 듣는 것이 좋겠다. 소쉬르의 언어학은 철학에 깊은 영향을 미쳤다. 그래서 소쉬르는 언어학자인 동시에 철학자라고도 할 수 있다. 모든 달인은 평범한 사람들이 놀랄 만한 것들을 보여주지 않던가. 소쉬르 역시 언어에 대한 놀랄 만한 사유의 전환을 보여준다. 먼저 소쉬르 이전, 언어에 관한 전통적 사고방식에 대해서 이야기해 보자. 전통적으로 언어(말, 글)는 어떤 사물을 지시하거나 언어 사용자의 의도를 대신했다. 이는 언어를 사용해 어떤 사물을 지시하거나 어떤 의도를 표현한다는 의미다.

예를 들어보자. '전화기'라는 글(언어)은 ☎(실제 전화기)를 부르는 이름이다. ☎(실제 전화기)를 '지시체'라고 하는데, '전화기'라는 언어는 그 지시체를 표현하는 것이다. 마찬가지로 '먹는다'라는 말(언어)도 '누군가의 먹는 행위'를 가리킨다. '전화기' 혹은 '먹는다'라는 언어는 어떤 사물을 지시하거나 어떤 의도를 표현하기 위해서 사용되는 것이다. 이는 언어와 지시체 간에는 상응 관계가 있다는 것을 의미한다. 즉, '언어는 지시체를 반영한다'라는 것이 소쉬르 이전 언어에 대한 전통적 사고방식이었다.

하지만 소쉬르는 언어에 관한 전통적 사고방식에 동의하지 않는다. 소쉬르는 '언어 – 지시체' 간에 어떤 유사 관계나 일치 관계가 없다고 주장했다. 쉽게 말해, '전화기 – ☎' 사이에는 어떤 유사 관계나 일치 관계도 없다는 것이다. 조금만 생각해 보면 소쉬르의 주장은 놀랄 만큼 혁명적이다. 쉽게 말해, ☎라는 지시체를 가리키기 위해 '후하기', '턴하기'라는 언어를 써도 상관없다는 말이기 때문이다. 어찌 보면 황당하기까지 한 이야기를 납득하기 위해서 소쉬르의 언어학에 대해 조금 더 알아보자.

소쉬르의 '랑그'

소쉬르는 언어 활동에 '랑그langue'와 '파롤parole'이 있다고 주장했다. 먼저 '파롤'이 무엇인지부터 알아보자. 파롤은 화언 또는 발화로 번역되는데, 이는 어떤 말이 성대를 울려서 나오는 소리를 의미한다. "유미는 아름답다"라고 말했을 때, 성대를 울려서 나오는 억양, 음색, 음량, 음파가 파롤이다. 파롤의 특징은 일회성에 있다. "유미는 아름답다"라는 문장을 말하는 사람이 남자인지, 여자인지 혹은 노인인지, 아이인지에 따라 파롤은 모두 달라지기 때문이다. 심지어 같은 사람도 말할 때마다 파롤이 다를 수밖에 없다. 말할 때마다 미세하게 다른 억양, 음색, 음량, 음파를 가질 수밖에 없으니까.

그렇다면 '랑그'는 무엇일까? 랑그는 언어를 사용할 때 반드시 따라야 할 규칙을 의미한다. 흔히 말하는 문법은 랑그의 일부라고 할 수 있다. "유미는 아름답다"라는 문장을 500명이 말하면 500개의 파롤이 생기지만, 랑그는 그렇지 않다. 500명이 말하더라도 동일한 규칙에 의해서 동일한 순서로 말한다. 바로 그 언어의 규칙들이 '랑그'다. 랑그의 특징은 사회성에 있다. 규칙이라는 것은 적어도 그것을 공유하는 대상이 둘 이상일 때 성립하기 때문이다. 소쉬르는 이 랑그야말로 언어학의 대상이라고 주장했다. 소쉬르의 이야기를 직접 들어보자.

랑그는 파롤을 통해 동일한 공동체에 속하는 화자들 속에 저장된 보물이며, 각 뇌리 속에 혹은 좀 더 정확하게 말한다면, 모든 개인의 뇌 속에 잠재적으로 존재하는 문법 체계다. 왜냐하면 언어란 어느 개인 속에서도 완전할 수가 없고, 집단 속에서만 완전하게 존재하기 때문이다.　　　　《일반언어학 강의》

　　언어학은 종종 장기 게임으로 비유된다. 랑그란 장기의 말들을 움직이고, 상대의 말을 잡아먹는 게임 규칙 전체를 의미한다. 여기서 랑그가 사회적이란 말의 의미가 드러난다. '차車'라는 장기의 말을 동전으로 바꿔도 게임을 하는 데는 아무런 문제가 없다. 즉, 우리가 일상적으로 쓰는 말을 다른 말로 바꾸어도 랑그는 변하지 않는다. 언어는 내가 사용하든 안 하든 이미 나와 무관하게 존재하는 사회적인 것이다. 그래서 소쉬르는 《일반언어학 강의》에서 "랑그야말로 언어학이 다루는 대상이며, 모든 언어 활동의 사회적 규범이자, 사회적 제도"라고 말했다.

　　'전화기'를 '후하기', '턴하기'로 사용해도 상관없다는 이야기도 이제 이해가 된다. ☎을 '전화기'로 발음하기로 한 건 사회적 약속일 뿐, 실제로 서로 아무 관계가 없기 때문이다. ☎를 '후하기'나 '턴하기'로 발음해도 파롤만 달라질 뿐 랑그는 달라지지 않는다. 즉 대상과 언어(말, 글)는 언제든 달리 사용될 수 있는 자의적 관계다. 정말 그렇지 않은가? 직장에서는 "전화기 어디 있어?"라고 말해야 하지만, 집에서는 "거시기 어디 있어?"라고 말해도 의사소통이 된다. 사회적 약속만 있다면 ☎를 '후하기'나 '턴하기'로 불러도 아무 상관이 없다.

소쉬르의 언어 혁명

소쉬르의 언어학은 종종 '코페르니쿠스 혁명'에 비유되는 철학적 혁명으로 이야기된다. 무엇이 혁명인가? 놀랍게도, 소쉬르는 '내가 내뱉는 말(언어)'이 내가 하는 것이 아니라고 말한다. 그렇다면 내가 내뱉는 말은 누가 하는 것이란 말인가? 소쉬르는 그 누구를 '랑그'라고 했다. 소쉬르의 혁명성은 랑그라는 개념에 있다. 랑그는 개인에 의해 좌우되는 것이 아니라 사회적으로 약속된 규칙 체계다. 랑그는 우리가 태어나든 말든 상관없이 이미 항상 존재하고 있다. 우리가 말(언어)을 하기 위해서는 먼저 랑그라는 사회적 규칙을 따르고 그 규칙 체계 안으로 들어가야 한다.

우리가 프랑스에서 말을 하지 못하는 이유는 뭘까? 불어의 규칙을 모르고, 그 규칙 체계 안으로 들어갈 수 없기 때문이다. 불어의 랑그를 모르기에 말할 수 없는 것이다. 이 랑그라는 개념의 함의는 혁명적이다. 언어(말, 글)의 의미는 개인의 것이 아니라, 언어 체계 안에 있는 랑그에 따라 만들어지는 것이라고 말하기 때문이다. 이제 내가 내뱉는 말이 내가 하는 것이 아니라는 말의 의미를 알겠다. 개인들은 자유롭게 언어를 사용하는 것이 아니다. 이미 정해져 있는 랑그라는 사회적 규칙에 따라 의미를 말하고 받아들일 수밖에 없다.

'전화기'라는 말을 들을 때 ☎를 떠올리는 것은 개인이 정한 게 아니다. '전화기 − ☎'라는 사회적 규칙인 랑그 속에 있어서 그런 것이다. 우리는 정해진 규칙에 따라 그 의미를 받아들이고 말할 수밖에 없다. 더욱이 놀라운 사실이 있다. 이런 언어적 의미가 확장되면서 결국 '옳다 / 그르다', '좋다 / 싫다'라는 가치 판단 역시 언어의 구속 아래에 놓이게 된다는 사실이다. 가치 판단은 지극히 개인적인 영역이라고 생각되지만, 이 역시 사실은 이미 항상 정해진 사회적 규칙인 랑그에 의해 정해지는 것이다.

'정리해고'와 '노동유연화'라는 말을 생각해 보자. 미묘한 차이는 있지만, 핵심은 '직장에서 노동자들을 내보내겠다'라는 의미다. 그런데 '정리해고'라는 말에서는 부정적인 생각이 들지만, '노동유연화'라는 말에서는 부정적 가치 판단이 비교적 덜하다. 왜 그럴까? '정리해고("넌 정리해고야!")'란 말은 이미 항상 부정적 가치 판단이 내포된 사회적 규칙에 놓여 있었던 반면, '노동유연화("노동유연화 정책을 시행하겠습니다.")'란 말은 이미 항상 긍정적 가치 판단이 내포된 사회적 규칙에 놓여 있었기 때문이다. '정리해고'를 나쁜 혹은 싫은 것으로, '노동유연화'를 옳은 혹은 좋은 것으로 받아들이는 것은 자신의 선택이 아니다. 주어진 기존의 언어 체계를 받아들인 결과일 뿐이다.

생각하고 말하는 것은 불가능하다

여기에 소쉬르의 혁명성이 있다. 소쉬르에 이르러 사고나 판단은 개인이 하는 게 아니라 언어의 의미 체계가 하는 것이 되었다. 즉, 생각(의미를 찾고, 판단하는 것)이 개인에게 달린 것이 아니라 언어 구조에 의해 결정된다는 의미다. 개인의 생각은 언어 구조에 강하게 지배받는다는 혁명적 견해가 가능해진 셈이다. 결론적으로 생각이 언어를 만드는 것이 아니라 언어가 생각을 만든다. 소쉬르는 '생각이 말(언어)을 만든다'라는 우리의 통념을 뒤엎는다. 소쉬르라면 "말(언어)이 생각을 만든다!"라고 말할 것이다.

실제로 그렇지 않은가? 언어를 배우는 것은 단순히 말과 글을 배우는 차원의 문제가 아니다. 하나의 언어를 배우는 것은 하나의 세계관을 받아들이는 것이다. 영국인은 단순히 영어라는 언어를 사용하는 사람이 아니다. 그에 걸맞은 세계관을 가진 사람이다. 언어가 다르면 생각도 다르기 마련이다. 그래서 외국어를 긴 시간 오래 사용하면 단순한 사고방식뿐만 아니라 '옳고 / 그름', '좋음 / 싫음'이라는 가치 판단까지 변하게 되는 것이다.

세상은 생각하고 말하는 것을 미덕으로 삼는다. 하지만 이는 이미 전제부터 틀린 이야기다. 생각하고 말하는 것은 애초에 불가능하다. 소쉬르의 말처럼, 말(언어)이 생각을 만들기 때문이다. 이건 소쉬르가 아니더라도 이미 한 번쯤 경험한 적이 있을 것이다. 정리되지 않았던 생각이 말을 하고 글을 쓰면서 더 분명해지고 명료해졌던 경험 말이다. 생각이 말을 만드는 게 아니라, 말이 생각을 만든다. 이런 분명한 삶의 진실에도 불구하고 세상 사람들은 왜 그렇게 집요하게 "생각하고 말하라!"라고 요구하는 걸까?

"넌 생각을 하고 말하는 거니?"라고 말했던 사람들의 면면을 떠올려보자. 나이가 많거나, 권위가 있거나, 힘 있는 사람들이 아니었던가. 아, 알 것도 같다. 그들은 우리의 입을 막고 싶었던 것이다. '꼰대'로 대변되는 그들은 어리고, 권위 없고, 힘없는 사람들의 입을 막고 싶어 한다. 후배가, 학생이, 부하 직원이 자신의 감정과 느낌, 욕망을 자유롭게 이야기할 때 선배, 선생, 상사는 불편하기 때문이다. 그래서 그들은 "생각하고 말하라!"라고 우리를 다그쳤던 것이다.

생각하지 않고 말해도 된다!

"학교가 군대도 아닌데 왜 선배에게 복종해야 하죠?", "등록금 투쟁을 도와주지 않는 교수님이 학생들의 행복을 말하는 건 위선이 아닌가요?", "경기가 좋을 때는 월급을 안 올리면서 경기가 나쁠 때는 왜 월급을 깎는 거죠?" 이런 말들은 대체로 생각 없이 내뱉는 말들로 치부되기 일쑤다. 그렇게 우리는 칭찬 받는 '신중함'을 얻으려다, 가학적인 '소심함'을 얻게 된 것인지도 모르겠다.

어쩌면 선배, 선생, 상사, 사장으로 대변되는 권력자들은 아주 영민한 사람인지도 모르겠다. 그들은 의식적이든 무의식적이든 '말(언어)이 생각을 만든다!'라는 사실을 이미 알고 있었던 것은 아닐까? 자신의 기득권에 도전하려는 '생각' 자체를 못하게 하기 위해, 우리의 '말'부터 틀어막은 것은 아닐까? 정말 모를 일이다. 권력자들이 원치 않는 말을 자유롭게 마음껏 하면 어떤 일이 벌어질까? 우리가 자유롭게 마음껏 내뱉은 말이 곧 우리의 생각이 될 테고, 그런 생각은 필연적으로 기득권을 와해시키는 역할을 할 것이다.

대부분의 직장인은 자신에게 주어진 정당한 권리를 당연하게 생각하지 않는다. 그래서 퇴근 시간에, 연차를 쓰기 전에 눈치를 본다. 이런 일은 왜 일어났을까? "왜 정해진 시간에 퇴근하지 못하나요?", "왜 연차를 쓰면 안 되나요?"라고 누구도 '말'하지 못했기 때문은 아닐까. 그 '말'을 하지 못했기에 정시 퇴근이 정당하다는, 연차 사용이 당연하다는 '생각'을 못하게 된 것일지도 모른다. 시도 때도 없이 아무나 "왜 정해진 시간에 퇴근하지 못하나요?", "왜 연차를 쓰면 안 되나요?"라고 말한다면, 우리는 그 생각이 얼마나 당연한 것인지를 진정으로 깨닫게 될 테다. 말(언어)이 생각이 만드니까.

생각하고 말하지 않아도 된다! 자신보다 약하고 힘없는 사람들에게 내뱉는 말이 아니라면, 생각 없이 말해도 된다. 아니 그래야만 한다. 불편하다고, 부당하다고, 부조리하다고 느껴지는 것들을 자유롭게 마음껏 말하자. 우리 내면의 목소리를 여과 없이 드러내자. '생각이 말(언어)을 지배하는 것이 아니라, 말(언어)이 생각을 지배한다'라는 소쉬르의 이야기를 기억하자. 나이 많고, 권위 있고, 힘 있는 사람들이 "넌 생각을 하고 말하는 거니?"라고 다그칠 때, 빙긋이 웃으며 말하자. "말을 해야 생각을 하게 되지요. 제가 말했으니 이제 선생, 선배, 사장님이 생각해 보세요."

소쉬르에 대해 이야기하면서 '구조주의'를 말하지 않을 수 없다. 구조주의는 무엇일까? 사물의 참된 의미가 사물 자체의 속성과 기능에서 의해서가 아니라 사물 간의 관계에 따라 결정된다고 보는 이론이다. 쉽게 말해, 어떤 대상이든 간에 구조의 지배를 받는다는 것이 구조주의의 핵심이다. 여기서 중요한 것은, 구조주의가 인간이란 존재를 바라보는 입장이다. 구조주의는 '인간은 구조에 사로잡혀 훈육된 존재'라는 입장을 견지한다. 즉, 구조주의적으로 보자면 인간은 주어진 '구조'에서 결코 벗어날 수 없는 존재다.

많은 철학자가 '구조'를 발견했는데, 카를 마르크스는 경제 구조를, 레비-스트로스는 친족 구조를, 자크 라캉은 정신분석학적 구조를 발견했다. 다양한 분야에서 인간의 내면에 각인된, 동시에 인간이 벗어날 수 없는 구조를 발견함으로써 구조주의는 하나의 철학적 흐름으로 자리 잡았다. 후에 이 '구조'를 발견한 혹은 인정하는 철학자들을 '구조주의자'라고 부르게 된다. 이 구조주의는 '인간은 자유롭다'라고 주장하는 '실존주의'가 순진한 사상이라고 폭로하며, 당대에 큰 반향을 불러일으켰다.

소쉬르는 단 한 번도 자신의 입으로 '구조'라는 단어를 내뱉은 적이 없다. 흥미로운 점은 그럼에도 불구하고 소쉬르는 '구조주의'의 창시자로 불린다는 사실이다. 왜 이런 일이 일어났을까? 소쉬르의 언어학적 입장을 보면 이유를 알 수 있다. 소쉬르는 어떤 사물의 의미나 판단 혹은 사고가 어느 한 개인에게 의존하는 게 아니라 이미 존재하는 언어 구조에 내장되어 있다고 보았다. 즉, 언어라는 구조를 통해 어떤 대상의 의미, 사고, 판단이 결정된다는 것이다.

소쉬르는 누구보다 먼저 인간의 내면에 각인된, 그래서 동시에 누구도 벗어날 수 없는 구조를 발견했다. '언어'라는 구조. 소쉬르는 '어떤 구조에 의해 인간은 결정된다'라는 생각의 틀을 제시했다. 이 생각의 틀은 많은 후대 철학자에게 깊은 영향을 미친다. 가장 먼저 이런 구조주의적 생각의 틀을 제시한 사람이 소쉬르였기에, 그 자신은 단 한 번도 '구조'라는 말을 사용한 적이 없음에도 불구하고, 구조주의의 창시자로 인정받고 있다.

프로이트와 소쉬르의 기묘한 공통점이 보인다. 의사였던 프로이트가 '무의식'을 발견함으로써 자신도 모르는 사이에 철학자의 반열에 올라선 것처럼, 언어학자였던 소쉬르도 구조로써의 '언어'를 발견해 자신도 모르게 철학자의 반열에 올라선 셈이다. 그저 자신의 분야에서 최선을 다한 결과였을 테다. 프로이트와 소쉬르는 자신들이 철학사에서 얼마나 큰 영향을 미칠지 알고 있었을까? 인생, 참 알 수 없는 것 아닌가? 그래서 한번 살아볼 만하다.

"철학적 삶이란 무엇인가?
그것은 어떤 것들의 포기를 초래할 수밖에 없는 특별한 인생이다."
- 미셸 푸코, 《주체의 해석학》

철학적 삶은 근사합니다. 철학은 특별한 인생을
선물하니까요. 하지만 그 근사함은 종종 오해됩니다. 많은
이들은 철학적 삶의 근사함이 '더함'에 있다고 믿습니다.
철학을 통해 밀도 높고 풍부한 지식을 더할 수 있기에
철학적 삶이 근사하다고 믿습니다. 하지만 철학을
한다는 것은 그와는 정반대입니다.

철학적 삶은 '더함'이 아닌 '덜기'에 있습니다. 철학은
우리에게 각자의 삶에서 무엇을 덜어 낼지 말해줍니다.
어떤 것들을 포기할 수밖에 없기에 특별해지는 삶이
바로 철학적 삶입니다. 철학적 삶이 특별한, 그래서
근사한 이유는 철학이 각자의 삶에 어떤 '포기'를
초래하기 때문입니다.

11

마음이 왜 마음대로
안 될까요?

저는 왜 비합리적일까요?

"뭐해?"

"짐 정리하지."

"피곤한데, 내일 하면 되잖아?"

"나도 그러고 싶은데, 정리를 안 하면 잠이 안 와."

민수와 수연은 긴 여행을 끝내고 밤늦게 집에 도착했
다. 민수는 피곤해서 침대에 누웠지만, 수연은 여행 가방에
서 짐을 주섬주섬 꺼내며 정리한다. 민수는 내일 같이 정리
하자고 말했지만, 수연은 그럴 수가 없다. 지금 짐을 정리

하지 않으면 신경이 쓰여서 잠이 안 오기 때문이다. 비단 수연만의 이야기일까? 새벽까지 연일 야근을 하고 몸이 천근만근이어도 샤워를 하지 않으면 잠에 못 드는 사람도 있다. 또 몸이 힘들어 쉬고 싶지만 막상 쉬면 불안해서 다시 고된 일을 하는 사람도 있다.

생각해 보면 참 비합리적이다. 늦은 밤이니 자고 내일 짐 정리를 하는 게 합리적이다. 몸이 천근만근이면 샤워는 내일 하는 게 합리적이다. 몸이 힘들면 하루 정도는 맘 편히 쉬는 게 합리적이다. 하지만 그러지 못하는 사람들이 있다. 이런 사람들은 크게 두 부류로 나뉜다. 첫째는 그 비합리성을 정당화하는 경우다. "내가 좋아서 늦은 밤에 짐을 정리하는 거야", "아무리 피곤해도 씻고 자는 게 좋아", "몸이 아파도 일하는 게 좋아"라는 식이다. 누가 보아도 비합리적인 행동이지만, 자신은 그게 좋다며 정당화한다.

마음이 마음대로 안 될 때

두 번째는 수연이처럼 "마음이 맘대로 안 돼"라고 말하는 경우다. 자신의 행동이 비합리적이라는 것도 알고, 그 행동이 자신을 힘들게 하는 것도 알지만, 그 행동을 멈출 수가 없는 경우다. 그들은 "나도 맘 편하게 자고 짐은 내일 정리하고 싶다", "몸이 천근만근인데, 30분씩 샤워를 해야 하는 내가 싫다", "하루만이라도 마음 편하게 쉬고 싶다"라고 말한다. 첫 번째 부류보다 두 번째가 더 안쓰럽다. 자신의 비합리성을 정당화하는 사람은 그나마 마음이 편하다. 자신의 비합리성을 고칠 생각이 없으니까. 후자는 자신도 비합리적인 행동을 하고 싶지 않지만, 그게 마음처럼 안 되어서 힘든 것이다.

우리가 정말 힘들 때는 어떤 일이 마음먹은 대로 되지 않을 때가 아니다. 우리의 마음이 마음대로 안 될 때다. 중요한 시험에 떨어졌을 때 상처받고 힘들지만, 그것은 우리의 영혼을 좀먹을 정도로 힘든 일은 아니다. 세상일이 우리 마음처럼 안 된다는 것 정도는 이미 알고 있으니까. 영혼을 좀먹을 정도로 힘든 일은 시험을 앞두고 공부해야 하는 것을 알지만, 도무지 공부가 하기 싫거나 안 될 때다.

"내 마음이지만 마음대로 되지 않는다"라는, 이 놀라운 역설 때문에 힘들어하는 사람이 얼마나 많던가. "세상을 바꾸는 것보다 내 마음을 바꾸는 게 더 어렵다"라는 말은 결코 농담이 아니다. 사실 첫 번째 부류, 자신의 비합리성을 정당화한 사람들은 합리적일지도 모르겠다. "내 마음이 마음대로 되지 않는다"라는 사실을 이미 간파해서 자신의 마음을 바꿀 생각을 애초에 포기해 버렸기 때문이다. 하지만 첫 번째 부류가 합리적이긴 해도 지혜롭다고 말할 수는 없다. 그런 정신 승리를 한다고 해도, 몸이 고된 삶은 계속 지속될 테니까. 내 마음이지만 마음대로 할 수 없어서 발생하는 문제는 어떻게 해결할 수 있을까?

마음을 분석하는 철학자, 프로이트

지그문트 프로이트Sigmund Freud라는 철학자를 통해 이 문제의 실마리를 얻을 수 있다. 엄밀히 말하자면, 프로이트는 철학자가 아니라 정신과 의사다. 하지만 그의 직업적 정체성과 별개로 그가 남긴 사상적 업적이 철학사적으로 큰 영향을 미쳤기에 많은 사람이 프로이트를 철학자로 인정한다. 그런 프로이트라면 "내 마음이 왜 마음대로 안 될까요?"라는 질문에 어떤 답을 할까?

먼저 프로이트가 마음이란 것을 어떻게 파악했는지부터 알아보자. 프로이트는 인간의 마음이 '이드 – 자아 – 초자아'로 구성되어 있다고 보았다. 이 생소한 세 가지 개념을 먼저 파악해 보자. 먼저 '이드'는 쉽게 말해 본능이다. 인간의 신체로부터 기원하는 본능의 힘을 상징하는 게 이드다. 예를 들면, 배고프면 먹고 싶고, 졸리면 자고 싶은 그런 본능을 이드라고 말할 수 있다.

그런데 알다시피, 사회 구성원으로서 인간은 이드만으로는 살 수가 없다. 배고프다고 옆 사람의 빵을 빼앗아 먹을 수도 없고, 졸리다고 길바닥에 드러누워 잘 수도 없다. 이드는 철저하게 신체적 쾌락을 좇는다. 하지만 인간은 쾌락만을 좇을 수가 없다. 현실을 고려해야 하기 때문이다. 바로 여기서 '자아'가 드러난다. 자아는 쉽게 말해, 이드를 타이르고 달래서 현실적인 방법으로 쾌락을 추구하게 만드는 것이다. 이를테면 이드가 "배고파! 옆 사람 것을 뺏어 먹을 거야!"라고 말한다면, 자아는 "조금만 참아. 집에 가면 맛있는 걸 먹을 수 있을 거야"라고 말한다.

인간은 성장하면서 욕망을 절충해 현실과 타협한다. 바로 그 과정에서 '자아'가 자리 잡는다. 자아가 이드를 억압하는 것으로 이해하는 경우가 종종 있다. 이는 프로이트를 잘못 이해하고 있는 것이다. 자아는 이드를 억압하는 게 아니라 오히려 합리적인 방법으로 이드의 욕구를 충족시킨다. 결국, 자아는 이드를 만족시키기 때문이다. 그런 측면에서 '자아'는 '이드의 변형'이라고 볼 수 있다.

프로이트의 '초자아'

그렇다면 마음의 마지막 조각인 '초자아'는 무엇일까? 먼저 프로이트의 이야기를 직접 들어보자.

인간 존재로 성장하는 아이가 부모에게 의존하여 사는 긴 유아기의 침전물로 자아 속에서는 하나의 특별한 기관이 형성되는데, 여기서 부모의 영향이 지속된다. 이 기관을 '초자아'라고 부른다. 이 초자아가 자아와 구별되거나 자아와 대립하는 한에서, 그것은 자아가 고려할 수밖에 없는 제3의 힘이다. 자아의 행위는 그것이 이드, 초자아 및 실재의 요구를 동시에 충족시킬 때, 따라서 이들의 요구를 서로 조화시킬 수 있을 때 올바른 것이다.
《정신분석학개요》

　'초자아'는 쉽게 말해 사회적 질서, 규율, 법 같은 것들이다. 초자아는 기본적으로 자아에 대한 검열자나 재판관의 기능을 수행한다. 이드가 "배고프니까 옆 사람 것을 뺏어 먹을 거야!"라고 외칠 때를 생각해 보자. 자아는 "일단 조금 참아 보자"라고 달랜다면, 초자아는 "먹지 마!"라고 금지한다. 사회적 질서, 규율, 법에 따라 내면화된 금지의 목소리가 바로 초자아다. 이 초자아는 내 마음속에 울리는 '부모의 목소리'라고도 할 수 있다. 왜냐하면, 우리가 가진 대부분의 사회적 질서, 규칙, 법들은 대부분 '부모'라는 존재에 의해서 훈육되기 때문이다. 이에 대해 프로이트는 이렇게 말한다.

자아와 초자아 간의 세부 사항은 보통 아이의 부모에 대한 관계로 거슬러 올라감으로써 이해될 수 있다. 부모의 영향으로 작용하는 것은 부모의 개인적 존재만이 아니다. 부모에 의해 이어지는 가족, 인종 및 민족 전통의 영향과 부모가 대변하는 각각의 사회적 환경의 요구도 작용한다.　　《정신분석학개요》

이제 '이드 − 자아 − 초자아'의 관계를 정리하자. '이드'가 신체적 쾌락에 따라 움직이려고 할 때, '초자아'는 내면화된 질서, 규율로 이드의 욕망을 금지한다. 그래서 이드와 초자아는 언제나 충돌할 수밖에 없다. 충돌하는 이 둘을 화해시키고 조절하고 균형을 잡는 것이 '자아'다. 이드가 '졸리니까 길바닥에서 잘 거야!'라고 말하면, 초자아는 '하지 마! 그게 인간이 할 짓이야?'라고 말하면서 다툴 때, 자아는 '조금 참았다가 집에 가서 편하게 자면 되잖아'라며 둘을 화해시키고 절충하고 균형을 잡는다.

여기서 중요한 점은 자발적인 양심의 목소리나 도덕적인 의지 같은 것들도 초자아라고 말할 수 있다는 사실이다.

결국 우리가 자발적이라고 믿어 의심치 않는 양심적 혹은 도덕적 의지나 행동들도 사회적 금지 혹은 검열에 의해 형성된 초자아의 발현일 가능성이 높다는 것이다. 예를 들어, 길거리에 침을 뱉지 않거나 쓰레기를 함부로 버리지 않는 것은 자발적인 의지와 행동으로 보이지만, 사실 그건 부모나 선생의 훈육에서 시작한 초자아의 검열일 수 있다는 의미다.

마음이 마음대로 안 되는 이유

이제 내 마음이 마음대로 안 되는 이유를 알겠다. 왜 피곤해도 집안을 정리하고, 샤워를 했던 것일까? 고된 몸을 쉬게 하고 싶은데 왜 마음 편히 쉬지 못할까? 이렇듯 내 마음이 마음대로 안 되는 이유를 '초자아'라는 개념에서 찾을 수 있다. 내면화되었기에 의식하지는 못하지만, 부모, 선생, 사회가 훈육했던 목소리가 마음속에서 울려 퍼지기 때문이다.

피곤해서 정리하고 싶지 않을 때, 샤워하지 않고 그냥 자고 싶을 때, 몸이 지쳐 하루쯤 쉬고 싶을 때, 마음처럼 할 수 없는 이유를 이제 알겠다. 초자아의 목소리가 들리기 때문이다. "집구석을 이따위로 하고 잠이 오니?", "안 씻고 침대에 올라가는 건 절대 안 돼!", "대낮에 누워 있는 건 날건 달이나 하는 거야!"라는 초자아의 목소리가 생생하게 들리기 때문이다. 그래서 내 마음이 마음처럼 안 되는 것이다. 이건 마치 언제 어디를 가더라도 부모와 선생이 우리 옆에 귀신처럼 들러붙어 있는 장면과 흡사하다.

더 심각한 문제는 그 귀신이 우리 마음속에 살기 때문에 그 초자아의 목소리가 마치 내 목소리처럼 들린다는 사실이다. 강박적으로 집 정리를 하고, 하루에 1시간씩 샤워를 하면서도, '내가 원해서 하는 거야'라고 말하는 사람들의 심정이 이제 이해가 된다. 초자아의 목소리가 내면화되었기 때문에 마치 자신의 목소리처럼 느끼는 까닭이다. 초자아의 목소리가 강한 사람일수록 이드와 자아를 심하게 압박해서 피곤한 삶을 살 수밖에 없다. 내 마음이 마음처럼 안 되는 그 피곤한 삶 말이다.

내 마음을 마음대로 하는 법

어떻게 해야 할까? 자아가 원활하게 작동하면 된다. 이드, 초자아, 자아 중에 가장 합리적인 것은 자아다. 이드는 '본능적'이어서 현실적인 측면을 고려하지 않고, 초자아는 '사회적(금지의 목소리)'이어서 신체를 구속하기 때문이다. 자아는 그 둘 사이에서 균형을 잡는다. 그래서 합리적이다. 자아가 원활하게 작동하면 너무 피곤할 때는 하루 정도 집안 정리와 샤워를 건너뛸 수도 있고, 몸이 고단할 때는 평일 하루 정도는 마음 편히 쉴 수 있다.

다시 질문해야 한다. 자아는 어떻게 원활히 작동할 수 있을까? 그 답은 '초자아'에 있다. '자아'는 '이드 – 초자아' 충돌의 균형이다. 즉 자아는 종속변수고, 이드와 초자아가 독립변수인 셈이다. 그런데 신체가 사라지지 않는 한, 이드는 절대 사라지지 않는다. 이드 자체가 신체에서 기원한 것이니까. 그러니 자아의 변화를 초자아에서 찾아야 한다. 초자아의 목소리가 약해지는 만큼 자아가 제대로 작동할 수 있다. 귀신처럼 우리에게 들러붙은 부모, 선생, 사회의 목소리는 훈육으로 내면화된 목소리일 뿐, 진정한 우리의 목소리가 아니다. 이 사실을 깨닫는 게 중요하다.

초자아는 낡은 유물이다. 우리네 삶을 피곤하게 하는 낡은 유물. 그 유물을 우리의 마음에서 떼어 내는 만큼 자아는 변할 수 있다. 구체적으로 말하자. 집 정리를 하지 않아서 불안할 때, 샤워하지 않아서 잠이 안 올 때, 평일에 쉰다는 이유로 죄책감이 들 때, 이렇게 되뇌자. "초자아라는 귀신이 내 마음속에서 나를 조종하고 있구나!" 그 불안, 불면, 죄책감은 내 것이 아니라 부모, 선생, 사회가 남긴 금지의 목소리에서 기원한 것임을 알아차리자. 그 첫걸음을 뗄 수 있다면, 조금씩 내 마음을 마음대로 할 수 있는 자아를 발견할 수 있을 테다.

안이건 밖이건 만나는 것이 있거든 죽여라. 부처를 만나면 부처를 죽이고, 조사를 만나면 조사를 죽이고, 나한을 만나면 나한을 죽이고, 부모를 만나면 부모를 죽이고, 친척을 만나면 친척을 죽여라. 그렇게 한다면 비로소 해탈할 수 있을 것이다.

《임제어록》

우리는 이제 임제 스님의 이 사자후를 이해할 수 있다. 누구보다 자비로워야 할 스님이 왜 안이건 밖이건 만나는 것은 죽이라고, 심지어 부모도 부처도 죽이라고 했을까? 임제는 부모와 부처가 초자아의 원형적 형태라고 생각했기 때문일 테다. 우리의 초자아가 부모에게서 왔듯이, 스님의 초자아는 부처일 테니까. 임제는 "우리의 내면을 지배하고 조종하는 초자아를 극복하는 만큼 더 기쁘고 유쾌한 삶을 살 수 있다"라고 우리에게 말하고 싶었던 것이 아니었을까?

프로이트를 아는 척하기 위해 반드시 알아야 할 개념이 있다. 바로 '무의식'이다. 인간의 정신에는 의식되지 않는 영역이 분명히 있다. 프로이트는 이를 '무의식'이라고 했다. 무의식은 누구에게나 존재한다. 프로이트는 더 나아가 정신의 가장 본질적인 요소가 '의식'이 아니라 '무의식'이라고 했다. 인간의 정신은 명료하고 투명한 '의식'이 아닌 불투명하고 불확실한 '무의식'의 영향을 크게 받는다고 말했다.

무의식을 조금 더 깊이 알아보자. 초기 프로이트는 인간의 정신이 '의식 - 무의식'이라는 두 층위로 이뤄져 있다고 보았다. 흔히 접했던 바다에 떠 있는 빙산의 이미지 때문인지, '무의식'이 '의식' 아래에 있다고 여기는 경향이 있다. 하지만 이는 무의식에 대한 대표적인 오해다. 무의식과 의식은 함께 있고 서로 영향을 주고받는 상호 작용을 한다. 내가 어떤 행동을 할 때, 그건 의식과 무의식이 동시에 작동하는 것이다. 편의점에서 빵을 사고, 서점에서 책을 사는 그런 일상적인 행동도 마찬가지다. 모두 의식과 무의식이 동시에 작용한 결과다.

'의식 - 무의식'이란 도식은 후기 프로이트로 가면서 수정된다. 무의식을 드러내는 것이 꿈인데, 꿈에 두 종류가 있다는 것을 발견했기 때문이다. 그것은 '현재몽'과 '잠재몽'이다. 현재몽은 흔히 우리가 꾸는 꿈이다. 잠재몽은 현재몽이 왜곡되어 나타난 것을 의미한다. 예를 들어, 하늘을 나는 꿈을 꾸었다고 하자. 그 꿈 자체는 현재몽이다. 하지만 프로이트에 따르면, 하늘을 나는 것은 억압된 성 충동을 자유롭게 발산하고 싶다는 의미가 담겨 있다. 즉, 잠재몽은 현재몽이 변형되어 나타나는 꿈이다.

바로 여기에 무의식에 관한 새로운 발견이 있다. 같은 무의식이지만 충동을 드러내는 무의식(현재몽)이 있고, 동시에 그 충동을 억압하는 무의식(잠재몽)이 있는 것 아닌가? 무의식에 두 가지 층위가 있다는 것을 발견한 것이다. 무의식에는 '억압되는 욕망'과 '억압하는 기제'가 동시에 존재하는 것이다. 그런데 억압되는 욕망도 무의식이고, 그 무의식을 억압하는 것도 무의식 아닌

가. 이 지점에 이르러 프로이트의 '의식 - 무의식'이란 이론적 도식이 '이드 - 자아 - 초자아'로 바뀌게 된다.

다시 말해 무의식에는 '억압되는 욕망'과 '억압하는 기제'가 있는데, '억압되는 욕망'은 이드로, '억압하는 기제'는 초자아로 분화되고, '의식'은 자아라는 개념으로 자리 잡게 된 것이다. 우리가 초자아를 극복하기 어려운 이유를 이제 조금 더 잘 알 수 있다. 초자아는 우리가 의식할 수 없는 무의식의 영역이기 때문이다. 가장 무서운 적은 강한 적이 아니라 보이지 않는 적이다. 우리의 욕망이 억압을 받고 있다는 사실 자체를 모르기에 그 억압에서 벗어나기가 그리도 어려운 것이다.

철학사적으로도 프로이트의 정신분석학은 큰 의미가 있다. 무의식을 발견하고, 체계화한 프로이트의 정신분석학적 통찰은 그의 의도와 관계없이 서양 철학사에 큰 파장을 불러일으킨다. 데카르트부터 시작된 근대철학은 '인간은 명료하고 투명한 이성적인 존재'라는 사실에 그 기반을 두고 있다. 하지만 프로이트는 무의식을 발견하고 드러냄으로써 인간의 정신은 명료하지도 투명하지도 않음을 입증했다. 즉, 프로이트는 근대철학의 기반 자체를 뒤흔들었고, 어떤 의미에서 근대철학을 해체했다고 평가할 수 있다. 바로 이런 영향 때문에 정신과 의사였던 프로이트가 철학자 반열에 오른 것이다.

12

왜 시간은
늘 부족할까요?

시간이 없나요?

"주말에 만날까? 얼굴 본 지도 오래됐는데….."
"그러고 싶은데…. 요새 시간이 없어."

'시간이 없다'라는 말은 이제 입버릇이다. 다들 바쁘게
산다. 그래서 항상 시간이 없다. "얼굴 한번 보자"라는 친구
의 말에 "공부하느라 시간이 없어"라고 답한다. "직장인도
공부해야 하는 시대야"라는 동료의 말에 "일하느라 시간이
없어"라고 답한다. 이처럼 시간 부족은 현대인의 고질적 증
상이다. 하지만 근면을 최고의 가치로 여기는 세상 사람들

은 이 고질적 증상을 그냥 두지 않는다. 그들은 우리에게 이렇게 다그친다. "시간을 아껴 쓰면 뭐든 다할 수 있어!"

공부하느라 바빠서 시간이 없다는 우리에게 이렇게 말한다. "시간을 아껴 쓰면 공부하면서 친구도 볼 수 있어." 일하느라 바빠서 시간이 없다는 우리에게 이렇게 말한다. "시간을 아껴 쓰면 일하면서 공부도 할 수 있어." 이런 다그침을 들을 때면 답답한 마음에 의구심이 든다. '시간을 아껴 쓰면 정말 뭐든 다할 수 있을까?' 하지만 이 의구심은 잠시 넣어두자. 그보다 더 중요한 질문이 있으니까.

시간을 아껴 쓰면 삶이 나아질까요?

"왜 많은 이가 시간을 아껴 쓰라고 말하는 걸까?" 이 질문이 더 중요하다. 시간을 아껴 쓰라고 말하는 이유는 분명하다. '시간'이 '더 나은 삶'과 관련되어 있기 때문이다. 달리 말해, '시간을 아껴 써야 삶이 더 나아진다'라고 믿기 때문이다. 이 믿음 때문에 그리도 많은 사람이 "시간을 아껴 써야 한다!"라고 외치는 것이다. 하긴 그런 것도 같다. 매일 소모적인 일에만 파묻힌 삶보다 미래를 위해 공부하며 자기를 계발하는 삶이 더 나은 삶 아닌가?

'더 나은 삶'이라는 것이 비단 발전이나 성취, 성장의 문제에만 있는 건 아니다. 매일 책상에 앉아서 공부만 하는 삶보다 가끔 친구와 차 한잔하며 사는 삶이 더 나은 삶이 아니던가. 눈에 보이는 발전이나 성취, 성장이 없더라도 조금이라도 더 인간다운 삶이라면 그 자체로 '더 나은 삶'이라고 말할 수 있다. 세상 사람들은 이 모든 '더 나은 삶'을 위해 시간을 아껴 써야 한다고 믿는다.

하지만 역설적이게도 때로는 시간을 아껴 써야 한다는 믿음이 '더 나은 삶'은커녕 '더 못한 삶'으로 우리를 내몬다. 시간을 아껴 일과 공부, 가정에 최선을 다하려고 애를 쓰는 직장인이 얼마나 많은가. 이렇게 근면한 직장인에게 '더 나은 삶'은 펼쳐질까? 아마 '더 나은 삶'은 고사하고, 일은 일대로, 공부는 공부대로, 가정은 가정대로 엉망이 되는 경우가 더 일반적일 테다. 그러니 우리는 시간을 아껴 쓰기 전에, 다시 물어야 한다. "시간을 아껴 쓰면 삶이 더 나아질까요?"

'시간'의 철학자, 베르그손

이 질문에 답할 철학자는 앙리 베르그손Henri Bergson이다. 베르그손은 '시간'이라는 주제를 누구보다 깊이 고민한 철학자다. 그래서 '시간 – 삶'의 문제에 대해 베르그손만큼 탁월한 답을 제시할 사람도 없다. "시간을 아껴 쓰면 삶이 더 나아질까요?"라는 질문에 베르그손이라면 이렇게 답할지도 모르겠다. "그런 일은 일어나지 않는다. 진정한 시간은 '지속'인 까닭이다." 이 난해한 답을 이해하기 위해서 먼저 베르그손의 '시간' 개념을 알아보자. 우리가 알고 있는 일반적인 '시간'과 베르그손의 '시간'이 사뭇 다르다는 사실에 주의하면서 시작해 보자.

"양 50마리를 세는 경우, 이 셈은 공간 속에서 일어나는가, 시간 속에서 일어나는가?" 《의식에 직접 주어진 것들에 관한 시론》에서 베르그손이 우리에게 던진 질문이다. 이 질문을 통해 베르그손의 난해한 '시간' 개념을 파악할 수 있다. 일단 시키는 대로 양을 세 보자. '양 한 마리, 양 두 마리, 양 세 마리….' 이렇게 양을 셀 때, 우리의 머릿속(의식)에서 어떤 일이 일어날까? 하나, 둘, 셋을 연속적으로 세고 있으니, 이 셈이 '시간' 속에서 일어나는 일 같기도 하다.

하지만 실제로 우리 머릿속에서는 전혀 다른 일이 일어난다. 베르그손의 이야기를 직접 들어보자. "수에 대한 분명한 관념은 모두 공간 속에서 본다는 것을 내포한다." 우리가 양을 셀 때를 다시 떠올려 보자. 머릿속에서 어떤 '공간'

을 상상한 다음, 이전에 센 양들을 그 '공간'에 나란히 옮겨 놓는 방식으로 셈을 하게 된다. 이처럼 베르그손은 셈을 한다는 것은 '시간'의 문제가 아니라 '공간'의 문제라고 주장했다. 추상적인 숫자에는 모두 공간의 직관이 들러붙는다는 것이 베르그손의 주장이다.

우리를 지배하는 시간관념, '공간화된 시간'

베르그손에 따르면, 전통적으로 인간의 의식적 작업은 '시간'이 아닌 '공간'과 연결된다. 일반적으로 우리는 인간의 의식이 시간적이라고 믿는다. 어른이 되어 어린 시절 살았던 동네에 가 본 적이 있는가? 그때 우리는 "야, 세월이 정말 많이 흘렀구나"라며 '시간'을 의식한다. 하지만 이는 일종의 착시 현상이다. 세월의 흐름, 즉 '시간의 의식'은 어린 시절에는 없었던 고층 건물, 사라진 놀이터 같은 '달라진 공간' 때문에 발생한 것이니까.

일상에서도 그렇지 않은가? '시간'이 흘렀다고 생각하지만, 사실 그건 시계라는 '공간'에서 바늘의 움직임에 의해서 파악되는 것이 아닌가. 이처럼 (우리에게도 여전히 익숙한) 전통적인 시간관념은 시간 그 자체로 의식되기보다 공간을 통해 의식된 시간, 즉 '공간화된 시간'이다. 베르그손은 이런 전통적인 시간 개념을 완전히 뒤집는다. 그는 진정한 시간은 결코 공간화된 시간일 수 없다고 말한다. 그의 이야기를 직접 들어보자.

구별하고 세는 장소라는 의미로 이해되는 시간은 공간에 속할 뿐이라고 추정되어야 한다. 그러한 견해를 우선 확정하는 것은, 반성적 의식이 시간과 심지어 계기에 대해 가지는 감정을 묘사하는 데에 사용하는 이미지들을 반드시 공간에서 빌려온다는 것이다. 따라서 순수한 지속은 다른 것이어야 한다.

《의식에 직접 주어진 것들에 관한 시론》

베르그손의 '시간 – 공간'에 관한 난해한 사유를 쉽게 설명하면 이렇다. 시간과 공간은 전혀 다른 것인데, 인간이 시간과 공간을 잘못 뭉뚱그리면서 순수한 시간 개념을 파악하지 못하게 되었다는 것이다. 그러면서 베르그손은 잘못 뭉뚱그려진 공간화된 시간이 아닌 진정한(순수한) 시간을 '지속'이라고 말한다. 베르그손은 시간이라는 개념을 두 가지 형태로 나눈다. 전통적이지만 왜곡된 시간 개념인 '공간화된 시간', 그리고 새롭지만 진정한 시간 개념인 '지속'.

이론적으로 '지속'의 개념은 명쾌하다. 공간의 표상을

완전히 제거한 순수한 시간이 지속이다. 그런데 문제가 있다. 이론적으로야 명쾌하지만, 일상에서 지속이 어떤 것이 구체적으로 파악하기가 어렵다. 달리 말해, 공간을 상정하지 않고 순수한 시간(지속) 속에서 양을 센다는 것이 어떤 것인지 알 수가 없다. '공간화된 시간'에 이미 익숙해져 버렸기에 공간을 제거하고는 시간을 파악할 수 없다. 마치 시계라는 공간이 없으면 시간을 파악할 수 없는 것처럼. 도대체 '지속'이란 구체적으로 무엇을 의미할까?

베르그손의 '지속'

만약 내가 설탕물 한 컵을 만들려고 한다면 서둘러도 소용이 없고, 설탕이 녹기를 기다려야 한다. 이 작은 사실이 알려주는 바는 상당하다. 왜냐하면 내가 기다려야 하는 시간은, 물질계의 전체 역사에 걸쳐 적용되는 수학적인 시간이 아니다. 내가 기다려야 하는 시간은 나의 조바심, 즉 마음대로 늘이거나 줄일 수도 없는 나의 고유한 지속의 몫과 일치한다. 그것은 관념적인 것이 아니라 체험적인 것이다. 《창조적 진화》

　베르그손은 시간을, '공간화된 시간'과 '지속'으로 구분했다. '공간화된 시간'은 물질계의 전체 역사에 걸쳐 적용되는 '수학적인 시간'이라고 말할 수 있다. 반면 '지속'은 설탕물이 녹기를 기다려야 하는 '체험적인 시간'이라고 말할 수 있다. 즉, 지속은 '나의 조바심'과 같은 체험된 시간이다. '수학적인 시간'은 나와 타자의 시간이 일치하는 동질성을 갖는다. '수학적인 시간'은 단위로써의 시간이기에 양의 영역이다. 설탕이 물에 녹는 '수학적인 시간'의 '양'은 어디서나 동질성을 가진다.

하지만 '체험적인 시간(지속)'은 다르다. 이 시간은 다질성을 갖는다. 체험적 시간은 질의 영역이다. 난해한 이야기가 아니다. 나와 타자의 시간은 질적으로 다르다. 직장에서의 시간과 데이트를 하며 보내는 시간을 비교해 보자. 우리는 같은 8시간을 직장에서 업무로 보내기도 하고, 사랑하는 연인과 데이트로 보내기도 한다. 분명 그 둘의 '수학적 시간'은 동일하다. 하지만 '체험적 시간'은 전혀 다르다.

'직장의 시간'은 "아직 점심시간도 안 됐어?"라며 한없이 더디 갈 것이고, '연애의 시간'은 "벌써 헤어질 시간이야?"라며 쏜살같이 지나갈 것이다. '서울에서 뉴욕까지 가장 빨리 가는 방법은 사랑하는 이와 함께 가는 것'이란 말은 결코 로맨틱한 말장난이 아니다. 객관적이고 냉철한 철학적 사유다. 베르그손의 '지속' 개념이 이를 드러낸다.

순수한 지속은 자아를 그 자체로 그냥 살아가게 내버려 두고, 이전 상태에서 현재 상태를 분리하지 않을 때, 우리의 의식 상태들이 존재하기 위해 취하는 형식이다.

《의식에 직접 주어진 것들에 관한 시론》

'지속'은 연인을 만나 시간이 어찌 지나가는지도 모르게 되는, 자아를 그 자체로 그냥 살아가게 내버려 두었을 때의 의식 상태라고 말할 수 있다. 그래서 지속은 동질성이 아닌 다질성을 갖는다. 이전 상태와 현재 상태를 분리하지 않을 때는 사람마다 다 다르기 때문이다. 베르그손은 이처럼 '개별적으로 체험되는 시간'이 지속이며, 이것이 바로 '진정한 시간'이라고 말한다.

시간을 아껴 쓰는 이들이 연애하지 못하는 이유

우리의 질문으로 돌아오자. "시간을 아껴 쓰면 삶이 나아질까?" 베르그손은 질문의 전제부터 태클을 걸 테다. 베르그손에게 시간은 흐르는 물 혹은 음악 같은 '지속'이다. 흐르는 물 혹은 음악은 그저 흘러갈 뿐이다. 잡을 수도 아낄 수도 없다. 시간을 아끼는 것은 '공간화된 시간'에서만 가능한 일이지, '지속'이라는 진정한 시간에서는 애초에 불가능하다.

　강박적으로 시간을 아끼려는 사람들이 좀처럼 제대로 된 연애를 하지 못하는 이유도 이제 알겠다. '연애의 시간'은 '나의 조바심'과 같은 대표적인 '지속'의 경험이다. 이 '지속'은 그냥 살아가도록 내버려 두기에 그 시간은 쏜살같이 흘러간다. 연인과 눈을 마주치고 손을 잡고 키스하는 것을 '지속'할 때 공간은 의식조차 할 수 없다. 그렇게 '체험된 시간'은 순식간에 지나가 버린다.

　강박적으로 시간을 아끼려는 이들이 어찌 지속을 감당할 수 있을까? 그들은 언제까지나 이 공간, 저 공간을 바삐 옮겨 다니며, 공간화된 시간에 집착할 뿐이다. 어쩌면 시간을 집요하게 아끼려는 이들은 진정한 시간을 단 한 번도 경험하지 못했을 지도 모르겠다. 공간화된 수학적인 시간은 왜곡된 혹은 허구의 시간이며, 지속이야말로 진정한 시간이니까. 결국, '지속'이라는 진정한 시간에서 '시간을 아껴 쓴다'라는 것은 애초에 불가능한 일인 셈이다.

어떻게 더 나은 삶을 살 수 있을까?

'시간을 아껴야 더 나은 삶을 살 수 있다'라고 믿는 우리는 이제 어떻게 해야 할까? 애초에 시간을 아낄 수 없다면, 어떻게 더 나은 삶을 살 수 있을까? 먼저 '더 나은 삶'을 정의해 보자. '더 나은 삶'은 어떤 삶일까? 과거, 현재보다 질적으로 변화된 삶이다. 그것은 결코 양적인 변화가 아니다. 밀린 숙제를 하듯이, 100명의 사람을 만나 이야기를 나누면 양적인 변화는 가능하다. 하지만 아주 예외적인 경우가 아니라면, 양적인 변화로 '더 나은 삶'은 불가능하다.

'더 나은 삶'은 질적인 변화를 통해서만 가능하다. 단 한 사람을 만나더라도 내면의 깊은 곳에서 질적인 변화가 있다면 분명 어제보다 '더 나은 삶'을 살 수 있다. 그래서 '더 나은 삶'의 비밀은 진정한 시간, '지속'에 있다. '지속'이 질적인 변화를 일으키는 까닭이다. 베르그손에 따르면, '지속'을 통해 질적인 차이가 만들어지고, 그 질적인 변화로 인해 본성이 바뀐다. '지속'은 양적인 변화가 아닌 질적인 변화를 의미한다.

'지속'이 '더 나은 삶'을 만든다

'독서'라는 행위를 통해 좀 더 구체적으로 말해 보자. 양적인 독서를 하는 사람들이 있다. 이런 부류는 대체로 '공간화된 시간'을 아껴 쓰려는 부류다. 책의 핵심을 파악해서 중요하지 않은 부분은 건너뛰고, 중요한 부분은 요약하고 정리하는 독서를 한다. 이런 부류의 자부심은 자신이 읽은 책의 양이다. 이런 양적인 독서로 '더 아는 삶'에 이를 수 있을지는 몰라도 '더 나은 삶'에 도달하기는 어렵다.

양적인 변화에 집착하는 이를 한 명 알고 있다. 그는 이 공간(직장), 저 공간(학원)을 정신없이 옮겨 다니면서 양적인 변화를 일으켰다. 영어 점수가 올랐고, 그로 인해 연봉도 올랐다. 하지만 이런 양적인 변화가 결코 그를 '더 나은 삶'으로 데려다주지는 않았다. 양적인 변화에 집착했던 그는 내게 고백했다. 많은 성취 뒤에 찾아온 것은 '더 나은 삶'이 아니라 깊은 공허감이었다고.

'더 나은 삶'은 '지속'을 통해서 가능하다. 우연히 집어든 책 한 권을 읽다가 동이 터오는 독서. 깔깔거리고, 훌쩍거리게 만드는 독서. 마음을 울리는 글귀 하나에 꽂혀 온종일 읊조리게 만드는 독서. 이런 '지속'된 독서는 질적인 변화를 일으킨다. '지속'은 '더 나은 삶'으로 이끈다. '더 나은 삶'으로 이끄는 것은 두꺼운 논문 100권이 아니다. 사람과 사랑에 대해 눈뜨게 만든 얇은 시집 한 권이다. 아니, 그 시집의 어느 시 한 구절이다.

'더 나은 삶'으로 이끄는 것은 무미건조한 100명과의 만남이 아니다. 조바심과 설렘으로 '지속'되는 단 한 명과의 만남이다. 뜨겁기에 '지속'된, '지속'되었기에 뜨거운, 그 만남이 '더 나은 삶'의 가능성을 열어준다. 그 만남은 베르그손의 말처럼 반드시 지속 자체를 관통할 수밖에 없다. '지속'을 관통했기에 질적인 변화가 일어난 것이니까. '더 나은 삶'은 '지속'을 통해 질적으로 변화된 삶이다.

'더 나은 삶'은 '공간화된 시간'에 매몰된 이들에게는 애초에 요원하다. 그들은 시간을 아껴 써야 한다는 강박으로 질적인 변화를 잉태할 '지속'을 거부할 테니까. 이것이 우리가 '지속'이라는 진정한 시간 속에서 삶을 살아가야 하는 이유다. '지속하는 삶'만이 '더 나은 삶'으로 가는 거의 유일한 열쇠다. 이제야 베르그손이 우리에게 그리도 당부했던 말이 이해가 된다. *"지속 자체를 관통하라!"*

베르그손에 대해서 이야기하면서 '직관'이라는 개념을 빼놓을 수 없다. '직관'은 '감각, 경험, 연상, 판단, 추리 같은 사유 작용을 거치지 않고 대상을 직접적으로 파악하는 작용'을 의미한다. 베르그손은 '직관'의 개념을 설명하기 위해 '지성'과 '본능'을 구분한다. '지성'은 한 사물을 다른 사물과 분리해서 보는 능력이다. 분류하고, 분석하는 수학적, 논리적, 과학적으로 사고하는 능력이 지성이다. '본능'은 알다시피, 사람 혹은 동물이 지닌 특유의 타고난 행동 능력이다.

베르그손은 직관은 지성이 아닌 본능과 관계되어 있다고 말한다. 베르그손은 직관을 이렇게 설명한다. *"직관은 사심 없이 자*

기를 의심하고 대상을 반성하면서 무한히 확장하는 본능을 의미한다." 쉽게 말해, 최고 상태에 이른 본능이 직관이다. 베르그손은 지식에는 상대적 지식과 절대적 지식이 있다고 말한다. 상대적 지식은 '어떤 대상이 특정한 관점에 의해서 파악된 지식'이고, 절대적 지식은 '어떤 대상 그 자체가 온전히 파악된 지식'이다. 베르그손에 따르면, '지성'은 상대적 지식을 파악할 수 있을 뿐이고, 절대적인 지식은 오직 '직관'에 의해서만 파악할 수 있다.

그렇다면 이 '직관'은 어떻게 발휘될까? 지성이 분류, 분석할 수 있는 이유는 공간과 관계하기 때문이다. 지성은 공간을 나누고 시간을 고정하기 때문에 진화 혹은 변화되어 가는 상황은 보지 못한다. 그래서 베르그손은 *"지성은 자연을, 있는 그대로의 생명을 이해할 수 없다"*라고 말한다. 반면 직관은 시간에 관계한다. 정확히는 '지속'에 관계한다. 직관이란 흘러가는 시간 개념을 통해 세계를 파악하는 것이다. '공간화된 시간'에서 벗어나 진정한 시간, '지속'을 통해 세계를 파악할 수 있을 때, 직관이 발휘된다.

'직관'에 눈을 떴을 때 세상은 어떻게 보일까? 지성으로 인간을 바라보면 인간은 당연한 존재다. 무생물이 아니고, 식물이 아니고, 동물이 아닌 것으로 분류하고 분석하기 때문이다. 하지만 '지속'되는 시간을 통해 '직관'에 눈을 뜨면 인간은 전혀 다르게 보인다. 아득히 먼 과거, 생명체가 있었다. 그 생명체 중 저장소에 힘을 비축하는 쪽으로 '지속'한 것은 식물로, 급속한 운동을 '지속'한 것은 동물로 분화된다. 동물로 분화한 생명체는 그 '지속'으로 인해, 눈과 다리라는 기관이 형성된다.

마침내, 동물들 가운데 '인간다운' 눈, 팔, 다리, 지성을 '지속'하는 동물이 '인간'이 된다. 그러나 이것은 결코 끝이 아니다. 인간은 다시 무엇인가가 되어 갈 테니까. '인간다운' 눈과 팔, 다리, 심지어 지성도 결코 절대적이거나 고정적이지 않다. 시간을 되돌려 인간의 진화를 다시 한 번 반복할 수 있다면, 지금 같은 '인간다움'이 발생할 확률은 0에 수렴할 테다. '직관'으로 인간을 보면 당연한 존재가 아니라, 눈을 뗄 수 없을 정도로 경이로운 존재다. 아니 세상 만물이 그렇게 보인다.

철학은 대상을 점점 멀리 비추어 주는 사라져 가는 직관들을 사로잡아 우선 그것들을 지탱하고 다음에 그것들을 확대하여 상호 일치시켜야 한다. 이런 작업을 밀고 나갈수록 철학은 직관이 정신 자체이며, 어떤 의미에서는 생명 자체임을 더욱더 잘 깨닫게 된다.
《창조적 진화》

베르그손의 말처럼, 철학은 우리에게 없는 혹은 사라져 가는 '직관'을 사로잡고 확대하는 것이다. 우리 역시 왜곡된 시간 개념을 바로 잡으면서 직관이 정신 자체이며, 나아가 생명 자체임을 깨닫게 된다면, 세상을 있는 그대로 보는 직관에 눈을 뜨게 될지도 모르겠다. 베르그손의 철학을 '반지성주의'라고 말하는 이유를 이제 알 수 있다. 우리의 직관을 점점 사라져 가게 만드는 것이 바로 근대의 지성 만능주의이기 때문이다. 우리가 그토록 신봉하는 지성에 집착하면 할수록 베르그손이 말했던 지속도, 직관도 점점 멀어져 갈 것이 분명하다.

남자와 여자는
왜 이렇게 다를까요?

화성에서 온 남자, 금성에서 온 여자

《화성에서 온 남자, 금성에서 온 여자》는 한때 유행했던 책이다. 뜬금없지만 와닿는 제목이다. 왜 그럴까? 남자와 여자는 지구라는 행성에서 함께 살고 있다는 것을 제외하면 서로 너무나 다른 존재니까. 하긴 남자로 태어나 남자로 길러진 사람과 여자로 태어나 여자로 길러진 사람이 다른 것은 너무 당연한 일인지도 모르겠다. 남자는 여자를 모르고, 여자는 남자를 모른다. 그럼에도 불구하고 세상에는 "남자(여자)는 다 그래"라며 이성에 대해 다 아는 것처럼 말하는 사람이 많다.

그들은 정말 이성에 대해 잘 알고 있을까? 아닌 경우가 더 많다. 역설적이게도 그들은 상대를 진심으로 이해하지 못했기에 그렇게 말할 수 있다. 우리는 대체로 이성을 자신의 협소하고 제한적인 경험으로 일반화하여 성급하게 판단한다. 하지만 선무당이 사람 잡는 법이다. 그러나 또 한편으로 많은 이들이 이성에 관해서 선무당이어서 다행인지도 모르겠다.

겉으로는 '화성에서 온 남자'와 '금성에서 온 여자'가 잘 지내는 것처럼 보인다. 그 이유는 서로를 잘 모르기 때문이다. 잘 모르는 존재와 얕은 관계로 지내는 것은 우리의 오래된 습관이 아닌가. 얕은 관계로 지내면 상대를 잘 몰라도 잘 지낼 수 있다. 갈등과 다툼은 언제나 깊은 관계에서 발생한다. 옆 부서의 동료와는 잘 지내면서도 어머니와의 다툼은 끊이지 않는 것처럼. 그래서 때로 누군가와 얕은 관계로 살아간다는 것은 다행스러운 일인지도 모르겠다. 하지만 남녀 문제는 이대로 끝나지 않는다.

남자 혹은 여자는 어떤 존재인가?

시대와 공간을 불문하고, 여자는 남자를, 남자는 여자를 이해하려는 노력을 멈추지 않았다. 왜 그랬을까? 서로 모르기에, 대충 얕은 관계로 살아가면 될 것을. 그건 남자와 여자 사이에는 '사랑'이라는 치명적인 감정이 도사리고 있기 때문이다. 사랑은 왜 치명적인 감정일까? 상대와 얕은 관계로 머물 수 없어서다. 사랑은 언제나 상대와의 깊은 관계를 동반한다. 그 사람이 어디 있는지, 무얼 하는지, 심지어 무슨 생각을 하는지도 알고 싶은 게 사랑 아닌가.

그런 사랑하는 상대가 나와 완전히 다른 존재라고 느껴질 때, 우리는 발버둥 칠 수밖에 없다. 그 사람이 어떤 존재인지 알고 싶기 때문이다. 이제 사랑싸움이 왜 그리 흔한지 알 것도 같다. 서로를 너무나 알고 싶지만, 쉽사리 좁혀지지 않는 틈 때문이다. 이 틈은 어느 연인 사이에나 있기에 사랑싸움은 그리도 흔한 것일 테다. 성숙한 사랑을 하기 위해서도, 세상의 절반인 이성을 이해하기 위해서도 이 질문은 중요하다. "남자와 여자는 왜 이렇게 다를까?"

정신분석의 철학자, 라캉

이 질문에 답을 할 철학자는 자크 라캉Jacques Lacan이다. 라캉은 철학자이자, 정신분석학자다. 정신분석학은 기본적으로 '무의식'이란 주제를 그 대상으로 한다. 무의식은 말 그대로 우리가 의식할 수도 인지할 수도 없지만, 우리를 지배하는 것이다. 라캉에게 무의식은 무엇일까? 간단히 말해, 타자의 욕망이다. *"인간은 타자의 욕망을 욕망한다"*라는 라캉의 유명한 말 또한 같은 맥락에서 이해할 수 있다. 우리가 무엇인가를 욕망(원할 때)할 때, 그것이 내 의식이라고 생각하지만 사실 그것은 내 무의식에 자리 잡은 타자의 욕망이 발현된 것이다.

예를 들어보자. 한 여성이 백화점에서 본 명품 가방을 사고 싶어 했다. 누군가가 그녀에게 "그 가방이 왜 사고 싶나요?"라고 묻는다. 그녀는 "제 스타일이에요"라고 답한다. 이것은 그녀가 자신의 의식이 그것을 욕망한 것이라고 말하는 셈이다. 하지만 라캉은 그녀에게 이렇게 말할 것이다. "아니, 네가 그 가방을 사고 싶은 이유는 세상 사람(타자)들이 그것을 원한다(욕망)는 사실이 무의식에 각인되었기 때문이다." 그러니까 명품 가방을 갖고 싶다면, 그 이유는 내 스타일이라서가 아니라 타자가 좋아할 만한 스타일이기 때문이다.

라캉은 지금 우리에게 이렇게 말하는 셈이다. "내가 원하는 것은 사실 내가 원하는 것이 아니라 타자가 원하는 것이다." 하지만 이것을 선뜻 받아들이기 쉽지 않다. 그 이유는 이런 식의 사고가 의식적 차원이 아니라 무의식적 차원에서 일어나기 때문이다. 라캉의 욕망이 생물학적인 충족이 아니라, 다른 사람에게 '사랑의 대상'으로 인정받고 싶은 욕망인 이유도 이제 이해할 수 있다. 누군가로부터 사랑받고 싶다는 욕망은 의식적이라기보다 무의식적이다.

내가 원해서 공부한다고 믿지만, 사실 부모님에게 사랑받기 위해서가 아니었던가. 내가 좋아서 하이힐을 신는다고 믿지만, 사실 그건 그 남자에게 사랑받기 위해서가 아니었던가. 심지어 내가 원해서 돈을 번다고 믿지만, 사실 그건 세상 사람들에게 사랑받기 위해서가 아니었던가. 이처럼 우리가 의식적으로 무엇인가를 원한다고 믿지만 사실 그건, 누군가로부터 사랑받고 싶다는 무의식적 발현이다. 라캉에 따르면, 타자에게 사랑받고 싶다는 욕망 때문에 타자의 욕망이 우리의 무의식에 각인된다. 누군가의 욕망을 따를 때, 우리는 그 누군가에게 사랑받을 수 있을 테니까.

욕구, 요구, 그리고 욕망

이제 궁금해진다. 타자의 욕망은 어떻게 우리의 무의식에 각인되는 걸까? 여기서 라캉은 '욕구need'와 '요구demand'와 '욕망desire'을 구별한다. 먼저 '욕구'는 식욕, 성욕처럼 일차적인 충동이다. 이 욕구는 만족을 추구하며 만족시켜 줄 대상을 찾고자 하는 충동이다. '요구'는 무엇일까? '욕구'를 표현하는 수단이다. 인간은 일차적 '욕구'를 다른 사람에게 만족시켜 달라고 '요구'하게 된다. 예를 들면, '배고픔'은 '욕구'이고, "밥 차려 줘!"는 '요구'인 셈이다.

그렇다면, '욕망'은 무엇일까? 먼저 '욕구'와 '요구'의 차이를 고민해 보자. '욕구'가 클까, '요구'가 클까? 반드시 '욕구'가 크다. 우리는 어떤 경우에도 '욕구'만큼 '요구'할 수 없다. 우리는 언제나 사회·문화적으로 받아들여질 수 있는 만큼만 '욕구'를 '요구'할 수 있다. '섹스하고 싶다'라는 '욕구'가 있어도, 아무 장소에서, 아무에게나 그 '욕구'를 '요구'할 수는 없지 않은가. '욕구'는 언제나 '요구'를 통해서 표현되고 충족되어야 하는데, 그 충족은 언제나 불충분하다. '욕구 – 요구' 사이에는 결코 메울 수 없는 틈이 있다. 바로 여기서 '욕망'이 출현하게 된다.

'욕구 – 요구' 사이의 격차로 인해서 '욕망'이 발생한다. '케이크가 먹고 싶다'라는 '욕구'가 발생했다고 치자. 다이어트(현실적 조건) 때문에 "밥이라도 줘"라고 '요구'했고 다행히

배를 채웠다. 하지만 '욕구'는 근본적으로 충족되지 않았기에, 케이크를 먹는 상상을 하게 된다. 바로 이 상상을 '욕망'이라고 할 수 있다. 문제는 이 욕망이 끊임없이 이어지고 확장된다는 점이다. 충족되지 못한 그 욕망은 '딸기 케이크'로 다시 '초코 케이크'로 심지어는 '제과점을 차리고 싶다'라는 욕망으로 이어지고 확장한다. 이 끊임없이 이어지고 확장하는 욕망의 흐름을 '욕망의 환유연쇄'라고 한다.

'욕망의 환유연쇄'가 남긴 흔적, '신경증'

이런 의미에서 욕망은 '결핍'이라고 말할 수 있다. 인간의 모든 '욕구'가 사회·문화적으로 받아들여지지는 않기에 변형된 형태로 '요구'될 수밖에 없다. 그 과정에서 필연적으로 결핍이 발생한다. 엄마(아빠)와 섹스하고 싶지만, 그것은 사회·문화적으로 결코 받아들여질 수 없다. 그래서 엄마(아빠)와 비슷한 여자(남자)를 찾아 섹스하게 된다. 하지만 그 여자(남자)는 엄마(아빠)가 아니기에 근본적인 결핍은 피할 수 없다. 이 피할 수 없는 결핍을 만족시키려 '또 다른 여자(남자)를 만나고 싶어' 혹은 더 나아가 '다 필요 없고 돈, 권력이 최고야'라는 끊임없는 '욕망의 환유연쇄'가 일어나는 것이다.

거의 모든 인간은 이런 '결핍'에서 벗어날 수 없다. 라캉은 이 원형적 욕구의 금지로 인해 발생한 결핍 때문에 인간이 '신경증'에 시달린다고 말한다. 이 글을 읽고 있는 대부분은 아마 '신경증자'일 게다. 오해는 마시라. 이 글을 읽는 사람을 모두 정신이상자라고 말하는 건 아니니까. 놀랍게도 라캉에게 정상인은 존재하지 않는다. 라캉에 따르면, 모든 인간은 '정신병', '도착증', '신경증'이라는 세 가지 임상 구조 중 반드시 하나에 속한다. 그중에서 그나마 '정상'에 가까운 임상 구조가 '신경증'이다.

정신병과 도착증은 매우 적은 수로 존재하며, 이들은 정말 비정상적인 정신 상태라고 할 수 있다. 특별하고 예외적인 경우가 아니라면, 우리는 대체로 신경증자다. 이 신경증이라는 증상을 통해 처음의 질문, "남자와 여자는 왜 이렇게 다를까?"에 답할 수 있다. 라캉에 따르면, 이 신경증은 다시 세부적으로 '강박증', '히스테리', '공포증'로 구분된다. 우리에게 주어진 질문에 답하기 위해 중요한 것은 '강박증'과 '히스테리'다. '강박증'과 '히스테리'라는 신경증을 통해 남자와 여자가 무엇이 어떻게 다른지 조금 더 상세하게 알아보자.

'강박증', 남자의 다른 이름

남자는 대체로 강박증적이다. 여기서 말하는 '강박'은 우리
가 일상생활에서 사용하는, 어떤 생각이나 사물에 집착하
는 상태를 의미하는 건 아니다. 난해한 라캉의 이야기를 비
교적 쉽게 설명한 브루스 핑크는 자신의 저서 《라캉과 정신
의학》에서 강박증을 이렇게 설명한다. "강박증자는 상대를
자기 자신의 것으로 여기고, 그 상대의 욕망과 존재를 인정하
지 않는다. 또한 강박증자에게 상대방은 대체 가능하고 교환
가능한 것일 뿐이다."

강박증자는 상대를 자신의 것으로 간주하며 상대의 욕망
과 존재를 인정하지 않기에, 그 대상은 대체나 교환할 수 있
다. 쉽게 말해, 강박증자는 구호는 "내 맘대로 할 거야!"다.
강박증자는 자기의 욕망을 우선시하며 타인의 욕망은 인정
하지 않는 경향이 있다. 이것이 일반적인 남성의 모습 아닌
가. 연애할 때를 생각해 보자. 대체로(라고 하자. 요즘 많이 변
했으니까) 남자는 여자 친구의 감정이나 기분을 섬세하게 살
피기보다 자신의 욕망을 피력하고 관철하기에 바쁘지 않았
던가. 실제로 라캉은 남성의 대부분 이 강박증에 지배된다
고 말했다.

'히스테리', 여자의 다른 이름

여자는 대체로 히스테리적이다. 정신분석학 개념인 '히스테리' 역시 일상적인 의미인, 짜증이나 신경질과는 그 의미가 조금 다르다. 히스테리가 무엇인지 정확히 파악하기 위해 다시 브루스 핑크의 《라캉과 정신의학》으로 돌아가자. 그는 히스테리를 이렇게 설명한다. "*히스테리 환자는 강박증자처럼 상대방을 자기 자신을 위한 것으로 간주하지 않는다. 오히려 타자가 무엇을 욕망하는지 알아내어, 스스로 자신이 상대방의 욕망을 유지시킬 수 있는 대상이 되려고 한다.*"

히스테리는 강박증의 반대 구조다. 히스테리 환자는 상대가 무엇을 욕망하는지 알아내려고 하고, 자신이 상대가 욕망하는 특정한 대상이 되려고 한다. 쉽게 말해, 히스테리 환자의 구호는 "네 맘대로 해"이다. 히스테리 환자는 자신의 욕망보다 상대의 욕망에 집중한다. 히스테리는 결국 상대의 욕망에 나를 맞추려는 신경증적 증세다. 이것은 일반적인 여성의 모습이 아닌가. 연애할 때 대체로 여자는 자신이 하고 싶은 것을 말하기보다 남자 친구가 원하는 것이 무엇인지 알려고 하고 기꺼이 그것을 하려고 하지 않았던가. 라캉에 따르면 대부분 여성은 상대의 욕망에 나를 맞추려는 히스테리에 지배된다.

신경증의 사랑이 아닌, 성숙한 사랑을 위하여

결코 받아들여질 수 없는 '욕구'를 온전히 '요구'할 수 없어서 남겨진 결핍인 '욕망'에서 자유로운 인간은 없다. 우리는 대부분 신경증자다. 남자는 '강박증'이라는, 여자는 '히스테리'라는 신경증을 안고 사는 존재다. 남자와 여자의 다른 점은 많지만, 그 다름을 근본적으로 묻고 들어가면 그 바닥에는 '신경증'과 '히스테리'가 있다. 남녀의 차이는 강박증과 히스테리의 차이라고 말할 수도 있다. '옳다, 그르다' 혹은 '정도의 차이'를 떠나서 남자는 강박적인 성향이, 여자는 히스테리적인 성향이 있다.

그렇다면 남자와 여자는 각자에게 주어진 신경증을 그대로 안고 살아도 좋을까? 어찌 보면 남자와 여자는 잘 어울리는 것 같기도 하다. '내 맘대로 하려는' 사람과 '네 맘대로 하라는' 사람이 만난 것이니까. 그러나 연애를 해 본 사람은 안다. 강박증과 히스테리의 만남의 끝이 그다지 좋지 못하다는 걸. 남자는 언제나 자신의 욕망을 내세우느라 상대에게 상처를 주고, 끝내는 자신마저도 심연의 허무에 시달린다. 여자는 언제나 상대의 욕망에 맞추느라 진정한 자신을 잃어버리고 외로움에 시달린다. 이것이 강박증과 히스테리의 종착역이다.

어떻게 해야 할까? 신경증에서 벗어나야 한다. 오해하지 말아야 할 것이 있다. 신경증에서 벗어나는 것이 정상인이 된다는 걸 의미하지는 않는다는 사실이다. 라캉에게 정상인은 애초에 없으니까. 신경증에서 벗어나는 방법은 두 가지 신경증에서 절묘하게 균형을 잡는 것이다. 남자는 강박증을 잘 통제해서 히스테리적으로 살려고 노력해야 한다. 내 욕망이 아니라 상대의 욕망을 살피는 연습을 해야 한다. 반대로 여자는 히스테리를 잘 통제해서 강박증적으로 살려고 노력해야 한다. 상대의 욕망이 아니라 내 욕망에 집중하고 표현해야 한다. 그럴 때, 신경증의 사랑이 아닌 성숙한 사랑이 가능할 테다.

화성에서 온 사람과 금성에 온 사람이 함께 잘 사는 법

남자는 강박적인, 여자는 히스테리적인 경향이 있다. 하지만 모든 남자가 강박적인 것도, 모든 여자가 히스테리적인 것도 아니다. 강박적인 여자도 있고, 히스테리적인 남자도 있으니까. 아니 한 사람에게 강박적인 면과 히스테리적인 면이 모두 있다고 말하는 것이 삶의 진실에 더 가깝겠다. 그러니 이제 중요한 것은 남녀에 관한 문제가 아니다. 인간 자체의 문제로 다시 돌아와야 한다. "강박적인 사람과 히스테리적인 사람이 어떻게 어울려 살 것이냐?"라는 질문이 중요하다.

이제 이 질문에 답할 수 있을 것 같다. 답은 성숙한 사랑을 하는 방법과 같다. 라캉의 진단처럼 정상인은 없다. 남자든 여자든 우리는 대체로 "내 맘대로 할 거야!"(강박증)라고 말하거나 "네 맘대로 해!"(히스테리)라고 말하는 신경증자다. 그런 신경증자인 우리가 서로에게 덜 상처 주고 덜 상처받으며 살아가기 위해 필요한 건 균형 감각이다. 결코 벗어날 수 없는 강박증과 히스테리를 능숙하게 오가는 절묘한 균형 감각. 강박적 성향이 강한 사람은 히스테리로, 히스테리적 성향이 강한 사람은 강박증으로 옮겨가야 한다.

때로는 나의 욕망에 집중하고, 때로는 상대의 욕망을 섬세하게 헤아리며 강박증과 히스테리라는 두 신경증을 자유자재로 횡단해야 한다. 그래야 적게 상처받고, 적게 상처 내며 타자와 어울릴 수 있다. 잊지 말자. 결국 잘 산다는 건, 타자와의 마주침에서 어쩔 수 없이 발생하는 상처를 최소화하는 거란 걸.

자크 라캉 아는 척 매뉴얼

라캉은 '프로이트의 계승자'라는 세간의 평가를 받는다. 라캉은 *"프로이트로 돌아가자"*라고 말한 적이 있다. 이는 정신분석학의 흐름이 프로이트 이론의 고유한 정신에 벗어난다고 생각했기 때문이었다. 하지만 라캉이 '프로이트의 계승자'라고 해서 프로이트의 정신분석학에 그대로 머물렀다고 생각하면 큰 오해다.

라캉의 정신분석학은 특이점이 있다. 프로이트부터 이어지는 정신분석학은 무의식을 파악하는 데 많은 공을 들였다. 그런데 라캉은 이 무의식을 기존의 정신분석학 흐름과 다르게 파악하고 규명했다. 창의성이란 완전히 새로운 생각에서 나오는 게 아니다. 기존에 있었지만 서로 전혀 연결될 것 같지 않은 것들을 연결하는 것이 창의성의 본질이다. 이런 관점에서 라캉은 매우 창의적이다. 정신분석학과 전혀 어울릴 것 같지 않은 구조언어학을 접목했기 때문이다.

라캉은 프로이트로 대표되는 정신분석학의 무의식을 규명하기 위해 소쉬르로 대표되는 구조언어학의 개념과 이론을 끌어들였다. 이로써 라캉의 정신분석학은 프로이트나 기존의 프로이트주의자들의 정신분석학과는 전혀 결이 다른 새로운 방향으로 나아간다. 이는 *"무의식은 언어처럼 구조화되어 있다"*라는 라캉의 가장 기본적인 명제에서 분명히 드러난다. 정신분석학에서 신경증, 말실수, 농담, 꿈과 같은 현상들은 대개 어떤 무의식이 드러난 것으로 간주했다. 그런 현상들을 무의식의 '징후'라고 했다.

라캉은 이런 정신분석학을 언어학의 용어를 빌려 설명하고 있다. 언어학에는 '기표'와 '기의'라는 것이 있다. 기의는 의미 자체이고, 기표는 그 의미를 표시하는 기호이다. 예를 들어, '가위'라는 단어가 기표라면, ✂는 기의인 셈이다. 라캉은 무의식을 드러내는 신경증, 말실수, 농담, 꿈과 같은 징후를 'S'로 사용하고, 무의식 그 자체를 's'로 사용했다. 이를 'S / s'라는 도식으로 표현했다. 이는 소쉬르가 자신의 언어학을 전개하면서 'S'를 기표로, 's'를 기의로 사용했던 방법을 차용한 것이다.

흔히 사람들이 '꿈은 반대'라고 말하는 것처럼, 라캉은 징후가 무의식을 직접적으로 드러내지 않는다고 주장했다. *"기표는 기의에 가닿지 못하고 계속 미끄러진다"*라는 라캉의 유명한 말은 그런 의미다. 라캉에 따르면, 꿈(징후)은 무의식에 가닿지 못하고 계속 미끄러질 수밖에 없다. 이러한 정신분석학적 사실은 'S / s'에서 이미 드러나고 있다. 'S(징후)'와 's(무의식)' 사이에 있는 '/'은 무의식적 장벽을 뜻한다. 즉 그 장벽 때문에 기표는 기의에 가닿을 수 없다.

그렇다면 기의(무의식)를 이해하려면 어떻게 해야 할까? 드러난 꿈(기표, 징후)으로 무의식(기의)을 파악할 수 없다면 무의식은 영원히 알 수 없는 것 아닌가? 무의식은 의식이 없는 상태이니까. 라캉은 이 문제를 구조언어학으로 돌파한다. 기의(무의식)는 그것을 드러낸 기표(징후)와 다른 기표(징후)들을 연관 지어 해석함으로써 파악할 수 있다. 예를 들어, 음식을 먹는 꿈(징후)을 꾼다고 해서 내 무의식이 음식을 원하는 게 아니라는 말이다. 무의식을 파악하기 위해서는 다른 꿈(징후)들과의 연관 속에서 해석함으로써 무의식을 파악할 수 있다.

그런데 이 과정은 아무것도 모르는 아기가 언어를 배우는 과정과 꼭 닮지 않았나? '가위'라는 기표(단어) 하나만으로 ✂라는 기의를 이해하는 것은 불가능하다. 엄마가 손가락으로 ✂를 가리키며 '가위'라고 알려줘도 마찬가지다. 아이는 ✂️를 가리키는 엄마의 손가락이 '가위'인지, ✂️의 색깔이 '가위'인지 알 길이 없기 때문이다. 아이가 ✂️라는 기의를 이해하는 것은, '가위'라는 기표(단어) 하나가 아니라, '손가락', '종이', '자르다'라는 다른 기표들의 연관 속에서 가능하다. 라캉은 이렇게 프로이트의 정신분석학에, 소쉬르의 구조언어학을 접목해서 독특한 사유를 전개했다.

14

일할 때
왜 주눅이 들까요?

주눅 든 '알바'를 위하여

밤늦은 시간 편의점에 갈 때, 종종 묘한 불편함을 느낀다. 아르바이트생의 "어서 오세요"라는 밝은 인사말 때문이다. 밝은 인사말이 왜 불편했을까? 그 밝은 인사말은 고된 삶에 지친 표정을 애써 숨겨야 가능하단 걸 알기 때문이다. 그렇다. 아르바이트생은 순종적이다. 점주에게도, 손님들에게도. 아르바이트생은 늦은 새벽 지친 마음을 그대로 드러내지 못한다. 손님이 오면 억지스럽게 밝게 웃어야 한다. 그 억지웃음에 그들은 더 힘이 든다. 순종적인 그들은 항상 주눅이 들어 있기에 억지웃음을 지을 수밖에 없다.

아르바이트생만 그럴까? 우리도 마찬가지다. 신입 사원 시절 나 역시 그랬다. 매일 출근길에 어찌나 긴장했는지 어깨마저 아플 지경이었다. 편의점 아르바이트생이 억지웃음을 지어야 했다면, 나는 매일 매사에 눈치를 봐야 했다. 선배, 상사의 눈치는 물론이고, 새로운 업무에 관해서도 눈치를 봐야 했다. 새로운 업무가 주어지면 어쩌나? 누구에게 물어봐야 하나? 늘 초조하고 불안했다. 정도의 차이는 있겠지만, 우리는 일을 할 때 초조하고 불안하다. 이유는 아르바이트생과 같다. 항상 주눅이 들어 있기에 초조하고 불안한 게다.

그렇다면 묻자. 우리는 왜 일할 때 주눅이 드는 걸까? "남 호주머니에서 돈 꺼내는 게 지 손으로 자기 눈 쑤시기만큼 어렵데이"라던 내 어머니의 말처럼, 돈 버는 게 원래 그런 걸까? 일해서 돈을 벌려면 항상 주눅 들어 억지웃음 짓고, 눈치를 봐야 하는 걸까? 조금 이상하다. 일을 하는 건 고용주와 피고용주 간에 계약을 이행하는 거 아닌가? '나는 노동력을 제공할 테니, 당신은 그에 합당한 돈을 주시오'라는 계약. 그 계약에 '일할 때는 항상 주눅이 들어 있어야 한다'라는 조건 같은 게 있을 리 없다. 그러니 사실 우리는 억지웃음을 지을 필요도, 눈치를 볼 필요도 없는 것 아닌가.

고된 몸을 움직여 일하는 아르바이트생의 얼굴에 웃음이 없는 건 당연한 일이다. 신입 사원이 일을 못하는 건 당연한 일이다. 직장인이 정해진 시간에 퇴근하는 건 당연한 일이다. 하지만 현실에서 이 당연한 일은 지켜지지 않는다. 누가 뭐라고 하지 않아도 억지웃음을 짓고, 새로운 업무 때문에 불안하고 초조하며, 퇴근 시간에 팀장의 눈치를 본다. 정도의 차이는 있겠지만, 일할 때 주눅이 들어 눈치를 보는 건 너무나 익숙하다. 생각해 보면 참 당황스러운 일이다. 맺었던 계약에 따라서 노동력을 제공하고 그에 합당한 돈을 받는 것인데 우리는 왜 주눅이 들까?

이데올로기의 철학자, 알튀세르

"왜 일할 때 주눅이 드는 걸까?"라는 질문에 답할 철학자는 루이 알튀세르Louis Althusser다. 알튀세르라면 이 질문에 "이데올로기 때문이다"라고 답할 테다. 일할 때 주눅 드는 이유가 이데올로기 때문이라니 선뜻 이해하기 어렵다. '이데올로기'라는 단어가 자체가 생경하다. 알튀세르는 '이데올로기'를 이렇게 정의한다.

이데올로기는 개인들이 자신들의 현실적 존재 조건들과 맺는 상상적 관계의 '표상'이다.

《이데올로기와 이데올로기적 국가장치》

역시나 철학자의 말은 어렵다. 쉽게 말해 보자. 알튀세르의 이데올로기란 '세상 사람들의 무의식적 표상 체계'라고 말할 수 있다. 여기서 '표상'이란 단어를 알면 알튀세르의 이야기를 이해할 수 있다. '표상'이란 무엇일까? '표상'은 'representation'을 번역한 말이다. 그런데 'represent'는 '표상하다'라는 의미 말고도 '재현하다', '대표하다'라는 의미가 있다. 그러니까 '표상하다'라는 말은 '눈앞에 떠올린다'라는 의미인 셈이다. '비행기'란 말을 듣고 ✈를 떠올린다거나, 반대로 ✏을 보고 '연필'이라는 단어를 떠올리는 것이 '표상'이다. 더 나아가 ✏(연필) 보거나 듣고, ✍(글쓰기)를 떠올리는 것도 표상이다.

이제 '표상 체계'라는 개념 역시 어렵지 않게 파악할 수 있다. 표상은 단어를 통해 사물을 눈앞에 재현하는 것, 사물을 보고 그에 상응하는 단어를 머릿속에 재현하는 것, 더 나아가 어떤 사물(단어)을 통해 직접적으로 상관없어 보이는 다른 사물(단어)을 머릿속에 재현하는 것이다. 바로 이런 재현을 가능하게 하는 체계가 '표상 체계'다. 즉, 무엇인가를 머릿속에 떠오르게 하는 개념이나 상상, 판단을 가능하게 하는 체계가 '표상 체계'다. 이 표상 체계가 아무것도 아닌 것 같지만, 표상 체계만큼 우리의 삶에 깊숙이 개입된 것도 없다. 아니, 표상 체계가 없다면 삶 자체가 유지되지 않는다.

표상 체계의 힘

책을 읽을 수 있는 것도 '책'과 관련된 표상 체계를 갖고 있기에 가능하다. 세 살배기가 책을 입에 넣고 먹으려는 것은 그 표상 체계가 없기 때문이다. 직장인이 매일 출근하는 것도 자신이 직장인이라는 것을 '떠올릴 수 있기(개념화할 수 있기)' 때문이다. 마찬가지로 팀장이 팀원들을 매일 닦달하는 것도 자신이 팀장임을 '떠올리지(판단하지)' 못한다면 불가능하다. 어떤 행동과 판단이든 언제나 특정한 표상과 함께 진행된다. 우리가 일관된 행동과 판단을 할 수 있는 이유는 일관된 표상 체계를 갖고 있기 때문이다.

이런 표상 체계에는 중요한 특징이 있다. 표상 체계는 개인차가 있지만 대체로 집단적으로 유사한 구조로 되어 있다. 표상 체계라는 것이 주변 사람들의 판단에 영향을 받아서 만들어지는 까닭이다. 예를 들어, '책'을 보고 '읽는 것'을 떠올리는 이유는 주위 사람들이 그렇게 판단하고 있기 때문이다. 표상 체계가 가정, 학교, 직장과 같은 특정한 제도적 장치 속에서 만들어질 수밖에 없는 것도 이러한 이유 때문이다. 미국의 가정, 학교, 직장에서 길러진 사람은 그 환경에 맞는, 한국에서 나고 자란 사람은 그 환경에 맞는 표상 체계를 갖게 된다.

표상 체계에는 또 하나의 특징이 있다. 그것은 표상 체계가 무의식적으로 작동한다는 점이다. 쉽게 말해, 책을 보고 '이건 책이니 먹지 말고 읽어야지'라고 의식적으로 생각하지 않는다. 일단 어떤 표상 체계가 자리 잡으면 그것은 무의식의 영역에서 작동한다. 남자이고, 한국인이며, 대학생인 사람이 있다고 해 보자. 그는 '나는 남자이고, 한국인이며, 대학생이니까 바지를 입고, 김치를 먹고, 책을 읽어야해'라며 의식적으로 판단하고 행동하지 않는다. 그 모든 것은 무의식적이다. 표상 체계는 무의식적이다.

세상 사람들의 무의식적 표상 체계, 이데올로기

알튀세르는 이데올로기를 '세상 사람들의 표상 체계'라고 설명한다. 즉 알튀세르는 '세상 사람들은 이데올로기 속에서 무의식적으로 판단하고 행동한다'라고 말한다. 그는 이데올로기 없이는 자신이 서 있는 자리가 어디이고, 거기서 무엇을 해야 하는지 알 수 없기 때문에 '어느 사회이건 이데올로기가 없는 사회는 없다'라고 이야기한다. 말하자면 이데올로기는 인간이라면 결코 벗어날 수 없는 구조인 셈이다.

여기에 심각한 문제가 하나 도사리고 있다. 이데올로기는 본질적으로 현실에 대한 상상적 체험이다. 그래서 이데올로기는 현실을 있는 그대로 보여주는 게 아니라 변형시키고 왜곡시켜서 보여준다. '사람이라면 김치를 먹어야지'라는 이데올로기를 가진 사람이 있다고 해 보자. 이는 있는 그대로의 현실이 아니다. 그가 한국에서 태어나 한국에서 길러지는 과정에서 생긴 변형되고 왜곡된 상상적 체험일 뿐이다. 유럽에서 태어나 유럽에서 길러진 어떤 사람은 '사람이라면 치즈를 먹어야지'라고 생각할 테니까. 알튀세르의 이야기를 직접 들어보자.

"우리가 이데올로기에서 발견하는 표상, 즉 세계에 대한 상상적 표상 속에서 반영된 것은 인간들의 존재 조건들이고, 따라서 그들의 현실적 세계이다." 이데올로기는 세계에 대한 상상적 표상이지만, 각각의 개인에게 그것은 현실적 세계라는 말이다. 쉽게 말해 사람들은 상상적 표상 속에서 살지만, 그것을 각자의 삶에서 현실적 세계라고 받아들인다는 뜻이다. 이데올로기는 '현실적 존재 조건에 대한 상상적 관계의 표상'이라고 말할 수 있다. 즉, 이데올로기는 있는 그대로의 현실이 아니라, '이럴 것이다'라고 당연시되는 방향으로 변형된 관계를 보여준다.

남직원의 이데올로기, 여직원의 이데올로기

무난하게 돌아가던 한 회사가 있다. 갑자기 주문이 쏟아져 업무가 많아졌다. 야근해야 하는 상황이 되었지만, 여직원들은 여러 가지 사정상 정시에 퇴근할 수밖에 없었다. 매일같이 야근을 하는 남자 직원들은 '동료의식이 없다', '이건 역차별이다'라며 여직원들을 비난했다. 그 남자 직원들에게 여직원들의 '동료의식 없음', '역차별'은 분명 '그들의 현실적 세계'다. 남직원들의 이데올로기 안에서는 분명 그렇다.

그런데 남직원들의 현실적 세계는 정말 '현실적'인 걸까? 다른 이데올로기를 가진 사람 입장에서 '그들의 현실적 세계'를 살펴보자. 남직원들이 여직원들을 비난했던 건 자신이 야근하는 원인이 여직원들의 칼퇴근에 있다고 믿기 때문이다. 하지만 이는 '현실적 세계'가 아니다. 사장이 업무가 늘어난 만큼 직원을 더 뽑았으면 애초에 일어나지 않았을 일이다. 남직원들이 야근했던 원인은 '여직원들의 칼퇴근'이 아니라 '사장의 노동력 착취'다. 남직원들이 여직원들을 비난했던 건 자신들만의 '상상적 관계(여자들 때문에 남자들이 일을 많이 하는 거야!)'가 '현실적 세계'라고 오인했기에 생긴 일이다.

남직원들의 이데올로기는 '남 - 여' 관계를 중심에 둔 이데올로기다. 이 이데올로기는 직장은 원래 일이 많은 곳이고 그것을 당연하게 여기는 '표상 체계'를 불러일으킨다. 하지만 '자본가 - 노동자' 관계를 중심에 둔 이데올로기는 일이 많아지면 급여를 올리거나 직원을 더 뽑는 것을 당연하게 여기는 '표상 체계'를 불러일으키기 마련이다. '자본가 - 노동자'를 중심에 둔 이데올로기를 가진 사람에게 남직원의 현실적 세계는 명백하게 오해된 허구적 세계다.

말하자면, 이데올로기는 각자가 쓴 안경인 셈이다. 빨간 렌즈의 안경을 쓴 사람은 모든 세상이 빨갛다고 믿고, 파란 렌즈의 안경을 쓴 사람에게 세상이 모두 파란 것이 현실이라고 믿게 된다. 이데올로기라는 안경을 쓴 인간은 각자의 렌즈 색깔로 인해 허구적 사실을 현실이라 믿는다. 오해되고 왜곡된 '상상적 표상'은 그렇게 '현실적 세계'가 된다.

나는 어떤 이데올로기를 갖고 있을까?

"왜 일할 때 주눅이 드는 걸까?"라는 질문에 이제 답할 수 있을 것 같다. 우리가 가진 '이데올로기' 때문이다. 그러니 다시 질문해야 한다. "나는 어떤 이데올로기를 갖고 있을까?" 이 질문만큼 중요한 질문도 없다. 이데올로기는 무의식적으로 작동하고, 그 작동 안에서 우리가 생각하고, 행동하고, 판단하기 때문이다. 지금 우리는 어떤 이데올로기를 갖고 있을까? 노동자든, 자본가든, 우리 시대 대부분은 자본가적 이데올로기로 무장하고 있다.

지금의 병적인 자본주의는 우리에게 자본가적 이데올로기를 강요하고 주입했다. "돈이 최고야. 그러니 돈을 벌기 위해서는 돈을 주는 사람의 비위를 맞춰!" 이건 자본가적 이데올로기다. 돈이 있는 사람들이 살기 편한 이데올로기. 서글프게도 우리는 노동자임에도 불구하고 자본가적 이데올로기를 받아들였다. 그 때문에 일할 때 주눅이 드는 것이다. "그래, 돈을 버는 게 다 그렇지"라고 허구적 '상상적 표상'을 '현실적 세계'라고 믿게 된 것이다.

우리는 분명 왕도, 귀족도 없는 민주공화국에 산다. 하지만 정말 그런가? 봉건적 계급은 사라졌지만, 그 자리에

돈 있는 사람들이 들어서지 않았나. 의식적으로야 '나는 사장의 노예가 아니야. 계약을 통해 나의 노동력을 임금으로 교환하는 거야!'라고 생각한다. 하지만 우리의 무의식, 정확히는 무의식적으로 작동하는 이데올로기는 전혀 그렇지 않다. '돈을 받았으니, 고객이나 사장의 눈치를 보고 비위를 맞추는 게 당연해', '월급이라는 게 욕먹어서 나오는 거니, 직장 생활하며 인격적 모욕 정도는 당연해'라고 생각한다.

이건 봉건적 계급 사회에서 착취를 당했던 노예들의 정서와 놀랍도록 닮았다. "밥을 얻어먹었으니, 주인의 눈치를 보고 비위를 맞추는 게 당연해." 이런 노예의 정서는 자본가적 이데올로기를 내면화한 대가다. 이것이 우리가 정당한 노동을 하고 돈을 벌면서, 아니 심지어 자본가에게 부당한 착취를 당하면서도 늘 주눅 들어 눈치 보고 불안해야만 하는 근본적인 이유다. 우리가 일하며 주눅이 드는 이유는 노동자이면서도 자본가적 이데올로기를 내면화한 대가다.

우리네 삶을 긍정할 이데올로기를 위하여

어떻게 해야 일을 하면서도 주눅이 들지 않을 수 있을까? 자본가의 삶이 아니라, 우리네 삶을 긍정할 이데올로기가 필요하다. 자본가의 안경이 아니라, 우리의 안경이 필요하다. 우리의 안경은 어떻게 쓸 수 있을까? 혹시 안경을 쓴 채로 세수를 하려다 깜짝 놀란 적이 있는지 모르겠다. 안경(이데올로기)이 무서운 이유는 안경을 오래 쓰고 있으면 자신이 안경을 쓰고 있다는 것을 잊기 때문이다. 세상이 빨갛게 보이는 건 빨간 렌즈의 안경을 쓰고 있기 때문인데, 우리는 너무도 쉽게 세상이 빨갛다고 확신한다.

우리의 삶을 긍정할 이데올로기를 원한다면 가장 먼저 해야 할 일은 분명하다. 우리가 아주 긴 시간 자본가의 안경을 쓰고 있었다는 사실을 자각하는 것! 세상이 빨갛게 보이는 이유는 세상이 빨갛기 때문이 아니라 우리의 코 위에 빨간 렌즈의 안경이 얹혔기 때문이라는 사실을 깨달아야 한다. 그때 비로소 허구적 상상이 현실적 세계가 아니었음을 자각하게 될 테다. 물론 그걸 안다고 바로 우리의 안경을 쓸 수 있는 건 아니다. 우리의 삶을 긍정할 안경을 쓰기 위해서 할 일이 하나 더 있다.

이데올로기는 관념이 아니라 실천이다

알튀세르는 "무릎 꿇고 기도하라. 그러면 믿을 것이다"라는 파스칼의 말을 인용한 적이 있다. 이 말에서 우리의 삶을 긍정할 이데올로기를 만들 희망을 엿볼 수 있다. 알튀세르는 "이데올로기는 단순한 관념이 아니라 물질적인 효과를 갖는 물질적 존재이며, 물질적 장치를 통해 존재한다"라고 말한 바 있다. 이는 이데올로기가 제도화된 물질적 장치와 거기서 행해지는 특정한 방식의 실천을 통해 존재하고 작동한다는 의미다. 교회(물질적 장치)에 나가서 손을 모아 기도(실천)를 해야 신(이데올로기)을 믿게 되는 것처럼, 이데올로기 역시 마찬가지라고 말하고 있다.

우리가 자본가적 이데올로기에 갇힌 이유도 가정, 학교, 직장, TV 같은 제도화된 물질적 장치에서 그에 합당한 실천(공부, 대화, 교육 등)을 했기 때문이 아닌가. 그 과정에서 우리에게 자본가의 안경이 내면화된 것이다. 우리네 삶을 긍정하는 이데올로기를 만들기 위해서는 그에 합당한 제도화된 물질적 장치에서 특정한 실천을 해야 한다. 물론 쉽지 않다.

하지만 주눅 들어 있는 노예의 삶이 아니라 당당한 주인의 삶을 원한다면 새로운 이데올로기를 만드는 노력을 미룰 수 없다. 거창하지 않아도 좋다. 노동자의 삶을 긍정하는 철학책을 읽는 것도 좋다. 돈보다 사람과 사랑이 더 중요하다고 노래하는 시와 영화, 소설을 보는 것도 좋겠다. 더 나아가 그런 실천을 하는 작은 모임을 찾거나 만들어 보는 것도 좋겠다. 물질적 장치를 마련하고 작은 실천을 통해서 조금씩이지만 우리네 삶을 긍정할 이데올로기를 만들어 갈 수 있을 테다.

알튀세르에 대해서 조금 더 알아보자. 알튀세르하면 '호명테제'
를 빼놓을 수 없다. '호명테제'는 알튀세르의 이데올로기론에서
매우 핵심적인 주장이다. 먼저 '호명呼名'은 말 그대로 '이름을 부
른다'라는 의미다. '테제'라는 말은 쉽게 말해 '주장'이다. 그러니
까 '호명테제'는 '이름을 부르는 것에 관한 주장'이라고 말할 수
있다. 이제 '호명테제'에 관해서 조금 더 깊이 들어가 보자. 알튀
세르의 이야기를 직접 들어보자.

나는 최초의 정식으로써 모든 이데올로기는 구체적인 개인들
을 주체로 호명한다고 말하고자 한다. … 우리는 아주 흔한 경찰
의 일상적인 호명과 같은 유형 속에 그것을 표상할 수 있다. "헤

이, 거기 당신!" 만일 우리가 상정한 이론적 장면이 길거리에서 일어난다고 가정한다면, 호명된 개체는 뒤돌아볼 것이다. 이 단순한 180°의 물리적 선회에 의해서 그는 주체가 된다. 왜냐하면 그는 호명이 '바로' 그에게 행해졌으며, '호명된 자가 바로 (다른 사람이 아니라) 그'라는 사실을 깨달았기 때문이다.

《이데올로기와 이데올로기적 국가장치》

'이데올로기는 구체적인 개인들을 '항상 - 이미' 주체로 호명한다'라는 주장이 알튀세르의 호명테제다. 어려운 말이 아니다. "황진규!" 혹은 "정수향!"처럼 누군가가 우리를 부르고 우리가 뒤를 돌아볼 때 우리는 주체가 된다는 것이다. 태어나는 순간에 우리는 아무것도 아니다. 하지만 시간이 지나 어느 순간 "황진규!"라는 호명에 대답하게 된다. 그때 그 사람은 한국인이고, 황씨 성을 가졌고, 중학생이고, 노동자의 아들이라는 주체로 탄생하게 된다는 것이다. '항상 - 이미'라는 의미는 '황진규'가 태어났든, 태어나지 않았든 누군가는 '황진규'라고 불릴 모든 사회적 준비가 이미 다 갖춰져 있다는 의미다.

호명으로 인해 한 개인의 생각이나 판단, 행동에 이데올로기라는 무의식적인 표상 체계가 작동하게 된다는 것이 알튀세르의 주장이다. 그래서 알튀세르는 주체와 이데올로기는 분리할 수 없다고 주장했다. 주눅 든 아르바이트생은 자본가적 이데올로기에 사로 잡혔기 때문이라고 이미 밝혔다. 그렇다면 그들은 왜 자본가적 이데올로기에 사로잡히게 되었을까? 그건 그 아르바이트생이 자본가적 이데올로기에 의해 호명된 적이 많았기 때문이다. 유럽의 노동자들은 일하며 주눅 들어 눈치를 보거나 굽실거리지 않는다. 그 이유를 알겠다. 그들은 태어나 자라면서 노동자적 이데올로기에 의해 호명된 적이 많기 때문이다.

결국 중요한 건 호명이다. '항상 - 이미' 구성된 사회적 관계의 호명에 의해 우리는 생각하고 판단하고 행동하게 되는 것이니까. 지금 우리의 삶을 구성하고 있는 이데올로기가 우리의 삶을 불행하게 한다면, 우리가 해야 할 일은 명백하다. 다른 호명의 관계 속으로 들어가야 한다는 것! 나를 다르게 불러줄 사람을 찾고, 그들과 연대해 호명 관계를 바꿔나가야 한다. 그 과정에서 우리는 주눅 들어 눈치 보고 굽실거리는 삶이 아니라 누구와 어떤 일을 하더라도 당당한 사람이 될 수 있다.

"내가 그의 이름을 불러주었을 때, 그는 나에게로 와서 꽃이 되었다"라는 김춘수 시인의 시 한 구절을 나는 감히 이렇게 바꾸고 싶다. "내가 그의 이름을 '새롭게' 불러주었을 때, 그는 나에게로 와서 '새로운' 꽃이 되었다."

15

천직을 찾으면
행복할까요?

퇴사를 꿈꾸는 사람들

"자네는 왜 우리 회사에 지원했나?"

"저는 삼성전자에 입사하기 위해 태어났습니다."

어느 취준생의 면접 대화였단다. 취업이 어렵긴 어려운가 보다. 면접관의 지원 동기를 묻는 말에 자신의 비전이나 직장에 공헌할 바를 답하는 것으론 턱없이 부족한 걸까? 이제 자신이 태어난 이유, 그러니까 자신의 '존재 이유'와 '입사 이유'가 동일시되지 않으면 취업조차 어려워진 시대다. '직장인'은 그 어려운 관문을 통과해야 얻을 수 있는 이름이다. 그렇다면 묻자. 그렇게 간절히 들어간 직장이니, 다들 한눈팔지 않고 성실하게 직장 생활을 하게 될까?

그렇지도 않은 것 같다. 직장만큼 우리의 꿈을 극적으로 변화시키는 공간도 없다. 직장이 없을 때의 꿈은 단연 취업이다. 하지만 직장을 다니게 되면 그보다 더 간절한 꿈이 생긴다. 퇴사. 월급쟁이 중에 시원하게 직장을 때려치우는 꿈을 꾸지 않은 사람은 드물다. 나 역시 그랬다. 원하지 않는 일을, 원하지 않는 사람들과 억지로 하면서 육체와 영혼이 모두 소모되어 갔으니까. 직장인 시절 나의 간절한 꿈은 퇴사였다.

천직을 찾으면 행복할까?

불행한 현실에 허우적대는 사람은 주위를 두리번거리기 마련이다. 그렇게 나 역시 행복해 보이는 사람을 찾아 두리번거렸다. 불행 중 다행이었을까? 돈 많은 사람, 권세 있는 사람이 행복해 보이지는 않았다. 나는 '천직'을 찾은 사람이 누구보다 행복해 보였다. 작은 소극장에서 연기하면서 "저는 배우가 되기 위해 태어난 사람이에요"라고 말하는 이가 부러웠다. 가수가 되기 위해 오디션을 보며 "저는 노래하기 위해 태어났어요"라고 말하는 이가 얼마나 부러웠던가.

'천직', 그러니까 하늘이 내려준 직업을 찾은 사람이 누구보다 부러웠다. 나 역시 천직을 찾고 싶었다. 무의미한 내 삶에 의미를 부여할 천직. 직장에서 소모되면 될수록 그 바람은 더욱 커졌다. 비단 나만 그런 것이 아닐 테다. 자신의 직장에 만족하지 못하거나 불행한 사람들은 종종 천직을 찾는다. 숱한 자기계발, 이직, 창업은 단순히 돈을 더 벌고 싶다는 욕망이 아니다. 그것은 공허하고 무의미한 삶을 변화시킬 천직을 찾고 싶은 욕망이다.

그런데 정작 중요한 질문을 놓치고 있는 것은 아닐까? 지금의 직장이 나를 불행하게 만드는 것은 경험으로 안다. 하지만 천직이 행복한지 아닌지는 아직 경험하지 못했기에 알 수 없는 것 아닌가? 그러니 정작 중요한 질문은 이것이다. "천직을 찾으면 행복할까?" 천직을 찾아 두리번거리며 헤매기 전에 이 질문에 먼저 답할 수 있어야 한다.

'탈존'의 철학자, 사르트르

이 질문에 답할 철학자는 사르트르Jean Paul Sartre다. 사르트르는 실존주의를 대표하는 철학자로, 인간의 자유를 가장 끈질기게 문제 삼았다. 그런 사르트르라면 천직을 찾고 있는 우리에게 어떤 이야기를 할까? 사르트르의 답을 듣기 위해서 먼저 '존재'와 '실존'이라는 두 가지 철학적 개념을 알아야 한다.

먼저 '존재'부터 알아보자. 사르트르가 말한 '존재'는 본질이 미리 정해져 있는 사물들이다. 예를 들어 가방, 연필은 존재다. 이것들은 본질이 미리 정해져 있기 때문이다. 가방의 본질은 '물건 담을 수 있는 어떤 것'이고, 연필의 본질은 '쓸 수 있는 어떤 것'이다. 이런 사물들의 본질은 미리 정해져 있다. 누군가 '물건을 담을 수 있는 어떤 것', '쓸 수 있는 어떤 것'이라는 본질을 떠올린 후에야 가방과 연필을 만들어 '존재'하게 하니까. 사르트르에게 '존재'는 자유가 없는 사물들을 나타내는 개념이다.

'실존'은 뭘까? *"실존은 본질에 앞서서 온다"*라는 사르트르의 유명한 이야기를 통해 이해할 수 있다. 실존은 본질보다 먼저 존재하는 것이다. 그런데 세상 만물 중 본질보다 앞서 존재하는 것이 있을까? 가방, 연필, 책, 집 등 모두 (담을, 쓸, 읽을, 주거할) 본질이 미리 정해져 있고 그것이 실현되는 존재들 아닌가. 하지만 본질에 앞서서 존재하는 실존이 있다. 바로 인간이다. 인간에게는 미리 정해진 본질이 없다. 즉 인간에게는 실현되어야 할 이미 존재하는 본질 같은 것은 없다. 사르트르의 이야기를 직접 들어보자.

인간은 본질에 앞서는 '탈존'이다

실존이 본질에 앞서게 되는 어떤 한 존재, 그 어떤 개념으로도 정의되기 이전에 실존하는 어떤 한 존재가 반드시 있어야 한다. 바로 그 존재가 인간이다. 《실존주의와 휴머니즘》

사르트르는 인간을 '존재'가 아니라 '실존existence'이라 부른다. '존재보다 본질이 먼저 온다'라는 것은 그 존재가 본질에 갇힌다는 의미다. 가방과 연필이라는 '존재'는 본질에 갇혀 있다. 가방과 연필은 각각의 본질을 실현함으로 존재하고 동시에 그 본질을 결코 벗어날 수 없다. 담을 수 있을 때까지 가방이고, 담을 수 없는 가방은 더 이상 가방이 아니다. 마찬가지로 쓸 수 있을 때까지 연필이고, 쓸 수 없는 연필은 더 이상 연필이 아니다. 존재는 본질에서 결코 벗어날 수 없다. 그래서 존재는 부자유하다.

하지만 '실존'은 본질에 갇혀 있지 않다. 어떤 것을 담기 위해 태어난 혹은 어떤 것을 쓰기 위해 태어난 사람은 없는 것처럼 특정한 본질을 실현하기 위해 태어난 인간은 없다. 그래서 엄밀히 말해 'existence'는 '실존'이 아니라 '탈존'으로 번역해야 옳다. 인간은 끊임없이 주어진 본질 밖으로 (exit-) 탈주하려고 하기 때문이다. 아들에서 대학생으로, 군인으로 또 직장인으로 바뀔 때마다 주어진 본질 밖으로 탈주하는 것이 인간 아니던가. 이처럼 인간은 끊임없이 본질 밖으로 나가려는 자유로운 '탈존existence'이다.

천직을 찾아 떠나지 못하는 사람들에게

이제 천직에 관한 이야기로 돌아오자. "천직은 무슨, 나는 직장 생활이 딱 맞아"라며 많은 이들이 천직을 부정하거나 외면한다. 그렇게 지금의 익숙한 일터에서 머물려고 한다. 지금의 직장이 육체와 영혼을 갉아먹고 있다는 것을 알지만, 그곳을 결코 벗어날 수 없는 운명처럼 받아들이는 사람들이 있다. 이는 스스로 자신이 부자유한 '존재'라고 인정하는 셈이다. 자신에게 지금의 본질(직장인)을 벗어나 다른 존재가 될 수 있는 자유가 없다고 여기는 것이니 말이다.

이런 사람들에게 사르트르는 이렇게 말할 테다. "자네

는 '탈존'이 아니라 한낱 '존재'일 뿐이네." 사르트르에게 이런 부류는 가방이나 연필과 다르지 않은 '존재'다. 가방이 가방으로 태어나 가방으로 죽는 부자유한 '존재'이듯, 그 역시 마찬가지다. '직장인'이라는 지금의 본질 안에 갇혀서 그 본질 밖으로는 한 발자국도 나서지 못하고 있다. 그래서는 그는 '탈존'이 아니라 '존재'다. 사르트르는 이런 사람들에게 천직을 찾아 자유롭게 떠나라고 말해 줄 것이다. 사르트르에게 인간은 주어진 본질 밖으로 나설 수 있는 자유로운 '탈존'이니까.

사르트르의 '무無'

사르트르는 인간은 '탈존'이기에 지금의 본질을 벗어나 새로운 본질을 만들어 나갈 수 있다고 말한다. 쉽게 말해, 막노동꾼도 가수가 될 수 있고, 은행원도 배우가 될 수 있고, 웨이터도 작가가 될 수 있다는 말이다. 이것은 인간은 누구나 지금의 소모적인 직장을 벗어나 천직으로 다가설 수 있다는 의미이기도 하다. 그런데 이런 일이 정말 가능할까? 가능하다면 어떻게 가능할까? 달리 말해, 그렇다면 인간은 어떻게 '탈존'일 수 있을까? 먼저 사르트르의 이야기를 직접 들어보자.

(내가 문제의 웨이터라고 한다면) 그 웨이터는 내가 되어야만 하고 동시에 내가 아닌 사람이다. … 설령 내가 나를 웨이터로 표상한다고 해도, 나 자신은 웨이터가 아니다. 나는 주체로부터는 대상이라고 할 수 있는 그 웨이터와 분리되어 있다. 즉 나는 무에 의해 분리되어 있다. 이 무가 나를 그 웨이터로부터 구별하는 것이다. 나는 웨이터로 단지 연기할 수 있을 뿐이다.

《존재와 무》

결론부터 말해, 사르트르는 인간이 '존재'가 아닌 '탈존'인 이유를 '무無'에서 찾는다. 사르트르의 이야기는 난해하다. 그러니 먼저 사르트르의 말처럼 '내가 문제의 웨이터'라고 상상해 보자. 가족을 먹어야 살리기 위해 '나'는 할 수 없이 나이트클럽에서 웨이터를 하기로 했다. 하지만 그렇다고 해서 그 웨이터가 바로 '나'인 것은 아니다. 웨이터는 내가 되어야만 하고 동시에 내가 아닌 사람이기도 하다. 돈만 생기면 당장이라도 웨이터 일을 때려치울 테니까. 단지 나는 웨이터를 연기할 뿐이다.

두 가지 '나'가 있다. 잔소리를 늘어놓는 지배인과 술 취한 손님을 응대해야 하는 '웨이터인 나', 그리고 잠이 덜 깬 채로 낮에 도서관에서 철학책을 뒤적이는 '웨이터 아닌 나'다. 이 '웨이터 아닌 나'는 웨이터라는 직업과 무관한, 그래서 언제든 나이트클럽을 때려치울 수 있는 자유로운 '나'다. 그래서 이 '웨이터 아닌 나'는 '무無'다. '웨이터 아닌 나'는 '웨이터인 나'를 없앨 수 있기 때문이다. 사르트르는 '무'로써의 인간을 개념화했다. 이제 그가 인간을 자유롭게 본질 밖으로 나설 수 있는 '탈존'이라고 말한 이유를 알겠다. 인간은 언제나 지금의 본질을 다른 본질로 만들어 나갈 수 있기 때문이다.

천직은 대자적 존재만이 가능하다

사르트르의 이야기는 알겠다. 막노동꾼도, 은행원도, 웨이터도 불변하는 본질이 아니라는 것. 또한 인간은 본질에 갇혀 있는 존재가 아니라 새롭게 만들 수 있는 존재라는 것. 하지만 여전히 마음 한구석이 답답하다. 사르트르의 이야기와 현실 사이의 괴리감을 우리는 너무도 잘 알고 있지 않은가? 현실에서는 한번 막노동꾼은, 은행원은, 웨이터는 계속 그렇게 사는 경우가 일반적이다. 막노동꾼인 나, 은행원인 나, 웨이터인 나를 없애서 새로운 본질로 나서는 경우는 없다고 단언할 정도로 드물다.

이런 현실적 문제에 대한 답은 '대자對自적 존재'에서

찾아야 한다. 사르트르는 '인간은 대자적 존재'라고 말한다. '대자'는 무엇일까? 쉽게 말해 '대자'는 '자신을 되돌아본다'라는 의미다. 사르트르는 인간이 '탈존'인 이유를 '대자적 존재'에서 찾는다. 그러니까 인간은 '대자'적일 수 있기에 주어진 본질을 벗어나 새로운 본질을 만들 수 있다는 것이다. 인간은 다른 사물과 달리, 반성과 성찰을 할 수 있는 '대자적 존재'이기 때문에 '탈존'할 수 있다는 것이 사르트르의 주장이다.

사르트르는 과거나 현재의 '나'와는 다른 미래의 '나'를 자신의 의지에 따라서 결정할 수 있다고 말한 바 있다. 인간은 의지를 가지고 대자적 삶을 구성할 때 '탈존'할 수 있다. 사르트르가 '인간은 미래의 삶을 자유롭게 결정할 가능성이 열려 있는 존재'라고 보았던 이유 역시 알겠다. 인간은 다른 여타의 사물(존재)과 달리, 과거를 되돌아보며 반성하고 성찰할 수 있기 때문이다. 이제 알겠다. 왜 그렇게 많은 사람들이 지금 주어진 본질(막노동꾼, 은행원, 웨이터)에 갇혀 있는지. 그들은 '대자'적이지 못했기 때문이다.

여기 막노동꾼, 은행원, 웨이터가 있다. 그네들이 주어진 자신의 삶에 거리를 두고 들여다볼 때, 그들은 더 이상 막노동꾼, 은행원, 웨이터가 아니다. 물론 이 말이 대자적 존재가 되면 당장 내일부터 각자의 일터로 돌아가지 않아도 된다는 걸 의미하지는 않는다. 하지만 적어도 그들은 아무런 반성과 성찰 없이 주어진 자신의 본질에 갇혀 있는 막노동꾼, 은행원, 웨이터는 아니다. 그들은 어디에 있든, 무슨 일을 하든 상관없이 이미 배우, 가수, 작가라는 천직의 문을 열어젖힌 것인지도 모른다. 오직 대자적이지 않은 존재들만이 주어진 본질에 갇혀 그곳에 머문다. 주어진 삶을 되돌아보고 성찰하는 탈존들은 이미 천직에 와 있다.

천직을 찾은 사람은 탈존일까?

이제 천직을 찾은 사람들의 이야기를 해 보자. 이름만 대면 알만한 직장에서 20년 직장 생활을 하다가 자기계발서 작가가 된 이를 알고 있다. 그는 몇 권의 책을 내고 이름을 꽤 알렸다. 그는 자신이 천직을 찾았다고, 그래서 무척 행복하다고 입버릇처럼 말했다. 그가 낸 대부분의 책 내용은 그 입버릇의 변주였다. 이런 부류의 사람은 종종 "나는 배우(가수)가 천직이야. 연기(노래)하기 위해 태어났어"라고 말하며 자신이 천직을 찾은 것을 대견스럽게 여기는 경향이 있다.

천직을 찾고 싶지만, 아직 천직을 찾지 못하고 방황하

고 있는 이들에게 천직을 찾은 사람은 선망과 동경의 대상이다. 그 선망과 동경의 대상을 바라보며 자신 역시 언젠가는 천직을 꼭 찾겠다고 다짐하곤 한다. 천직을 찾았거나 혹은 찾고 있는 이들에게 사르트르는 뭐라고 말할까? 놀랍게도 사르트르는 이들에게 천직을 부정하는 이들에게 했던 말과 같은 말을 들려줄 테다. "자네들 역시 '탈존'이 아니라 '존재'들 일세."

의아하다. 인간의 자유를 무엇보다 중요하게 여긴 사르트르 아닌가? 천직을 찾았거나 찾으려고 하는 이들의 면면을 살펴보자. 그들은 대자적 존재로서 반성과 성찰을 하는 사람들이 아닌가? 또 그런 과정을 통해 과거 자신을 규정하고 있던 본질(직장인)을 벗어나려고 하거나 벗어난 사람들이 아닌가? 그렇다면 그들은 부자유한 '존재'가 아니라 자유로운 '탈존'이라고 보아야 하지 않을까? 이쯤에서 정직하게 묻자. 왜 많은 이들이 천직을 찾으려고 할까? 대부분이 "행복하기 위해서"라고 답한다.

천직에 대한 집착은 '자기기만'이다

그렇다면 천직이 주는 행복은 무엇일까? 육체와 영혼이 소모되는 직장을 벗어난 것? 매일 해도 즐거운 일을 찾은 것? 둘 다 피상적인 답이다. 천직의 행복은 본질적으로 자신의 자유를 스스로 없애는 것에서 온다. 천직은 하늘이 내려준 직업이다. 하늘이 내려주었기에 거부할 수도, 피할 수도 없다. 천직을 찾은 사람들이 종종 자신은 어떤 행위(연기, 노래, 글쓰기)를 하기 위해 태어난 사람이라고 말한다. 이는 더이상 직업적 혼란이나 불안을 겪지 않아도 됨을 의미한다. 하지만 이는 동시에 스스로 자신을 특정한 본질에 가두는 일이기도 하다.

천직을 찾으려는 이유도, 찾은 천직에 머무르려는 이유도 같다. 주어진 자유를 감당할 수 없어 자유로부터 도망치려는 것이다. 전자는 '천직만 찾으면 더 이상 불안하지 않을 거야'라며, 후자는 '이제 이 천직에 머물기만 하면 불안할 일은 없을 거야'라며 자유로부터 도망친다. 자유와 불안은 동전의 양면과 같다. 자유롭기에 불안하고, 불안하기에 자유로운 것이다. 천직을 찾으려는 사람도, 찾은 천직에서 머문 사람도 결국은 불안을 감당하지 못해 자유를 스스로 없애려는 것이다. 사르트르는 이를 '자기기만'이라고 했다.

사르트르에 따르면, 인간의 자유는 절대적이지만 동시에 불안한 것이다. 그래서 자유를 외면하거나 혹은 도덕이

나 사회, 종교가 미리 정해준 역할을 채택하려고 한다. 이 과정에서 자기 자신을 부자유스러운 '존재'로 격하시키려고 애를 쓰면서도 또 은근히 자유를 느끼려는 이중적인 마음을 갖게 된다. 이것이 사르트르가 말한 '자기기만'이다. 이런 '자기기만'은 멀리 있는 게 아니다. 남이 시키는 일을 하면서도 자신은 결코 노예가 아니며 자유로운 사람이라고 '자기기만'을 하는 직장인이 얼마나 흔하던가.

천직을 부정하는 이들만 '존재'인 것이 아니다. 천직을 찾으려는 이와 찾은 천직에 머무는 이 역시 부자유한 '존재'다. 그들 역시 천직이 자신의 본질이라고 믿고 있으니까. '존재'이면서 '탈존'인 척 '자기기만'을 한다는 차이가 있을 뿐이다. 결국, 천직을 찾아서 스스로의 자유를 없애고 싶은 것이고, 찾은 천직에 머무르면서 자유를 없애고 싶은 것이다. 그러니 천직을 찾으려고 하거나 찾은 천직에 머무는 이들은 되돌아볼 일이다. '자기기만'은 아닌지.

천직을 찾고 있나요?

천직을 부정하는 이도, 천직을 찾으려는 이도, 천직에서 머무는 이도 모두 자유를 부정하기는 매한가지다. 그래서 그들은 모두 자유로운 '탈존'이 아니라 부자유한 '존재'다. 이 제 우리는 오도 가도 못하게 되었다. 천직을 찾을 수도 없 고, 그렇다고 찾지 않을 수도 없게 되었으니 말이다. 이제 천직을 어떻게 바라봐야 할까? 천직을 찾은 이의 이야기를 직접 들어보자. 배우 황정민은 분명 천직을 찾은 사람 중 한 명일 테다. 그는 어느 인터뷰에서 이렇게 말한 적이 있다.

"늘 꿈을 꿔요. 배우로서 꿈은 분명히 있고, '배우 말고 그냥 황정민이 잘할 수 있는 게 뭐가 있을까?' 하는 생각을 깊이 했어요. 수많은 직업이 있는데, 다른 것도 해 보고 싶 은 욕심이 있어요. 늘 고민 중입니다. 취미보다는 좀 더 깊 게 하는 게 있기도 하고요. 클라리넷을 좋아해서 배우고 있 는데 열심히 해서 음대를 가 볼까, 농담 삼아 말하기도 합니 다. 큰 오케스트라에 들어가서 앉아 있으면 나름대로 근사 할 것 같기도 하고요. 과수원도 해 보고 싶고, 할 게 많죠."

황정민은 천직을 찾았지만, 그것에 머물지 않는다. 클 라리넷이 되었든, 과수원이 되었든 다시 다음 천직을 자유 롭게 꿈꾼다. 황정민은 '존재'가 아니다. '탈존'이다. 천직은 그것을 찾는 과정에 의미가 있다. 천직을 찾을 때 우리는 자 유로운 '탈존'으로 있을 수 있기 때문이다. 천직을 찾았지만 '나는 이 일을 하기 위해 태어났다'라는 식으로 자신의 본질을 가둘 때 다시 우리는 부자유한 '존재'로 전락한다.

아무리 원했던 직업일지라도, 그것이 우리의 본질이 될 수는 없다. 또다시 우리는 자유롭게 다음 천직을 찾아 나서야 한다. 물론 안다. 각자 선택할 수 있는 자유에는 물리적 한계가 있다는 걸. 하지만 어떤 경우에도 우리에게는 자유로운 선택지가 남아 있다. 감옥에 갇혀 있거나 총으로 위협받고 있다고 하더라도 순응할 것이냐, 저항할 것이냐 하는 선택은 언제나 각자의 몫으로 남게 되니까.

누구에게나 물리적 한계는 있지만, 각자가 직면한 상황에 의미를 부여할 자유는 있다. 사르트르는 *"인간이 존재한다는 것과 인간이 자유롭다는 것은 같은 말이다"*라고 말한 적이 있다. 이는 사르트르가 했던 *"인간은 자유롭도록 선고받았다"*라는 말과 같다. 사르트르가 말한 자유는 이토록 무거운 것이다. 이것이 내가 겨우 찾은 글쟁이라는 천직 너머의 또 다른 천직을 꿈꾸는 이유다. 나는 '탈존'이니까.

사르트르는 중요하다. 삶의 허무에 시달리는 이들에게는 특히
나 그렇다. 놀랍게도, 사르트르는 인간에게 주어진 극단적 허무
의 현실을 완전한 긍정으로 전환했다. 생각해 보면 인간은 허무
주의에 빠지지 않을 수 없다. 사물들이야 다들 자신이 존재하는
이유, 즉 본질을 알고 있다. 가방, 연필, 집과 같은 사물들은 자
신의 본질을 알고 있기에 마음이 편하다. 마찬가지로, '나는 노
래하기 위해 태어났다'라고 믿는 이들 역시 마음이 편하다. 매일
자신의 존재 이유를 실현하기만 하면 되니까.

하지만 인간(탈존)은 그런 '존재'가 아니다. 조금만 깊이 고민해
보면 알게 된다. 인간은 아무 이유 없이 세상에 존재한다는 사실

을. 그렇다. 인간은 다른 사물과 달리, 어떤 목적도 본질도 없이 그저 세상에 던져졌을 뿐이다. 그래서 허무하다. 존재 이유를 모르기에 허무하다. 왜 그토록 긴 시간 인간의 문명에 종교가 사라지지 않았는지도 알겠다. 인간에게 저주처럼 들러붙은 태생적 허무주의를 극복하는 가장 강력한 방법이 자신의 존재 이유를 신에서 찾는 것이기 때문이다.

무신론자였던 사르트르는 신 없이 허무주의를 완전히 뒤집어 놓는다. 자신에게 원래부터 결정된 본질 같은 것은 없다는 말은 자신을 근본적으로 구속하는 것 또한 없다는 말이 아닌가! 인간에게 주어진 극단적 허무를 깨닫는 순간, 놀랍게도 인간은 진정한 자유를 얻는다. 사르트르가 우리에게 전하려는 바는 분명하다. 이유 없이 세상에 던져져서 어떠한 목적도 없이 살 수밖에 없는 것이 인간이지만, 오히려 그 때문에 인간 각자는 스스로의 존재의 의미를 자유롭게 만들어 갈 수 있는 창조적 존재로 거듭난다는 것!

하지만 사르트르의 번뜩이는 사유의 전환과 별개로 여전히 찜찜함이 남는다. 그 찜찜함은 하나의 질문으로 구체화할 수 있다. "인간은 정말 자유로운가?" 사르트르는 인간이 자유로운 존재라고 했지만, 현실은 다른 것 같다. 현실에서 우리의 자유를 억압하는 것들이 얼마나 많던가. 여기서 사르트르가 말한 '앙가주망Engagement'이라는 개념이 중요해진다. '앙가주망'은 '관계함' 혹은 '참여' 정도로 번역할 수 있다.

인간은 완전히 자유로운 '탈존'이기에 사르트르의 주된 관심은 개인이었다. 하지만 제2차 세계대전의 참혹한 경험은 사르트르의 관심을 타자와 사회로 돌려놓는다. 왜 안 그랬을까? 서로가 서로를 죽여야 하는 전쟁은 개인의 자유를 극단적으로 말살시키는 대표적 사건이니까. 인간은 본질적으로 자유롭지만, 현실에는 그 자유를 억압하는 세력과 집단이 있기 마련이다. 사르트르는 인간의 자유를 억압하는 세력과 집단이 있는 한 인간은 결코 완전하게 자유로울 수 없다는 사실을 깨닫는다.

그래서 사르트르는 '앙가주망', 즉 참여의 중요성을 절감한다. 인간이 완전히 자유롭기 위해서는 인간의 자유를 억압하는 세력과 맞서 싸우는 '앙가주망'이 꼭 필요하기 때문이다. 실제 사르트르는 '앙가주망'을 몸소 실천하는 철학자였다. 알제리 전쟁, 미국 베트남 참전에 반대했고, 드골 독재 정권을 무너뜨리는 중심에 사르트르가 있었다. 사르트르는 언제나 인간의 자유를 위해 투쟁하는 철학자였다. 그는 자유로부터 도망치지 말고 스스로 결단하며 당당하게 맞서라고 외쳤다. 사르트르의 이 외침은 부조리와 불의 앞에서 '나의 처지와 상황 때문에 어쩔 수 없다'라는 자기합리화에 능한 우리에게 따끔한 일침을 가한다.

"사람들은 노년에 접어들 무렵인 아주 늦게 서야,
비로소 '철학이란 무엇인가?'라는 질문을
제기할 수 있는 듯하다."

- 들뢰즈&가타리, 《철학이란 무엇인가?》

철학은 '미리 늙어보는 것'입니다. 늙음은 성숙의
다른 이름이지요. 철학은 미리 늙음을 경험하게
하기에, 철학으로 성숙한 삶에 이를 수 있습니다.
그것이 철학의 쓸모일 겁니다. 들뢰즈와 가타리의
노파심을 뒤로 하고, 우리는 너무 늦지 않게
'철학이란 무엇인가?'라는 질문을 제기할 수
있었으면 좋겠습니다. 그렇게 행복하게 미리
늙어보는 경험을 만끽했으면 좋겠습니다. 그것은
철학의 쓸모인 동시에 철학의 즐거움입니다.

16

계획 없이 살면
안 되나요?

레비-스트로스의 '브리콜뢰르'

'계획'을 세우고 있나요?

"계획은 세우고 공부하는 거니?"
"앞으로의 계획이 뭐니?"

계획은 새로운 일을 시작할 때 가장 먼저 하는 것이다. 특히나 그 새로운 일이 중요한 일일 때는 더욱 그렇다. 학창 시절에는 학습 계획을, 나이가 들어 직장에서 가면 업무 계획을 세운다. 너무나 당연하게 해왔던 이 '계획'이란 것을 다시 묻자. 우리는 왜 계획을 세울까? 이 질문에 답하기 위해서는 먼저 '무엇을 계획하느냐?'부터 물어야 한다. 학습 계획을 세운다고 하자. 먼저 노트, 책, 필기구 등을 준비하고 그 준비물들로 본격적인 시간표를 계획한다.

이처럼 계획은 어떤 일을 진행하기 전에 준비하는 물질적인, 정신적인 것들이다. 이제 우리가 왜 계획을 세우는지에 대해 답할 수 있다. 키워드는 체계, 효율, 성취다. 우리가 계획을 세우는 이유는 분명하다. '계획'을 세워야 '체계'적이고 '효율'적으로 일할 수 있고, 그때 더 나은 '성취'를 얻는다고 믿는다. 도식화하자면, '계획 → 체계·효율 → 성취'이다.

허구적 도식, 계획 → 체계·효율 → 성취

'계획 → 체계·효율 → 성취'는 사실일까? 이 도식이 마치 진리라도 되는 것처럼 맹신하는 경향이 있다. 하지만 우리의 맹신과는 달리, '계획 → 체계·효율 → 성취'는 허구적인 도식이다. 이것은 삶의 진실이 아니다. '계획'은 돌발적인 변수에 부딪혀 언제나 어그러지기 일쑤다. '계획'이 어그러졌기에, 그 계획에 따랐던 '체계'도 어그러지고, 더 이상 '효율'적이지도 않다. 그러니 당연히 탁월한 '성취'도 어렵다. 이것이 삶의 진실이다.

우리의 삶을 돌아보자. 학창시절 고심하며 방학 계획을 세우지 않은 사람은 없다. 하지만 그 알찬 방학 계획은 언제나 수포로 돌아가지 않았던가. 시험을 앞두고 세웠던 학습 계획도 마찬가지다. 그 계획과 상관없이 결과는 벼락치기 아니었던가. 어른이 되어서도 마찬가지다. 출장이나 업무 계획을 세웠지만, 막상 출장에 가서 업무를 진행하면 예상치 않은 변수로 인해 계획대로 체계적이고 효율적으로 일이 풀리지 않는다.

물론 그렇다고 계획이 전혀 쓸모없는 것은 아니다. 새로운 그래서 불안한 어떤 일을 시작할 때, 알차고 짜임새 있는 계획은 우리에게 심리적인 위안을 준다. '계획처럼만 하면 잘될 거야!'라는 심리적 위안. 안타까운 것은 그 심리적 위안은 계획을 세울 때만 유효하다는 사실이다. 우발적인 변수가 생기면 계획은 어그러지고, 심리적 위안은 오히려 더 큰 불안감으로 바뀐다. '계획이 어그러졌는데 이제 어쩌지?'라는 불안감.

야생의 철학자, 레비-스트로스

따지듯이 묻고 싶어진다. "그럼 계획은 쓸모없는 거야?" 조금 단정적으로 말해도 좋다면, 그렇다. 계획은 쓸모없다. 불안한 미래 때문에 언제나 계획을 세우며 안도와 평안을 얻었던 우리였기에, 이제 절박하게 묻고 싶어진다. "그럼 어떻게 살아야 하는 거야?" 그 답을 줄 철학자를 만나보자. 레비-스트로스Claude Levi Strauss다. 그는 철학자인 동시에 문화인류학자이다. 레비-스트로스는 1930년 중반부터 아마존과 같은 오지를 탐험하며 문화인류학을 연구한다.

레비-스트로스는 오지를 탐험하며 원주민들의 삶을 관찰하는 과정에서 하나의 통찰을 내놓는데, 그것이 바로 그의 저서 제목이기도 한, '야생의 사고'다. '야생의 사고'가 어떤 것인지 설명하기 위해 《야생의 사고》에 등장하는 사례를 말해 보겠다. 뉴기니에는 가후쿠-가마족이라는 원주민이 있다. 이곳에 유럽 문명이 유입되면서 가후쿠-가마족은 축구라는 스포츠를 배우게 된다. 재미있는 점은 우리가 알고 있는 축구와 규칙이 다르다는 사실이다.

공에 손이 닿으면 안 되는 것 등 대부분의 규칙은 우리가 알고 있는 것과 같다. 그렇다면 어떤 규칙이 달랐을까? 놀랍게도 근본적인 규칙, 즉 모든 스포츠의 기본이라 할 수 있는 승패를 가리는 규칙은 지키지 않았다. 가후쿠-가마족으로 구성된 두 팀은 축구를 시작하면 무승부가 나올 때까지 시합을 했다고 한다. 심지어 무승부가 나지 않으면 몇 날 며칠을 계속 경기했다. 레비-스트로스 바로 이런 원주민들의 사고방식을 '야생의 사고'라고 이름 붙였다. 그의 이야기를 직접 들어보자.

야생의 사고는 야만인의 사고도, 미개인이나 원시인의 사고도 아니다. 효율을 높이기 위해 세련화되었다든가 길들여진 사고와는 다른, 길들여지지 않은 상태의 사고다.

《야생의 사고》

문명화된 우리의 입장에서 가후쿠-가마족의 축구 시합 방식은 황당하다. 스포츠라면 당연히 승패를 가려야 한다고 믿는 우리에게는 분명 그렇다. 하지만 레비-스트로스에 따르면, 원주민들은 공동체 간에 차별이 아닌 대칭적 관계를 만듦으로써 공존의 세계를 구성하는 사고방식을 갖고 있다. 원주민들이 기를 쓰고 무승부를 내려고 했던 이유를 알 것 같다. 차별의 공동체가 아니라, 공존의 공동체를 만들고자 했기 때문이다. 레비-스트로스는 바로 이런 원주민들의 사유를 '야생의 사유'라고 명명했다.

'야생의 사고', 구체적인 것의 과학

우리에게 '미개의 사고'는 비과학적이어서 무식하고 황당해 보인다. 하지만 레비-스트로스는 '미개의 사고'가 '문명의 사고'보다 결코 열등하지 않다고 주장했다. 그는 '문명의 사고'와 '미개의 사고'를 구분 짓는 이분법을 거부했다. 우리가 '미개의 사고'라고 여기는 사고 구조를 '야생의 사고'라고 이름 붙였다. 레비-스트로스는 '야생의 사고'는 일관된 질서가 존재하는 '구체적인 것의 과학'이라고까지 표현했다. 그의 이야기를 직접 들어보자.

볼리비아 고원에 사는 아이마라 인디언은 음식물 보존에 있어 유능한 연구자였다. 2차 세계대전 중 미군이 인디언들의 탈수 기술을 그대로 배워서 백 명분의 매시트포테이토 재료를 구두 상자 정도의 부피로 압축하는 데 성공한 예만 보아도 알 수 있다. 그들은 또한 농학자요, 식물학자로서 가지의 속을 분류하고 재배하는데 그 재배법은 타의 추종을 불허한다.

《야생의 사고》

우리가 원주민 혹은 미개인이라고 부르는 사람들은 과학적이지 않은 사고를 하는 존재가 아니다. 그들은 우리와 다른 과학, 즉 '구체적인 것의 과학'으로 사고하는 존재이다. 그래서 구체적인 분야인, 농학이나 식물학 같은 분야에서는 소위 '문명인(정확히는 서구문명)'의 과학보다 '원주민'들의 과학이 앞서 있는 지점이 있을 수밖에 없다. 이 '구체적인 것의 과학'은 우리의 '문명의 사고'와는 다른 '야생의 사고'가 있기에 가능한 것이다.

정말 그렇지 않은가? 원주민들의 삶을 생각해 보라. 건축학을 몰라도 멋진 집을 짓고, 의학을 몰라도 치료를 하지 않던가. 우리가 흔히 주술, 주문, 미신이라고 여겼던 것들이 정말 미개한 것일까? 원주민들은 예리하고 섬세한 감각으로 바다, 육지, 바람, 빛, 하늘의 색깔, 파도의 출렁임을 관찰하고 또 관찰했을 테다. 이를 통해 알아낸 구체적인 지식을 바탕으로 집을 짓고, 아픈 사람을 치료할 약초를 구했을 테다. 이것이 바로 레비-스트로스가 '야생의 사고'를 '구체적인 것의 과학'이라고 말한 이유였을 테다.

레비-스트로스는 '야생의 사고'가 인간이라면 누구나 선험적으로 지닌 사고 구조라고 말했다. 그는 '야생의 사고'를 '문명의 사고'와 대비하여 이분법적으로 구분하는 것이 잘못이라고 주장했다. '야생의 사고'는 우리(문명인)와는 전혀 다른 원주민들만의 사고방식이 아니라, 오늘날 우리도 공유하고 있는 근원적이고 무의식적인 사고방식이다. 레비-스트로스는 '야생의 사고'는 인간이라면 누구든 이미 갖고 있는 일종의 선험적인 사고 체계로 보았다.

레비-스트로스의 '브리콜뢰르'

이제 우리의 이야기로 돌아오자. 계획은 '문명의 사고'다. 과학적인 문명의 사고. 하지만 이 문명의 사고가 인간을 더 인간답게 만드는 것은 아니다. 악착같이 승패를 가려야 하는 전쟁 같은 스포츠가 인간을 더 인간답게 만드는 것이 아닌 것처럼. 계획은 '야생의 사고' 관점에서 보면 의미 없는 것이다. 생각해 보라. 직장도, 보험도, 연금도 없는, 돌발 변수 그 자체인 야생의 삶을 살아가는 이들에게 계획이 무슨 의미가 있겠는가?

원시의 원주민들에게 계획은 애초에 의미가 없다. '한 달 뒤에는 멧돼지를 잡고, 2년 뒤에는 집을 짓고, 5년 뒤에는 가족을 꾸릴 계획' 같은 것은 애초에 세우지 않는다. 계획을 세우지 않으면 불안해서 아무것도 할 수 없는 우리는 궁금하다. "'야생의 사고'를 하는 원주민들은 계획도 없이 어떻게 살았을까?" 이 궁금증을 해소하기 위해 레비-스트로스의 '브리콜뢰르bricoleur'라는 개념을 알아보자. 먼저 레비-스트로스의 이야기를 직접 들어보자.

'브리콜레bricoler'라는 동사는 옛말로는 공놀이나 사냥, 승마술에 쓰였는데, 그 단어는 항상 공이 튕겨서 돌아오거나 개가 길을 잃거나 말이 장애물을 피하기 위해 직선에서 벗어나는 등의 우발적인 움직임을 가리켰다. 오늘날 '브리콜뢰르'는 아무것이나 주어진 도구를 써서 자기 손으로 무엇을 만드는 사람을 장인에 대비해서 가리키는 말이다. 《야생의 사고》

'브리콜뢰르'를 정확하게 표현하는 한국어를 찾기는 어렵다. 대체로 '손재주꾼'이라고 번역한다. '브리콜뢰르'는 무엇이든 손수 만드는 일에 능통한 '잡역부' 같은 사람이지만, 그 만듦의 대상이 다양하기에 하나의 대상만을 전문적으로 만드는 '장인'과는 구별된다. 레비-스트로스의 이야기를 조금 더 들어보자.

손재주꾼은 여러 가지 일을 할 수가 있다. 그러나 그는 엔지니어와는 달라서 그 일의 목적에 맞게 고안되고 마련된 연장이나 재료가 있고 없고에 크게 좌우되지 않는다. 그가 사용하는 재료의 세계는 한정되어 있어서 '손쉽게 갖고 있는 것'으로 하는 게 승부의 원칙이다. 말하자면 그가 갖고 있는 도구와 재료는 항상 얼마 안 되고 그나마 잡다한 것들이다. 왜냐하면 그저 주

어진 것들의 내용은 현재의 계획이나 어떤 특정한 계획과 관련
되어 구성된 것이 아니라 단지 우연의 산물이기 때문이다.

《야생의 사고》

계획 없이 사는 사람, '브리콜뢰르'

계획은 우리의 믿음만큼 중요하지 않다. 레비-스트로스의
말처럼, 주어진 것들의 내용은 현재의 계획이나 또 어떤 특
정한 계획과 관련되어 구성된 것이 아니라 단지 우연의 산
물이기 때문이다. 우리는 계획을 '문명의 사고'라고 생각하
기에 무계획적인 삶을 '미개의 사고'로 여기는 경향이 있다.
그래서 계획하지 않는 삶을 받아들일 수도, 인정할 수도 없
다. 계획을 통해, 효율과 체계를 확보하고 그로 인해 탁월
한 성취를 낸다고 믿지만 이는 사실이 아닌 경우가 많다.

이런 의구심이 들 수 있다. "정글에 사는 원시인들과
도시에 사는 우리는 다르잖아?" 원시인들은 지금 우리가 사
는 환경과 다른 곳에서 살기에 계획 없이 살 수 있었던 것
아니냐고 반문할 수 있다. 이에 대해 레비-스트로스는 매
우 흥미로운 사례를 하나 제시한다. 그는 《야생의 사고》에
서 도시에 살았지만 '야생의 사고'를 했던, 우편배달부인 '슈

발'을 언급한다.

슈발은 45년간 우편배달을 하면서 재미있는 돌을 수집하여 중세의 성이나 스위스의 산장, 힌두교 사원 등 다양한 스타일을 융합하여 독특하고 환상적인 건축물을 완성했다. 슈발의 이 건축물은 '이상궁'으로 불린다. 이 '이상궁'은 초현실주의자들에게 큰 영감을 줄 만큼 탁월한 예술 작품으로 평가받는다. 초현실주의자인 프랑스 시인 앙드레 브르통은 '우편배달부 슈발'이라는 시를 만들 정도였다. 현재 슈발의 '이상궁'은 프랑스 남동부의 오트리브의 관광 명소가 되었다. 이 슈발이 바로 도시의 '브리콜뢰르(손재주꾼)'다.

'계획 없음의 계획' 혹은 '계획 너머의 계획'

슈발의 작업실을 생각해 보자. 거기에는 계획이 없었을 테다. 전혀 어울리지 않는 재료와 연장이 널브러져 있었을 게다. 브리콜뢰르인 슈발은 엔지니어가 아니다. 엔지니어는 미리 계획하고 그 계획에 따른 연장을 갖추고 작업을 시작하지만, 브리콜뢰르는 그렇지 않다. 브리콜뢰르는 우발적이고 우연적으로 모인 잡다한 재료로 그것을 새롭게 조합한다. 마찬가지로 슈발은 주어진 조건 안에서 전혀 어울릴 것 같지 않은 이질적인 것들을 뒤섞고 재배치하면서 탁월한 작품인 '이상궁'을 만들었다. '이상궁'이라는 탁월한 '성취'에는 '계획'도 '효율'도 '체계'도 없다.

정글의 원시인들만 '야생의 사고'를 하는 것이 아니다. 도시의 슈발(브리콜뢰르) 역시 '야생의 사고'를 하는 사람이다. '야생의 사고'는 계획하지 않는 삶이다. 어디로 편지를 배달해야 할지 모르기에 어떤 돌멩이를 주울지 결코 계획할 수 없었던 슈발처럼, 삶의 우발성과 우연성을 있는 그대로 받아들이는 삶이다. 브리콜뢰르는 그런 '야생의 사고'를 받아들여 자신의 손으로 무엇인가를 닥치는 대로 만드는 사람이다. 물론 안다. 계획이라는 것 자체를 전적으로 부정할 수 없다는 걸.

엄밀히 말해, 슈발 역시 계획을 세웠을 것이다. 하지만 슈발의 '계획'은 우리의 '계획'과 다르다. 슈발이 이상궁을 만든 과정을 상상해 보자. 어제 우연히 집어 들었던 돌멩이들의 모양에 따라 어떤 건축물을 지을지 계획했을 테다. 하지만 어제의 그 계획은 오늘 우연히 주운 돌멩이 모양에 따라 폐기할 수밖에 없다. 그리고 다시 집어든 돌멩이를 보며 새로운 계획을 세웠을 것이다. 이처럼 브리콜뢰르에게도 계획이 있다. 하지만 그 계획은 고정적인 계획이 아니다.

'야생의 사고'를 하는 '브리콜뢰르'의 계획은 유동적인 계획이다. 순간순간 만나게 되는 우발성과 우연성에 의해 폐기되고 다시 만들어지는 과정이 반복된다. 사실 이렇게 만들어진 계획은 이미 우리(문명인)에게 계획이 아니다. 말하자면, 브리콜뢰르의 계획은 '계획 없음의 계획', 혹은 '계획 너머의 계획'인 셈이다.

계획하지 말고, '야생의 사고'로 살자!

두 가지 계획이 있다. '문명의 사고'로써의 계획과 '야생의 사고'로써의 계획. '문명의 사고'로써의 계획은 돌발적인 우발성과 우연성을 제거하고 싶은 욕망에 기원한다. (결혼, 주택, 저축, 보험, 연금을 생각해 보라!) 하지만 '야생의 사고'로써의 계획은 그 우발성과 우연성을 있는 그대로 긍정한다. 우리는 어쩌면 '문명의 사고'를 받아들이느라 태초에 있었던 '야생의 사고'를 잃어버렸는지도 모르겠다.

'야생의 사고'를 잃어버렸기에 논리적이고 과학적으로 설명할 수는 없지만 우리네 삶을 구원할 '야생적 직관'마저도 잃어버리게 된 것인지도 모르겠다. 그때그때 우연히 손에 들어온 돌멩이에 맞춰, 근사한 궁전을 지었던 어느 우편배달부의 그 '야생적 직관' 말이다. 우리는 그렇게 엄연하게 존재하는 삶의 우발성과 우연성을 있는 그대로 받아낼 힘을 잃어버리게 된 것은 아닐까? '문명의 사고'가 우리의 '야생의 사고'를 가리고 있는 것은 아닐까? 이것이 우리가 결코 계획대로 되지 않을 그 고정적인 계획에 목을 매게 된 이유는 아닐까?

'문명의 사고'로써의 계획은 쓸모없다. 아니 그 계획은 우리의 삶을 더 큰 불안으로 몰아넣는다. 삶의 우발성과 우연성을 있는 그대로 긍정해야 한다. 그러기 위해 해야 할 일은 분명하다. 야생의 사고로 사는 것! 이것은 가장 먼저 '야생의 사고'는 '문명의 사고'보다 열등한 것으로 규정짓고 있는 고정관념에서 벗어나야만 가능하다. 그리고 오감과 직관을 믿고 온몸으로 삶을 살아내려는 '브리콜뢰르'가 되려고 할 때 가능하다. 이것이 내가 레비-스토로스에게서 배운 삶의 지혜다.

레비-스트로스 아는 척 매뉴얼

레비-스트로스는 긴 시간 오지를 탐험하며 원주민들과 함께 생활했다. 왜 그런 고생을 사서 했을까? 하나의 본질적인 질문에 답하고 싶었기 때문이다. '모든 인류 문화의 공통된 질서는 무엇인가?'라는 질문 말이다. 레비-스트로스는 동양이든 서양이든, 고대든 현대든 간에 인간이 존재하는 모든 문화에는 공통된 어떤 보편적 질서가 있을 것이라 생각했다. 그는 인간이 사는 곳이라면 어디든 공통적인 질서가 존재할 수밖에 없다고 확신했기에 험난한 오지를 돌아다녔다.

레비-스트로스는 공통된 사회·문화적 질서뿐만 아니라 더 나아가 인간의 보편적 사고 구조를 찾으려고 했다. 모든 문화에 공통적이고 보편적인 질서가 있다면, 그 질서를 가능케 하는 인간의 보편적 사고 구조 역시 존재한다는 말이니까. 이 보편적 사고 구조를 '사회적 무의식'이라고 한다. 이 사회적 무의식을 찾기 위해 그는 또 다른 질문을 던진다. '자연이 끝나고 문화가 시작되는 곳은 어디인가?'

생각해 보면 인간은 독특하다. 인간은 개, 토끼, 말, 소처럼 생물학적인 존재이면서 동시에 그런 동물과 다른 사회적인 존재이기도 하니까. 레비-스트로스가 천착한 질문이 이것이었다. '인간사회는 동물과 달리 안정성과 지속성을 갖게 하는 규칙이나 질서가 있는데, 그것은 어떻게 가능한가?' 레비-스트로스는 이 질문에 답하기 위해, 자연과 문화가 만나는 지점에 주목했다. 그곳을 찾을 수 있다면 인간의 보편적 질서도, 보편적 사고 구조도 찾을 수 있을 거라 생각했다.

그가 찾아낸 자연과 문화가 만나는 지점, 즉 동물과 인간이 구별되는 지점은 놀랍다. 그 지점은 바로 '근친상간 금지'다. 레비-스트로스는 보편적 사회질서와 사회적 무의식을 기초 짓는 것이 '근친상간 금지'라고 말한다. 레비-스트로스의 논의에 따르면, 근친상간 금지는 '허용'과 '금지'라는 이중 질서를 갖는다. 즉 일정 범위 내에서는 성적인 결합을 '금지'하고, 그 외 범위는 결혼이란 제도를 통해 성적인 결합을 '허용'하는 방식이다. 레비-스트로스는 여기가 자연과 문화를 구별하는 지점이라고 주장했다.

동물들은 근친상간을 '금지'하지 않기에 결혼과 같은 특정한 방식의 안정적 성적 결합을 '허용'하지도 않으니까 말이다. 레비-스트로스는 결혼이란 근친혼 금지의 기초 위에서 여자의 교환으로 맺는 인간관계로 파악한다. 두 개의 집단이 결혼이란 문화를 통해 여자를 교환함으로써 친족 관계를 이루고, 더 나아가 이렇게 확장된 친족 관계가 사회구조의 기초가 된다. 이 과정을 통해 인간의 특정한 사회적 무의식이 구성된다고 주장한다.

17

말이 안 통하는 사람과
대화할 수 있을까요?

비트겐슈타인의 '언어게임'

어른, 대화하고 싶지 않은, 아니 대화할 수 없는 대상

"너도 대학생이니 투표해야지. 누구를 찍을 거니?"

"전 문재인 아니면 심상정을 찍으려고요."

"빨갱이들은 안 돼! 나라가 어떻게 되겠어?"

"…."

환갑을 훌쩍 넘긴 아버지와 대학생 아들의 대화다. 아들은 아버지의 근거도 논리도 없는 빨갱이 이야기에 입을 닫았으니, 이걸 대화라고 할 수도 없다. 첨예한 주제인 정치 이야기여서일까? 아니다. 다른 주제도 별반 다르지 않다. 젊은이와 어른은 대체로 대화가 안 된다. 젊은이들은 '지금 세상이 어떤 세상인데'라고 생각하고, 어른들은 '너희가 아직 세상을 몰라서 그래'라고 생각하기 때문이다.

물론 '젊은이'와 '어른'을 가르는 기준은 물리적 나이가 아니다. 물리적 나이는 스물이지만 환갑보다 더 경직되고 닫힌 생각을 하는 사람도 있고, 물리적 나이는 환갑이지만 스무 살보다 더 유연하고 열린 생각을 하는 사람도 있으니까 말이다. 물리적 나이가 많든 적든 상관없다. 중요한 건, 어떤 경우든 '젊은이'와 '어른'은 대화가 안 된다는 사실이다. 대화하더라도 끝은 언제나 둘 중 하나다. 싸우거나 포기하거나.

"좋아하는 일을 하며 살 거야!"라고 말하는 젊은이와 "그렇게 살면 굶어 죽는다!"라고 말하는 어른의 대화를 상상해 보자. 그 끝은 뻔하다. 둘 다 다혈질이라면 그 대화는 곧 감정적인 '싸움'으로 번질 것이고, 그렇게 싸우다 지치면 대화 자체를 '포기'할 것이다. 싸움과 포기, 이것이 젊은이와 어른이 나누는 대화의 모든 것이다. 대화가 서로의 이야기를 진심으로 들어주는 과정이라면, 젊은이와 어른은 제대로 된 대화를 단 한 번도 한 적이 없는 셈이다.

말이 안 통하는 사람과 대화할 수 있을까?

왜 이런 일이 벌어지는 걸까? 젊은이와 어른 사이에 대화가 안 되는 원인에 대해 흔히 '세대 차이'로 진단한다. 하지만 이는 원인과 결과를 바꾼 것에 불과하다. 대화가 무엇인가? 서로의 이야기를 진심으로 들어주면서 상대의 입장을 이해하는 과정이 아닌가. 세대 차이 때문에 대화가 안 되는 것이 아니라, 대화가 안 되기 때문에 세대 차이가 해소되지 않는 것이다. 세대 차이는 대화를 가로막는 원인이 아니라 대화가 되지 않은 결과다.

비단 세대 차이 문제만 그럴까. 진정한 대화로 해소되지 못할 입장 차이는 없다. '젊은이 – 어른'처럼 큰 입장 차이를 가진 둘 사이에 대화가 이루어질 수 없는 이유는 서로 말이 안 통하기 때문이 아닌가. 그렇다. 입장 차이를 가진 두 사람이 대화가 안 되는 원인은 '대화하지 못함' 그 자체다. 지금 우리는 기묘한 도돌이표에 봉착한 셈이다. '대화가 안 돼서 대화할 수 없다'라는 도돌이표.

이제 하나의 희망과 하나의 절망이 주어진다. '대화를 시작할 수 있다면, 어떤 입장 차이를 가진 상대와도 대화할 수 있다'라는 희망. '대화를 시작할 수 없다면, 상대와 영원히 평행선을 달리며 싸우거나 포기할 수밖에 없다'라는 절망. 현실은 희망보다 절망에 가깝다. 말이 안 통하는 사람과는 애초에 대화가 안 되기에 그 사람을 이해하는 것도, 대화하는 것도 불가능하다. 하지만 포기할 수 없다.

인간은 결국 우글거리는 타자들과 함께 살 수밖에 없는 존재가 아닌가. 젊은이와 어른도 함께 살아갈 수밖에 없는 것처럼, 어떤 입장 차이를 갖고 있던 우리는 타자들과 함께 살아가야 한다. 그것이 인간의 숙명이다. 그러니 우리는 필사적으로 대화할 방법을 찾아야만 한다. '말이 안 통하는' 사람과 대화할 방법 말이다.

시골로 간 천재 철학자, 비트겐슈타인

"말이 안 통하는 사람과 어떻게 대화할 수 있을까?" 답을 줄 철학자는 천재 중의 천재로 손꼽히는 비트겐슈타인Ludwig Wittgenstein이다. 천재 철학자답게, 그는 젊은 시절 "나는 철학을 끝내노라"라고 말하며 케임브리지를 떠나 오스트리아 시골 마을에 정착한다. 바로 이 시골 마을에서 비트겐슈타인은 지금 우리의 고민, "말이 안 통하는 사람과 어떻게 대화할 수 있을까?"라는 고민을 한다.

비트겐슈타인은 오스트리아 시골 마을에서 약 6년을 머물면서 초등학교 교사 생활을 했다. 그에 관한 몇 가지 기록에 따르면, 비트겐슈타인은 이 시골 마을에서 아이들의 교육 문제로 지역 주민들과 심각한 다툼이 있었다고 한다. 여기서 잠시 비트겐슈타인의 과거를 이야기할 필요가 있다. 그는 독일의 철강왕이라 불렸던 아버지 덕분에 부유한 환경에서 좋은 교육을 받으며 자랐다. 이제 알 것도 같다. 왜 비트겐슈타인과 지역 주민들 사이에 많은 마찰이 있었는지 말이다.

부유한 환경에서 좋은 교육을 받은 비트겐슈타인과 가난한, 그래서 배운 것 없는 촌사람들 사이에 마찰이 없었다면 그게 더 이상한 일이었을 게다. 말이 안 통했을 테다. 언젠가 들은 이야기다. 판검사를 부모로 둔 아이가 의사가 되어 오지에 봉사 활동을 갔단다. 의사는 거기서 공부에 재능을 보인 아이를 발견했다. 안타까운 마음에 그 아이의 부모에게 "이 아이는 농사짓기에 아까운 아이예요"라고 말했다. 그 아이의 부모는 "공부는 어릴 때만 하면 되는 거 아닌가요?"라고 답했다. 그 말에 의사는 "말이 안 통하는 인간들"이라며 화를 냈단다. 비트겐슈타인도 비슷한 일들로 지역 주민들과 다투게 되었을 거라 짐작된다.

비트겐슈타인의 '언어게임'

이 상황은 말이 안 통하는 사람과 대화가 안 되는 우리의 문제와 정확히 일치한다. 천재 철학자, 비트겐슈타인은 이 문제를 어떻게 해결했을까? 그는 자신의 저서 《철학적 탐구》를 시작하며 "언어와 그 언어가 뒤얽혀 있는 활동들 전체를 '언어게임(언어놀이)'이라고 부를 것이다"라고 말했다. 비트겐슈타인은 바로 이 '언어게임Sprachspiel'이란 개념을 통해 '대화 안 됨'의 문제를 해결하려 했다. '언어게임'이 무엇인지 알아보기 전에, 비트겐슈타인이 말한 '언어'가 무엇인지 알아보는 것이 순서다.

비트겐슈타인이 말한 '언어'란 영어, 한국어, 독일어와 같은 특정한 언어만을 말하는 것이 아니다. 동일한 한국어라도 다양한 삶의 맥락에서 사용되는 다른 의미를 드러내는 '언어'까지 포함한다. 예를 들어, 케임브리지에는 대학의 '언어'가 있고, 오스트리아 시골 마을에는 그 나름의 '언어'가 있다. 마찬가지로 우리도 한국어라는 모국어를 쓰지만, 거기에는 법원의 언어, 재래시장의 언어, 유치원의 언어, 조폭의 언어가 별도로 존재한다. 이처럼 다양한 삶의 맥락에 따라 다양한 '언어'들이 서로 다르게 혹은 유사하게 존재한다. 심지어 동일한 단어라도 삶의 맥락에 따라 전혀 다른 용례로 사용될 수 있다.

　'씨발'이라는 단어를 예로 들어보자. 이유 없이 갑자기 누군가에게 맞았을 때 '씨발'의 의미는 "왜 때려!"다. 친한 친구의 죽음을 알게 되었을 때 '씨발'은 "슬프다"라는 의미다. 약자를 도와주지 못하고 무기력하게 돌아서며 했던 '씨발'은 "난 한심한 놈이야!"란 의미고, 화려한 스포츠카를 보며 내뱉은 '씨발'은 "진짜 멋있는데!"라는 의미다. 비트겐슈타인의 '언어게임'에서 '언어'는 이처럼 특정한 언어(영어, 독일어, 한국어 등)만이 아니라 다양한 삶의 맥락에서 상이한 방식으로 사용되는 언어까지 포함하는 개념이다.

　비트겐슈타인이 왜 언어게임이란 용어를 사용했는지 알 것도 같다. 장기를 둘 때 '포'가 없어도 아무 상관 없다. 장기를 두는 사람이 500원짜리 동전을 '포'라고 약속하면 게임을 하는 데 아무 지장이 없기 때문이다. 하지만 누군가 "아니 왜 500원짜리를 장기판 위에 두는 거요!"라고 말한다면, 그는 장기라는 게임을 할 수 없다. '대화가 안 된다'라는 것은 이런 것이다. 서로 약속된 언어 대신, 각자 자신만의 삶의 맥락에서 형성된 '언어'를 상대에게 강요할 때 대화는 불가능하다. 욕쟁이 할머니의 욕을 친근함의 언어로 받아들일 수 없는 사람은 그 집의 음식을 먹을 수 없는 것처럼.

설득은 대화가 아닌 강요다

비트겐슈타인은 오스트리아 시골 사람들과 다투면서 이 사실을 깨달았다. 같은 모국어를 사용하더라도, 자신이 살아왔던 삶의 맥락에서의 '언어'와 시골 사람들의 삶의 맥락에서의 '언어'가 다르기에 대화가 되지 않았던 것이다. 천재 철학자가 이 깨달음을 놓칠 리가 없었다. 비트겐슈타인의 이야기를 직접 들어보자.

611. 서로 화해할 수 없는 두 원리가 실제로 마주치는 곳에서, 각자는 타자를 바보니 이단이니 하고 선언한다.
612. 나는 내가 타자와 '싸우게' 될 것이라고 하였다. ― 그러나 나는 도대체 왜 그 타자에게 근거들을 주지는 못할까? 물론 줄 것이다. 그러나 그것들이 어디까지 가겠는가? 근거들의 끝에는 (결국) 설득이 있다. 선교사들이 원주민들을 개종시킬 때 무슨 일이 일어났는지를 생각해 보라.

《확실성에 관하여》

지금 비트겐슈타인은 오스트리아 시골 마을로 온 자신을 '미개인을 개종하려는 선교사'로, 마을 사람들을 '원주민'으로 비유하고 있다. 그는 자신도 선교사도 모두 상대를 '대화'의 대상이 아닌 '설득'의 대상으로 보고 있다고 진단한다.

설득은 대화가 아니다. 설득은 결국 강요고, 강요는 싸움으로 귀결된다. 당연하지 않은가. 내가 옳고 너는 틀렸으니 설득해야 하고 설득이 안 된다면 강요해야 하고, 강요가 안 통할 때 싸움이 일어난다. '포기'라는 것은 '싸움'의 힘이 팽팽할 때 귀결되는 잠정적 결론이다.

'언어게임'이 주는 통찰은 분명하다. 같은 모국어를 사용하더라도 각자가 가지는 삶의 맥락이 다르다면 '언어'가 다를 수밖에 없다는 것. 비트겐슈타인이 "*한 낱말의 의미는 언어에서 그것의 쓰임에 있다*"라고 수차례 강조했던 것도 그래서다. 특정한 낱말의 의미는 각자 삶의 맥락에서 그것이 어떻게 쓰였는지에 따라 결정되기 때문이다. 수많은 타자가 가지고 있는 삶의 맥락만큼의 다양한 언어 규칙이 존재한다는 것. 이것이 비트겐슈타인의 '언어게임'이란 개념이 우리에게 전하는 통찰이다.

말이 안 통하는 사람과 어떻게 대화할 수 있을까?

이제 우리의 현실로 돌아오자. 도저히 말이 안 통하는 사람들과 어떻게 대화할 수 있을까? 비트겐슈타인의 답은 이렇다. "*내가 규칙을 따를 때, 나는 선택하지 않는다. 나는 규칙을*

맹목적으로 따른다." 각 언어마다 고유한 규칙이 있다면, 누군가와 대화를 한다는 것은 곧 그 사람의 고유한 규칙을 있는 그대로 따른다는 의미이기도 하다. 나의 이야기를 듣던 상대가 갑자기 '씨발'이라고 외친다고 해서 화를 내면 대화가 안 된다. 그 말의 의미는 "와! 난 왜 이제껏 그런 생각을 못했지"라는 의미일 수 있으니까. 그 사람의 삶의 맥락에서 만들어진 언어 규칙에서는 충분히 그럴 수 있다.

누군가와 대화를 하고 싶다면, 그의 삶의 맥락이 만들어낸 언어 규칙을 거의 맹목적인 수준으로 따라야 한다. 그렇지 않으면 우리는 자신만의 언어 규칙을 상대에게 강요하느라 대화할 수 없을 테니까. 물론 여기서 맹목적이란 말이 자신의 정체성을 완전히 부정하고 상대를 신처럼 떠받들라는 말은 아니다. 상대의 언어 규칙을 파악한다는 말은 결국 그의 삶의 맥락을 파악한다는 말이다. 그런데 이기적이고 자기중심적인 것이 인간인지라, 진중하고 섬세하게 타인의 삶의 맥락을 파악하기가 여간 어려운 것이 아니다.

천재 철학자가 왜 맹목적으로 규칙을 따른다고 했는지 알 것도 같다. 누군가와 대화하기 위해서는 먼저 자신의 중심을 내려놓아야 하는데, 이것은 상대의 언어 규칙을 거의 맹목적으로 따를 준비를 했을 때만 겨우 가능한 일이기 때문이다. "문재인과 심상정은 빨갱이야!"라는 언어 규칙을 가진 사람들은 분명 존재한다. 그들과 대화하기 위해서 문재인과 심상정을 빨갱이라고 인정해야 한다는 말이 아니다. 그들이 그런 언어 규칙을 가지게 된 삶의 맥락을 진중하고 섬세하게 살펴야 한다는 말이다.

그제야 보일 테다. 불과 60~70년 전, 남과 북이라는 이념 차이로 참혹한 학살과 살육이 일상적으로 펼쳐지던 시절을 온몸으로 겪어낸 그네들의 삶이 말이다. 빨갱이에게 부모와 형제가 죽임을 당했던, 혹은 빨갱이로 몰려서 죽임을 당해야 했던 삶의 맥락을 경험한 이들에게 중요한 건, '문재인'과 '심상정'이 아니다. '빨갱이'다. 빨갱이는 너무나 두려운 것이었기에 간교한 정치꾼들이 "저 사람이 빨갱이다!"라고 말하면 아직도 이성적 판단이 마비되는 것이다. 이런 그들의 삶의 맥락을 읽어 낼 수 있을 때 비로소 그들과 대화가 가능해진다.

어쩌면, 대화는 사랑하는 이와만 가능한 것인지도

어떤 상대와도 마찬가지다. 대화를 하고 싶다면, 먼저 상대의 삶의 맥락을 읽어 내어 그들의 언어 규칙으로 들어가야 한다. 그렇게 하지 않고 "당신은 이건 옳은데, 이건 틀렸어"라는 알량한 가치 판단이 앞선다면, 그건 대화를 하고 싶은 것이 아니다. 설득하고 싶은 것이다. 설득은 대화가 아니다. 설득은 요구이고 강요다. 대화가 안 되는 이유는 분명하다. 상대의 언어 규칙에 관심이 없기 때문이다. 달리 말해, 상대방의 삶의 맥락에 관심이 없기 때문이다.

우리는 마찰이 없기 때문에 어떤 의미에서는 이상적인 조건인 미끄러운 얼음에 올라섰지만 동시에 바로 그 이유로 인해 걸을 수 없게 된 것이다. 우리는 걷고 싶다. 따라서 마찰이 필요하다. 거친 땅으로 돌아가라! 《철학적 탐구》

　　우리는 이제 비트겐슈타인의 말을 이해할 수 있다. 각자만의 이상적인 언어 규칙(얼음)이 있어서 자신의 삶을 정당화할 수 있게 되었지만, 그 규칙(얼음)으로 인해 우리는 타인과 대화할 수 없게(걸을 수 없게) 된 것이다. 그래서 다른 언어 규칙을 가진 타자가 우글거리는 거친 땅으로 돌아가야 한다. 우리를 걷게 할 마찰을 찾아서. 어찌 보면, 불편한 대화만이 진정한 대화인지도 모르겠다. 대화가 편안하다면 그것은 아무 마찰도 없는 얼음 위에서 미끄러져 가고 있는 것일 테니까.

그래서 진정한 대화는 사랑하는 사람들과만 가능한 것인지도 모르겠다. 마찰이 있는 그 거친 땅을 걷는 것이 너무나 힘들기에. 우리는 진정으로 사랑하는 사람들과 이야기를 나눌 때만 나의 중심으로 버리고 상대의 중심으로 들어간다. 그렇게 상대의 언어 규칙으로 들어갈 수 있다. 마치 사랑스러운 아이와 대화하기 위해 아이가 좋아하는 노래와 게임을 알려고 무던히 노력하는 부모처럼 말이다. 부모는 그렇게 아이의 삶의 맥락을 이해해서 아이의 언어 규칙으로 들어가고 싶은 것이다.

대화, 그것은 사랑이 없다면 애초에 무의미한 것일지도 모르겠다. 사랑이 없는 대화는 설득과 싸움, 그리고 포기가 난무하는 폭력인지도 모르겠다. 사랑하지 않는 사람과 대화할 수 없다. 사랑하지 않기에 그들의 삶의 맥락에 관심이 없고 그래서 그들의 언어 규칙으로 들어갈 수도 없는 까닭이다. 그러니 대화가 안 된다면 상대를 비난할 것이 아니라 스스로에게 물어야 한다. "나는 저 사람을 사랑하고 있을까?"

언어에 대해 누구보다 깊이 성찰한 두 명의 철학자가 있다. 소쉬르와 비트겐슈타인이다. 소쉬르를 통해 '구조주의'에 대해 알 수 있었다면, 비트겐슈타인을 통해 '후기 구조주의'에 대해 알 수 있다. 구조주의는 쉽게 말해, '인간은 주어진 구조에서 벗어날 수 없다'라고 주장한다. 반면, 후기 구조주의는 '인간은 주어진 구조에 상당한 영향을 받지만, 그 구조에서 벗어날 수 없는 것은 아니다'라고 주장한다. 비트겐슈타인의 철학은 후기 구조주의적인 측면이 있다.

'구조주의'와 '후기 구조주의'를 좀 더 쉽게 설명하기 위한 질문이 있다. '언어를 어떻게 배우게 되는 걸까?' 재미있는 사실은 소쉬르는 이 질문에 대해 명쾌하게 답할 수 없다는 점이다. 구조주의 자인 소쉬르에게 단어의 의미는 그 단어의 사용 규칙과 다른 단어들을 알아야 정해지는 것이다. 즉 단어의 의미는 그 단어가 놓인 구조에 의해서 정해진다. 흥미롭게도, 이 말은 인간은 언어를 배울 수 없다는 말이기도 하다. 인간은 백지상태에서 언어를 배우기 때문이다.

구조주의적 입장에서, 갓난아이는 '자동차'라는 단어의 의미를 파악할 수 없다. '자동차'라는 단어의 의미를 알려면, 그 단어가 놓인 구조를 먼저 알아야 한다. 예컨대 '도로', '운전자', '신호등'과 같은 다른 단어들이 만들어내는 구조 속에서 '자동차'라는 단어의 의미를 알게 된다. 여기서 모순이 발생한다. 단어의 의미는 구조가 정하는데, 그 구조는 다시 단어를 통해서만 알 수 있는 것 아닌가? '도로', '운전자', '신호등'이란 단어의 의미를 모른다면, 그 단어들이 '자동차'와 관계 맺고 있는 구조도 알 수 없다.

단어와 구조 둘 중 하나를 알아야 나머지를 알 수 있다. 그런데 백지상태의 아이는 둘 다 모른다. 구조주의적으로 보면 갓난아이가 언어를 배우는 것은 애초에 불가능한 일이다. 구조를 모르기에 단어의 의미를 알 수 없고, 단어의 의미를 알 수 없기에 구조를 알 수 없다는 악순환에서 벗어날 길이 없다. 생각해 보면 언어학적인 어떠한 지식도 없는 백지상태의 갓난아이가 언어를 배우는 과정은 기적 같은 일이다. 하지만 이런 기적은 일상적으로 일어난다.

그냥, 자연스럽게 아이는 언어를 배우고, 때가 되면 듣고 말할 수 있다. 어떻게 이런 기적이 일상적으로 일어나는 걸까? 비트겐슈타인의 후기 구조주의적 입장에서는 단어를 몰라도 규칙을 배울 수 있고, 규칙을 몰라도 단어를 배울 수 있다. 단어 의미는 언어를 사용하는 반복적 실천을 통해서 배우기 때문이다. 소쉬르의 '랑그'처럼 항상 그리고 이미 존재하는 완결적인 규칙 체계가 있는 것이 아니라, 삶의 맥락에서 실천되는 과정에서 발생하는 부분적이고 다양한 규칙이 있다는 것이 비트겐슈타인의 관점이다.

그래서 언어의 전체 규칙을 모르더라도, 각자 삶의 맥락에서 형성된 언어 규칙을 자연스럽게 배울 수 있다. 이는 모국어를 유창하게 하지만 모국어 문법을 정확히 모르는 사람이 얼마나 많은지를 보면 알 수 있다. 우리가 특정한 사람과 대화가 안 되는 것도 마찬가지 이유다. 언어는 전체 규칙을 통해 배우는 것이 아니라 각자 삶의 맥락에서 배우기에 같은 모국어임에도 불구하고 대화가 안 통하는 것이다. 결국 언어라는 것은 각 개인들의 실천적 행동 속에서 의미를 찾는 것이기 때문이다.

돈, 돈, 돈 거리는 삶의 맥락에 놓여 있었던 사람과 미술과 음악, 문학을 접했던 삶의 맥락에 놓여 있었던 사람의 언어 규칙은 확연히 다를 수밖에 없다. 그리고 그 둘은 상대의 언어 규칙을 맹목적으로 따르지 않는다면 대화가 안 될 것이다. 이 말은 인간이 언어에 갇혀 있다는 구조주의적 관점을 뛰어넘는다. 결국, 우리가 어떤 삶의 맥락을 선택하고 어떤 실천을 하느냐에 따라 다른 언어 규칙을 갖게 된다는 논의로 나아가기 때문이다. 언어가 삶을 정하는 것이 아니라, 삶이 언어를 정한다는 것! 이것이 《철학적 탐구》로 대변되는 비트겐슈타인의 언어에 대한 관점이다. 여기서 후기 구조주의자로서 비트겐슈타인을 발견할 수 있다.

18

슬럼프를
어떻게 극복해야 하나요?

> 토마스 쿤의 '패러다임'

열정적인 사람은 무기력에 빠지지 않을까?

"집에만 있지 말고 나가서 뭐라도 좀 해."

매일 집에만 있는 친구에게 한 말이었다. 그의 문제는
취업이 되지 않는 것도, 게임에 빠져 사는 것도 아니었다.
그의 진짜 문제는 무기력이다. 무기력은 심각한 문제다. 육
체와 정신을 조금씩 갉아먹기 때문이다. 이런 무기력은 왜
찾아오는 걸까? 어떤 이유에서건, 삶에 대한 열정과 의욕이
사졌을 때 무기력이 찾아온다. 일이 잘 풀리지 않아도 열정
과 의욕을 잃지 않으면 최소한 무기력에는 빠지지 않는다.

그렇다면 질문 하나. 뜨거운 열정과 의욕이 있다면 무기력으로부터 온전히 벗어날 수 있을까? 그런 것 같지도 않다. 복서를 한 명 알고 있다. 그는 누구보다 열정적이며 의욕적이다. 이미 철 지난 스포츠인 복싱은 환경이 열악하기 그지없다. 한국에서 '복서로 산다'는 것은 '최소한의 생계마저 포기한다'라는 말과 크게 다르지 않다. 그럼에도 불구하고 그는 고된 훈련과 지옥 같은 감량, 치고받는 시합을 열정과 의욕으로 견딘다.

열정적이고 의욕적인 사람들의 무기력, 슬럼프

어느 날 그 복서가 내게 말했다. "형님, 이제 운동할 맛도 안 나고 힘도 없네요." 무기력이다. 누구보다 열정적이고 의욕적인 그에게도 무기력이 찾아온 게다. 그가 이어 말했다. "훈련을 해도 나아지는 것 같지도 않고, 매일 제자리인 것 같아요." 돈을 못 벌어도, 누가 알아주지 않아도 '매일 조금씩 더 나은 복서가 되고 있다'라고 느낄 때는 무기력이 찾아오지 않았다. 하지만 매일 훈련해도 실력이 제자리걸음인 것 같을 때는 이야기가 다르다. 이때는 아무리 열정적이고 의욕적인 사람이라도 무기력에서 벗어날 길이 없다.

열정적이고 의욕적인 사람에게 찾아오는 무기력을 흔히 '슬럼프'라고 부른다. 슬럼프는 스포츠에서 주로 사용하는 용어로, 연습 과정에서 어느 기간 동안 연습해도 효과가 나지 않고 그 때문에 의욕이 상실되고, 성적이 저하되는 시기를 말한다. 이런 슬럼프는 그 복서만의 이야기가 아니다. 슬럼프는 평범한 우리에게도 찾아온다. 열정과 의욕을 가지고 열심히 살아도 성과가 제자리일 때가 있다. 그 과정에서 열정과 의욕은 점점 사라지고 슬럼프에 빠지게 된다.

'무기력'에 빠진 사람들에게는 할 이야기가 분명하다. "뭐라도 하면 된다!" 뭐라도 하다보면 조금씩이라도 열정과 의욕이 생기기 마련이니까. 하지만 '슬럼프'에 빠진 경우는 다르다. 그들은 이미 열정과 의욕으로 뭐라도 하고 있지 않은가? '무기력'보다 '슬럼프'가 더 괴로울지도 모르겠다. 공부하지 않아서 성적이 오르지 않는 것보다 열심히 공부했는데도 성적이 오르지 않는 것이 더 괴로운 법이다. 슬럼프에 빠진 이들은 어떻게 이를 극복할 수 있을까?

토마스 쿤의 '패러다임'

이 질문에 답할 사람은 미국의 과학철학자, 토마스 쿤Thomas

S. Kuhn이다. 쿤은 '과학혁명'과 '패러다임'이라는 개념을 통해 각 시대마다 특유의 인식구조가 존재한다는 역사철학적 통찰을 보여주었다. "슬럼프를 어떻게 극복할 수 있을까요?"라는 질문에 쿤은 이렇게 답할지도 모르겠다. "당신의 패러다임을 점검하시오!" 패러다임은 무엇일까? '패러다임'이란 단어를 들어보았지만 정확한 개념은 모르는 경우가 많다. '패러다임'은 희랍어, '파라데이그마paradeigma'에서 유래했다. 그 단어에 생명력을 불어넣은 이가 토마스 쿤이다. 패러다임에 관한 쿤의 이야기를 직접 들어보자.

패러다임은 방법들의 원천이요, 문제 영역이며, 어느 주어진 시대의 어느 성숙한 과학자 사회에 의해 수용된 문제풀이의 표본이다.　　　　　　　　　　　　　　　　　《과학혁명의 구조》

쿤은 먼저 패러다임을 '방법들을 생각해 내는 원천'이라고 했다. 이는 패러다임이 '사고방식의 틀'이라는 의미다. '구체적인 하나의 방법'이 생각이라면, 그 생각을 가능케 하는 '사고방식의 틀'이 패러다임이다. 예를 들어보자. 우리 시대의 대표적인 패러다임은 '자본주의'다. 우리는 '꽃', '자동차', '사랑'을 생각할 수 있다. 그런데 그 생각은 대체로 특정한 원천을 따라 흐른다. "저 꽃을 꺾어서 팔면 얼마를 벌수 있을까?", "이 자동차는 얼마일까?", "돈도 없는 주제에 그녀를 사랑할 수 있을까?" 이런 생각들은 자본주의라는 특정한 '사고방식의 틀' 안에서 흐른다. 이것이 방법들의 원천인 '패러다임'이다.

쿤은 다시 패러다임에 대해 이렇게 설명한다. "*어느 주어진 시대의 어느 성숙한 과학자 사회에 의해 수용된 문제풀이의 표본이다.*" 이 말은 패러다임의 또 다른 성격을 드러낸다. '어느 주어진 시대'라는 표현에 주목하자. 패러다임은 분명 '성숙한 과학자 사회에 의해 수용된 문제풀이의 표본'이지만, 그것은 '어느 주어진 시대'의 산물이라는 것이다. 쿤의 이야기를 쉽게 이해하기 위해, 타임머신을 타고 먼 과거, 천동설이 지배했던 시대로 가 보자.

패러다임은 시대마다 다르다

해가 아침에 떠서 저녁에 지는 것을 보고, 우리는 당연히 "지구가 태양 주위를 돌기 때문이에요"라고 말할 테다. 이 말을 들은 당대 과학자들은 혀를 끌끌 차며 우리에게 이렇게 말할 것이다. "어린 것이 벌써 정신이 나갔구나!" 이것이 패러다임이다. 지금 우리 시대의 패러다임은 '지동설'이지만, 먼 과거 어느 시대의 패러다임은 '천동설'이다. 우리에게 '수용된 문제 풀이의 표본(패러다임)'은 지동설이지만, '어느 주어진 시대의 어느 성숙한 과학자 사회에 수용된 문제 풀이의 표본'은 분명 천동설이다.

이처럼 패러다임은 시대마다 다르다. 토마스 쿤에 따르면, 패러다임은 분명 모든 사람들이 벗어날 수 없는 '사고방식의 틀'이지만, 이는 고정불변한 진리가 아니다. 패러다임은 주어진 시대마다 다르니까. 이로써 패러다임의 특징을 두 가지로 정리할 수 있다. 첫째는 패러다임은 어떤 생각을 가능케 하는 '사고방식의 틀'이라는 것, 둘째는 그 패러다임은 시대마다 다르다는 것. 이것이 토마스 쿤의 '패러다임'이다. 같은 맥락에서 쿤은 패러다임의 전환에 따라 과학 자체가 다시 정의된다고 말한다. 쿤의 이야기를 직접 들어보자.

새로운 패러다임의 승인은 필연적으로 상응하는 과학을 다시 정의하도록 만드는 경우가 많다. 옛날 문제들은 더러 다른 과학 분야로 이관되거나 완전히 '비과학적'인 것이라고 선언되기도 한다. 이전에는 존재하지 않았거나 사소해 보였던 여러 문제들이 새로운 패러다임의 등장과 더불어 유의미한 과학적 성취의 원형이 될 수 있다. 그리고 문제들이 바뀜에 따라서 단순한 형이상학적 추론, 용어 놀음 또는 수학적 조작으로부터 참된 과학적 해답을 구별 짓는 기준도 바뀌게 되는 일이 흔하다.

《과학혁명의 구조》

우리의 정신 상태에 문제가 있다며 혀를 끌끌 찼던 과거의 과학자는 지극히 비과학적이다. 새로운 패러다임의 승인은 필연적으로 과학을 다시 정의하도록 만들기 때문이다. 다시 정의된 과학(지동설) 이전의 과학(천동설)은 너무나 비과학적이지 않은가. 우리는 천동설이 아닌 지동설이라는 패러다임을 갖고 있다. 그래서 과거의 과학자들을 비과학적이라고 여기거나 혹은 다른 분야로 이관되어야 한다고 여긴다. 패러다임의 전환이 '참된 과학적 해답을 구별 짓는 기준도 바뀌게' 만드는 이유도 그래서다.

발전과 성장은 불연속적이고 단절적인 과정을 겪는다

우리네 이야기로 돌아오자. 슬럼프에 빠진 사람에게 패러다임이라는 개념은 어떤 도움이 될까? 먼저 "왜 슬럼프에 빠지는가?"라는 질문부터 해 보자. 열심히 노력했는데 성과는 늘 제자리일 때 슬럼프에 빠진다. 고3 시절, 나는 매달 슬럼프에 빠졌다. 매달 치르는 모의고사 성적이 늘 제자리걸음이었기 때문이다. 슬럼프에 빠져 있던 내게 우등생이었던 누나는 말했다. "수능은 열심히 공부한다고 해서 다음 달에 곧바로 성적이 오르고 그런 게 아니야. 어느 정도 공부의 양이 쌓이면 한 번에 오르는 거야."

그렇다. 나는 성적이 오르지 않아서 슬럼프에 빠진 게 아니었다. 슬럼프의 원인은 '노력에 대한 성과는 선형적으로 나타난다'라는 믿음 때문이었다. 공부한 만큼 바로바로 성적이 오른다고 믿었기에 슬럼프에 빠졌던 것이다. 누나의 말처럼 공부는 그런 게 아니었다. 특히 수능처럼 방대하고 복잡한 시험의 성적은 특정한 시기 이전과 이후 단절을 겪으며 계단식으로 오른다. 누나는 쿤의 통찰을 경험으로 알았던 셈이다.

쿤에 따르면, 과학은 연속적이고 누적적으로 발전하는 것이 아니라 불연속적이고 단절적인 과정으로 진행된다. 비단 과학만 그럴까? 우리네 삶도 마찬가지 아닌가. 과학의 변화가 불연속적이고 단절적인 과정으로 진행되듯이 우리도 그렇다. 나의 믿음과 달리 공부, 운동, 업무 등 어떤 분야이든 연속적이고 누적적으로 발전하기보다 어느 시점을 기점으로 불연속적이고 단절적인 계단식으로 발전하는 경우가 일반적이다. 물론 그 불연속과 단절(성과)의 임계치까지 가는 과정에서 연속적이고 누적적인 노력이 필요하겠지만 말이다.

슬럼프 극복? 그냥 하던 대로 묵묵히 하면 된다

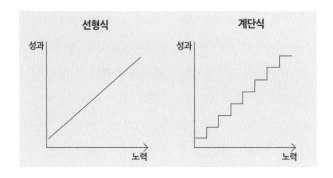

문제는 그 연속되고 누적된 노력은 가시적 성과로 드러나지 않는다는 사실에 있다. 불연속과 단절의 임계치에 도달할 때까지 연속되고 누적된 노력은 파악되지 않는다. 그 전 패러다임은 그 이후 패러다임이 도래한 후에야 알 수 있는 것처럼, 특정한 분야에서 연속적, 누적적으로 발전하고 성장하고 있을 때는 그 사실을 알아채기 어렵다. 그냥 묵묵히 공부, 운동, 일을 하다보면 어느 순간 과거 어느 시점과 훅 달라진 자신을 발견할 수 있다. 마치 한참 키가 자라고 있을 때는 그 사실을 인지하지 못하다가 어느 순간 훌쩍 커버린 자신을 발견하게 되는 것처럼.

여기서 슬럼프에서 벗어나는 하나의 방법을 알 수 있다. 어떤 분야이든 발전하고 성장하는 과정이 연속적·누적적인 것이 아니라 불연속적·단절적이라는 사실을 받아들이면 된다. 그러면 슬럼프에서 벗어날 수 있다. 노력 대비 성과가 더딜 때 무기력해지는 대신, 묵묵히 해야 할 일을 하며 불연속과 단절의 시간을 기다릴 수 있으니까. 물이 끓지 않더라도 계속된 가열은 점점 100도씨를 향해 달려가고 있으니까 말이다. 패러다임은 그렇게 우리를 슬럼프에서 구출한다.

묵묵히 해도 안 되면?

하지만 여전히 문제가 남아 있다. 슬럼프에 빠진 복서에게 "불연속과 단절의 시간이 올 때까지 묵묵히 훈련하면 돼!"라고 말하지 못했다. 그의 훈련 기간과 양을 알고 있기 때문이다. 고3시절의 나는 '지금 슬럼프야'라는 핑계로 놀러 다녔으니 해결책이 간단했다. 묵묵히 공부하면서 불연속과 단절의 시간을 기다리면 되었다. 하지만 앞에서의 그 복서는 다르다. 절박했던 만큼 매일 최선을 다해 운동했다. 그런 그에게 "더 열심히 해야 해!"라는 말은 아무런 도움이 되지 않는다. 그러니까 묵묵히 최선을 다했지만 성과가 없을 때 겪게 되는 슬럼프는 어떻게 대처해야 할까?

이 문제 역시 패러다임에서 실마리를 찾을 수 있다. 쿤은 패러다임과 관련해서 '과학혁명'을 말한 바 있다. '과학혁명'은 무엇일까? 쿤에 따르면, '과학혁명'은 한 패러다임이 다른 패러다임을 대체하는 시간이다. 즉, 과학혁명으로 인해 패러다임의 전환이 일어난다는 것이다. 예를 들어, '태양이 지구를 돈다'라는 프톨레마이오스의 생각을 대체한 코페르니쿠스의 '지동설', '시간과 공간은 불변적이고 절대적이다'라는 뉴턴의 생각을 대체한 아인슈타인의 '상대성이론'이 과학혁명의 대표적 사례다.

이런 과학혁명을 통해, 이전의 패러다임은 폐기되고 새로운 패러다임이 도래한다. 쿤은 과학혁명에 의해 패러다임의 전환이 일어나고 이러한 과정을 통해 과학이 발전한다고 보았다. 주목해야 할 점은 패러다임의 전환이 갖는 의미다. 패러다임이 바뀌는 것은 단순히 생각이 바뀌는 차원의 문제가 아니다. 이는 더 근본적인 차원의 문제다. 패러다임은 사고방식의 틀이기에, 패러다임이 바뀐다는 것은 세상을 바라보는 세계관 자체가 바뀐다는 의미다. 그래서 쿤은 "코페르니쿠스 이래로, 천문학자들은 다른 세계에 살았다"라고 말했던 것이다.

'노력'이 아닌 '노력의 방향'을 바꿀, 혁명이 필요하다

복서에게 노력해도 발전하지 않는 정체기는 왜 찾아왔을까? 이전 패러다임에 갇혀 있었기 때문이다. 복싱 훈련은 줄넘기로 시작해서 섀도복싱을 하고, 샌드백을 치고, 스파링을 해야 한다는 패러다임에 지배받고 있었다. 그 방식으로는 아무리 훈련해도 더 이상 발전하지 않는 단계에 와 있었다. 그래서 더 노력해도 성과가 나오지 않았던 것이다. 어떻게 해야 할까? 혁명이 필요하다. 쿤이 말한 과학혁명과 같은 혁명 말이다.

지금 그는 슬럼프를 극복하고 한 단계 발전된 복서가 되었다. 그에게 무슨 일이 일어났던 걸까? 그는 혁명했다. 그 혁명의 시작은 '요가'였다. 언젠가 나는 그에게, "복싱에서 호흡이 중요하니까 요가를 배워보면 좋겠다"라는 이야기를 한 적이 있었다. 그는 지푸라기라도 잡는 심정으로 요가를 배우러 갔다. 한동안 요가를 배운 후 그는 말했다. "요가를 배우고 나서 이전의 훈련 방식이 전반적으로 잘못되어 있었다는 걸 깨달았어요. 호흡이 엉망이었거든요."

노력의 양이 충분하다면 노력의 방향을 점검해야 한다. '노력'은 의지의 문제이지만, '노력의 방향'은 의지의 문제가 아니다. 혁명의 문제다. '노력의 방향'은 '노력'으로 바꿀 수 있는 게 아니다. 오직 혁명만이 노력의 방향을 바꾼다. 이전 세계관을 폐기하고 새로운 세계관에 눈을 뜨게 만드는 혁명. 그런 혁명이 없다면 관성적이고 습관적인 노력의 방향은 절대 바뀌지 않는다. 그저 하던 대로 더 노력할 뿐. 우리가 그리도 원하던 불연속적·단절적인 발전은 노력 자체가 아니라 노력의 방향 전환에서 온다.

'혁명'이라고 하니 거창하거나 대단한 것이라고 오해할지도 모르겠다. 작은 시도나 모험, 도전이 이전 패러다임을 폐기하고 새로운 패러다임을 구성하게 할 과학혁명으로 기능할 수 있다. 역사 속 위대한 과학혁명 역시 그 시작은 아주 사소하고 작은 시도나 도전, 모험에서 시작되었을 테다. 그렇게 새롭게 구성된 패러다임은 우리의 노력을 완전히 다른 방향으로 이끈다. 바로 그 전환된 노력의 방향이 불연속적·단절적인 발전을 가능케 한다.

패러다임을 바꾸기 어려운 이유

의문이 든다. 왜 많은 이들이 그런 혁명을 하지 못할까? 왜 많은 이들은 이전 패러다임을 폐기하고 새로운 패러다임을 구성하지 못할까? 사실 그 복서는 아주 예외적인 경우다. 열심히 훈련하는 어느 복서에게 "요가를 해 보는 게 어때?"라고 이야기했다고 치자. 돌아올 답은 뻔하다. "복싱에 대해서 잘 알지도 못하니 저런 헛소리를 하지." 패러다임은 사고방식 틀, 즉 세계관이기에 너무나 견고하다. 균열은 고사하고, 웬만해서는 흔들리지조차 않는다. 그래서 언제나 현재의 패러다임에 갇혀 산다. 그 이유에 대해 쿤은 이렇게 말한다.

패러다임으로부터 패러다임으로의 이행은 강제될 수 없는 개종경험conversion experience이다. … 옛 전통을 신봉하는 이들이 일생에 걸쳐 벌이는 … 저항의 근원은 결국 옛 패러다임이 모든 문제를 풀어 주리라는 확신, 즉 자연이 패러다임에 의해 제공되는 틀 속으로 맞춰진다는 확신에 있다. … 혁명기에 그런 확신은 고집스럽고 완고하게 여겨질 수밖에 없다.

《과학혁명의 구조》

패러다임의 전환은 개종을 하는 것과 같다. 말하자면, 기독교인이 불교 신자가 되는 경험이다. 이런 일은 '없다!'라고 단언할 정도로 드문 일이다. 왜 그럴까? '옛 전통을 신봉하는 이들'이 항상 저항하기 때문이다. 이 저항은 극렬하고 집요하다. 옛 패러다임이 모든 문제를 풀어 주리라는 확신을 갖고 있으니까. 그러니 이미 갖고 있는 패러다임의 확신이 고집스럽고 완고하게 여겨질 수밖에 없는 것은 당연한 일이다.

우리는 '개종'할 수 있을까?

개방적이니, 유연하니 떠들어도, 사실 우리 역시 '옛 전통을 신봉하는 이들'이 아니었던가? 취업, 운동, 사업 등이 정체기에 머물러 슬럼프에 빠져 있을 때, "소설 한 번 읽어봐", "다 놓고 여행을 떠나봐"라는 이야기는 뜬구름 잡는 소리처럼 들린다. 개종의 경험에 가까운 내적 변화가 없다면 받아들일 수 없는 이야기다. 슬럼프에 빠졌을 때, 이전의 세계관을 내려놓고 전혀 새로운 방식으로 접근하는 사람은 드물다. 늘 하던 방식을 더 열심히 하는 쪽으로 문제를 해결하려는 경우가 일반적이다.

우리가 슬럼프를 극복하기 어려운 이유는 패러다임의 전환이 그만큼 어렵기 때문이다. 그래서 슬럼프에 빠졌다면 먼저 자신의 패러다임을 점검해야 한다. 정서적 위안, 안정을 얻기 위해 이미 낡았지만 익숙한 패러다임을 붙잡고 있는 것은 아닌지 말이다. 특정한 분야에서의 성장과 발전을 원한다면, 아니 더 나아가 삶의 성숙을 원한다면, 각자의 혁명으로 과감하게 한발을 내디뎌야 한다. 그렇게 패러다임을 바꾸어야 한다.

여기서 중요한 것은 패러다임의 전환은 결코 외부에서 시작될 수 없다는 사실이다. 쿤의 말처럼, 패러다임으로부터 패러다임으로의 이행은 강제될 수 없는 개종의 경험이기 때문이다. 패러다임의 전환도, 그걸 끌어낼 (과학)혁명도 결국 우리 내부에서 시작될 수밖에 없다. 극렬한 정서적 불안정을 불러일으키는 "개종의 경험을 받아들일 수 있느냐, 없느냐?"라는 질문에 패러다임 전환의 성패가 달렸다. 어쩌면, 슬럼프는 개종의 경험을 받아들일 내면의 강건함이 없다면 영원히 해결되지 않을 문제일지도 모르겠다.

토마스 쿤 아는 척 매누오

토마스 쿤은 '과학혁명'과 '패러다임'을 통해 과학의 역사가 어떻게 진행되었는지를 드러냈다. 쿤의 이런 논의는 분명 과학사에 국한되지만, 그의 통찰은 과학 너머 일상적 삶에 영향을 미친다. '행동'이야 현실적 조건에 제약을 받지만, '생각'만은 무한히 자유롭다고 여기는 경향이 있다. 하지만 쿤은 우리에게 묻는다. "당신이 정말 자유롭게 생각하고 있는가?" 놀랍게도, 쿤은 우리의 생각이 '지금, 여기'라는 감옥에 갇혀 있다고 말한다.

쿤의 당혹스런 이야기를 이해하기 위해서는 먼저 '정상과학 normal science'이라는 개념을 알 필요가 있다. 정상과학은 쉽게 말해 '교과서'다. 쿤에 따르면, 정해진 패러다임에 근거하고 있어서 근본적인 의문이 제기되지 않은 채 수행되는 과학이 '정상과학'이다. 학창 시절 공부를 생각해 보자. 공부할 때 분명 생각하고 의문도 제기한다. 하지만 그 생각과 의문의 기반은 교과서다. 교과서 자체에 대해서는 어떠한 경우에도 의문을 제기하지 않는다.

쿤의 핵심 주장을 파악하기 위해서는 여기서 한 걸음 더 나아가야 한다. '정상과학 - 과학혁명 - 패러다임' 이 세 가지 개념이 서로 어떤 관계에 놓여 있는지를 살펴보는 것이 중요하다. 쿤의 이야기를 직접 들어보자.

과학혁명으로부터 출현하는 정상과학적 전통은 앞서간 것과는 양립되지 않을 뿐만 아니라, 통약 불가능한 것이다.

《과학혁명의 구조》

쉽게 말해, 과학혁명은 한 시대의 정상과학을 붕괴시키고 다음 시대의 정상과학을 탄생시킨다. 그럼 이제 두 개의 정상과학이 생기게 된다. 전前 정상과학과 현現 정상과학. 그런데 쿤은 이 두 정상과학은 함께 존재할 수 없고(양립불가), 동시에 둘 사이에는 어떤 공통점도 없다고 말한다. 정상과학은 패러다임이라고 말할 수 있다(통약불가). 하지만 그 패러다임은 과학혁명이라는 사건을 통해 불연속적이고 단절적인 변화를 맞이하게 된다.

교과서들은 과학혁명이 일어난 후에야 만들어진 것들이다. 교과서들은 정상 과학의 새로운 전통에 대한 기반이다.

《과학혁명의 구조》

쿤의 이야기를 이제 이해할 수 있다. 교과서는 정상과학 혹은 패러다임의 상징이다. 교과서는 의심해서도, 의심할 수도 없는 사고방식의 틀이니까. 하지만 과학혁명을 통해 이전 교과서는 폐기되고 새로운 교과서가 만들어진다. '전前 정상과학 - 과학혁명 - 현現 정상과학'은 이렇게 관계 맺고 있다.

쿤의 '정상과학'과 '패러다임', 그리고 '과학혁명'이란 개념에서 우리가 얻을 수 있는 통찰은 분명하다. 교과서마저 의심하라는 것! 우리가 절대적이며 불변하는 사실이라고 굳게 믿고 있는 믿음은 단지 지금 여기의 정상과학이며, 패러다임일 뿐이다. 우연적으로 마주칠 과학혁명을 통해 그리도 굳게 믿었던 정상과학과 패러다임이 황당한 믿음이었음을 깨닫게 된다.

우리는 자유롭지 않다. 심지어 우리의 생각과 의식마저 자유롭지 않다. 우리는 그저 지금 여기의 패러다임 속에 갇혀 있을 뿐이다. 진정으로 자유로워지고 싶다면, 지금의 패러다임을 집요하게 문제 삼고 의심해야 한다. 그래야 슬며시 드러난 '과학혁명'의 그림자 끄트머리라도 겨우 볼 수 있을 테니까.

19

자유로운데
왜 답답할까요?

푸코의 '생체권력'

기묘한 불쾌감, 자유롭지만 답답한 느낌

"요즘 왜 이렇게 회사가 답답하냐?"

"뭐가 답답하냐? 여기가 군대냐? 월급 나오지, 퇴근하지, 주말에 쉬지, 연차도 쓰잖아."

직장을 다닐 때 동료와 나눈 대화다. 동료의 이야기는 분명 옳았다. 직장은 군대와 비교하면 한없이 자유로운 공간이었다. 그의 말처럼 퇴근하고, 주말에는 쉬고, 원하면 연차도 쓸 수 있으니까. 온종일 교실에 갇혀 있어야 했던 학창 시절이나 몇 개월을 부대 내에 갇혀 있어야 했던 군대 시절에 비하면 직장은 분명 자유로웠다. 하지만 그럼에도 분명 답답했다. 이건 나만의 경험이 아니다.

어느 대학생은 자신을 가장 답답하게 하는 공간이 집이라고 했다. 가장 자유롭고 편한 공간을 하나만 꼽으라고 하면 단연 집 아닌가? 그런 집이 불편하다니. 의아함에 물었다. "부모님이 엄하시니?" 그는 "아니요"라고 답했다. 그는 집에서 눕고 싶으면 눕고, TV를 보고 싶으면 보면서 자신이 하고 싶은 대로 하고 지낸다고 말했다. 그럼에도 그는 집에 들어가기가 싫을 정도로 집이 답답하다고 했다.

직장이든 집이든 분명 자유로워서 전혀 답답할 이유가 없는데도 답답함을 느낄 때가 있다. 자유로운데 답답한, 이 기묘한 불쾌감은 집요하게 우리를 괴롭힌다. 답답함은 근본적으로 부자유에서 온다. 그러니 어떤 공간에서 혹은 어떤 관계에서 답답함을 느낀다면 자유를 찾아 떠나면 된다. 그렇게 가슴을 조여 오는 답답함에서 벗어날 수 있다.

문제는 이미 자유로운 곳에서 답답함을 느낄 때다. 이미 자유롭기에 답답할 이유가 없는데도 가슴 깊은 곳에서 답답함이 밀려올 때, 우리는 소위 '멘붕'에 빠지게 된다. 어찌 안 그럴까? 숨이 막힐 듯 답답해서 자유를 찾아 떠나고 싶은데, 바로 지금 자신이 서 있는 곳이 자유로운 공간이니 말이다. 직장, 집은 분명 답답하지만, 동시에 그곳은 이미 자유롭다. 그러니 그 답답한 곳을 떠날 필요도, 그럴 수도 없다. 그렇다면 도대체 자유롭지만 답답한, 그 기묘한 불쾌감을 어떻게 다루어야 할까?

'감시와 처벌'의 역사를 추적한 미셸 푸코

이 질문에 답할 철학자는 미셸 푸코Michel Foucault다. 푸코는 《광기의 역사》, 《감시와 처벌》, 《성의 역사》에서 권력에 관한 자신만의 철학적 사유를 보여주었다. 이 책들에서 권력이 인간을 어떻게 길들여 왔는지를 치밀하게 밝혔다. 푸코라면 우리가 때때로 느끼는 자유롭지만 답답한, 그 기묘한 불쾌감의 원인이 '생체권력bio-power' 때문이라고 말할 것 같다. '생체권력'이라는 난해한 개념을 이해하기 위해서 푸코의 사유를 천천히 따라가 보자. 먼저 그의 저작 중 《감시와 처벌》에 대해 알아보는 편이 좋겠다.

《감시와 처벌》의 표면적 문제의식은 간단하다. 이 저서는 '감금은 처형보다 인간적인 형벌인가?'라는 표면적 질문에 대해 답하고 있다. 푸코는 그 표면적 질문에 답하는 과정에서, 권력이 개인의 육체와 정신을 순종시키는 방법을 이야기한다. 정확히는 권력이 육체와 정신을 순종하게 만드는 방법이 어떻게 변화했는지를 드러낸다. 푸코는《감시와 처벌》을 통해 '감시'와 '처벌'이 어떤 역사를 가지고 변해왔는지를 집요하고 치밀하게 추적했다.

《감시와 처벌》에 따르면, 애초에 '처벌'은 끔찍한 공개 처형이었다. 이러한 형식의 처벌은 봉건적 사회의 왕권에 기초한 것이었다. 공개 처형을 통해 사람들에게 강렬한 공포를 불러일으켜 범죄나 체제 전복적 시도(쿠데타, 모반)를 차단하려고 했다. 이러한 처벌은 "하지 말라는 짓을 하면 대가를 치르게 될 거야!"라는 일종의 '보복' 성격을 갖고 있었다. 푸코는 이 처벌이 다른 형식의 처벌로 변하기 시작한 지점에 주목한다.

18세기에 이르러, '보복'은 '길들임'으로 바뀌게 된다. 범죄자도 인간이라는 점을 발견한 것이다. 이 발견은 '인간을 행형 제도(범법자에 대한 교정·교화와 사회복귀를 위해 교육을 시키는 제도)와 길들임을 통해 새로운 인간으로 변화시켜야 한다'라는 인식의 변화를 가져왔다. 푸코에 따르면, 이과정에서 감옥은 단순한 '처벌 권력'에서 규율에 의해 법적주체로 훈련, 교정, 교화시키는 '길들임 권력'으로 변화한다. 지금 우리가 알고 있는 교도소라는 개념은 이렇게 탄생했다.

'팬옵티콘'이라는 감옥

얼핏 보면, '보복(처형)'에서 '길들임(감금)'으로 변화한 것은 사회적 진보처럼 보인다. 우선 범법자라고 해서 무자비하게 죽이거나 고문하지 않으니까. 그뿐인가? 그네들을 길들이고 훈육해서 교정, 교화하는 것은 또 얼마나 인간적인가. 하지만 푸코는 '감금이 처형보다 더 인간적이다'라는 우리의 일반적 믿음에 금을 낸다. 이 지점에서 푸코는 제러미 벤담이 고안한 감옥 설계 방법인 '팬옵티콘panopticon'에 대해서 이야기한다.

주위에는 원형의 건물이 에워싸고 있고, 그 중심에는 탑이 하나 있다. 탑에는 원형 건물의 안쪽으로 향해 있는 여러 개의 큰 창문들이 뚫려 있다. … 중앙의 탑 속에 감시인 한 명을 배치하고, 각 독방 안에는 광인이나 병자, 죄수, 노동자, 학생 등 누구든지 한 사람씩 감금할 수 있게 되어 있다.　　《감시와 처벌》

　　팬옵티콘은 말 그대로 '전부pan, 본다opticon'라는 의미다. 즉, '일망 감시 체계'다. 전통적인 감옥은 죄수들을 한곳에 모아 놓고 간수는 따로 떨어져 있는 형태였다. 하지만 팬옵티콘은 한 명(간수)이 전부(죄수)를 감시할 수 있는 형태다. 한 명의 간수가 가운데 탑에 있고, 그 탑 주위로 여러 개의 방이 있고, 죄수는 각 방에 따로 갇혀 있는 구조이기 때문이다. 팬옵티콘은 간수는 죄수들을 볼 수 있지만, 죄수들은 간수를 볼 수 없는 감옥이다. 이 팬옵티콘에 대해서 푸코는 설명을 덧붙인다.

팬옵티콘은 '바라봄 – 보임'의 결합을 분리시키는 장치이다. 즉, 주위를 둘러싼 원형의 건물 안에서는 아무것도 보지 못한 채 완전히 보이기만 하고 중앙부의 탑 속에서는 모든 것을 볼 수 있지만 결코 보이지 않는다. 《감시와 처벌》

  팬옵티콘은 '바라봄과 보임의 결합을 분리'시킬 뿐, 결코 고문하거나 처형하지 않는다. 팬옵티콘은 인간적인 것처럼 보인다. 육체에 직접적인 고통을 가하는 공간이 아니라, 길들이고 교정, 교화하는 공간이니까. 그런데 우리의 믿음처럼 고문하고 처형하는 공간보다 길들이고 교정하는 팬옵티콘이 정말 더 인간적인 것일까? 여기서 푸코는 '감시'라는 주제에 관해 이야기를 꺼낸다.

팬옵티콘의 핵심은 '감시'다. 여기서의 감시는 일반적 감시, 즉 그저 지켜보는 것 이상의 의미다. 신체에 대한 면밀한 통제를 가능하게 하고, 신체를 항상 속박할 수 있고, 효율적으로 순종을 끌어낼 수 있는 방법으로써의 '감시'다. 이른바 규율과 지도를 위한 '감시'다. 푸코에 따르면, 길들임과 교정, 교화를 목표로 하는 대표적 공간인 감옥에서 이러한 규율과 지도를 위한 '감시'가 발전하게 되었다. 누구보다 영민했던 푸코는 논의를 여기서 멈추지 않는다.

사회 전체가 하나의 감옥

푸코는 팬옵티콘이라는 감옥이 사회 곳곳에 존재한다고 말한다. 이러한 푸코의 통찰은 번뜩이는 동시에 섬뜩하다. 감옥에 갇힌 죄수만이 아니라, 평범한 일상을 살아가는 우리 역시 규율과 지도를 위한 '감시'를 통해 길들고 있다는 말이 아닌가. 푸코의 이야기를 직접 들어보자.

팬옵티콘이라는 장치는 아주 다양한 욕망으로부터 권력의 동질적 효과를 만들어내는 경이로운 기계 장치다. 현실적인 예속화는 허구적인 관계로부터 기계적으로 생겨난다. 따라서 죄인에게 선행을, 광인에게 안정을, 노동자에게 노동을, 학생에게

열성을, 병자에게 처방의 엄수를 강요하기 위해서 폭력적 수단에 의존할 필요는 없다. 《감시와 처벌》

　먼 옛날부터 '현실적인 예속화', 즉 노예를 구속하려는 권력은 항상 있어 왔다. 하지만 과거의 예속화(속박)는 고문하고, 때리고, 죽이는 '폭력적인 수단'으로 가능했다. 그런데 권력의 입장에서 생각해 보면, 때려서 피가 사방에 튀는 지저분한 일은 얼마나 번거롭고 비효율적인가. 권력은 드디어 간편하고 깔끔한 기계 장치를 발견한다. 팬옵티콘이라는 '다양한 욕망으로부터 권력의 동질적 효과를 만들어 내는 경이로운 기계 장치'가 그것이다.

　팬옵티콘에서 발전된, 감시를 통한 길들임의 기술은 이제 학교와 군대, 공장으로 확대된다. 팬옵티콘이라는 통제와 길들임의 원형적 모델이 사회 구석구석으로 스며들게 되는 것이다. 그 과정에서 죄인, 광인, 노동자, 학생, 병자 모두 번거롭고 비효율적인 '폭력적 수단에 의존할 필요 없이도' 노예화(예속화)가 가능하다. 이러한 맥락에서 푸코는 '사회 전체가 하나의 감옥'이라는 번뜩이지만 동시에 섬뜩한 주장을 했던 것이다. 이런 주장을 통해 푸코는 오랜 시간 속박시키고 감시하는 처벌이, 잔혹하지만 신속하게 죽음으로 이르는 공개 처형보다 더 큰 공포를 담고 있다고 말한다.

푸코의 '생체권력'

이제 우리네 이야기로 돌아가자. 자유로운데도 답답한 이유는 '생체권력' 때문이라고 말했다. 《감시와 처벌》의 역사를 좇아온 우리는 '생체권력'이라는 난해한 개념을 이해할 준비가 되었다. '생체권력'은 '생체(생명)에 대한 권력'이다. 푸코에 따르면, 이 생체권력은 '육체 규율'과 '인구 조절'이라는 두 가지 형태로 존재한다. 먼저, '육체 규율'로써의 생체권력에 대해 푸코의 이렇게 이야기한다.

육체의 조련, 육체적 적성의 최대화, 육체적 힘의 착취, 육체의 유용성과 순응성의 동시적 증대, 효과적이고 경제적인 통제 체제로의 육체의 통합, 이 모든 것은 '규율'을 특징짓는 권력 절차, 즉 '인체의 해부 – 정치'에 의해 보장되었다.

《성의 역사 1》

팬옵티콘으로부터 시작된 감옥, 학교, 군대, 직장의 일상적 감시를 통한 길들임은 우리의 육체에 가해진다. 육체를 조련하고, 육체의 힘을 착취하고, 육체를 유용하게 만드는 과정을 통해 순응(복종)하게 만든다. 그렇게 우리는 감옥, 학교, 군대, 직장에 순응(복종)하는 육체로 길드는 것이다. 이처럼 '육체 규율'을 통해 신체에 직접 작용하고 신체에 새겨지는 권력이 바로 '생체권력'이다.

'생체권력'은 어렵지 않다. 영화 〈쇼생크 탈출〉을 본 적 있는가? 평생을 감옥에 있다가 출소해서 사회로 나온 흑인 노인이 있다. 그는 자유로운 사회로 나왔지만, 간수의 허락이 없으면 소변조차 볼 수 없는 육체로 이미 길들었다. "40년 동안 허락을 받고 오줌을 누러 갔다. 허락을 안 받으면 한 방울도 안 나온다"라는 그 흑인의 화장실 독백 장면은 생체권력이 어떤 것인지 상징적으로 보여준다. 집, 학교, 군대, 직장도 마찬가지 아닌가. 정도와 종류의 차이만 있을 뿐 이런 식으로 우리의 육체와 내면이 이미 길들지 않았던가.

푸코는 특정한 권력이 우리의 몸 구석구석을 미시적으로 지배한다는 점에서 '생체권력'이란 용어를 사용했다. 더 나아가 푸코는 '생체권력'은 한 개인의 육체만을 지배하는 것이 아니라 출생률, 사망률, 건강 수준, 수명 관리 같은 조건의 조절을 통해 '인구 조절'까지 통제한다고 말한다. 생체권력은 이러한 방법으로 한 개인의 육체는 물론 사회 자체를 지배한다고 보았다. 결국 생체권력이란 특정한 권력이 우리(인간)의 신체에 개입하여 조절하고 통제하는 권력이다.

'생체권력'의 끔찍함

이러한 생체권력은 과거의 권력보다 더 무섭고 집요하다. 과거의 권력은 칼로 상징된다. 즉 '죽게 만들고 살게 내버려 두는' 권력이었다. 하지만 놀랍게도 생체권력은 그 반대로 기능한다. 생체권력은 '살게 만들고 죽게 내버려 두는' 권력이다. 이에 대해 푸코는 이렇게 말하고 있다.

19세기 정치적 권리에서 발생한 가장 대대적인 변화 중 하나는 바로 주권의 이 오래된 권리, 즉 죽게 만들거나 살게 내버려 두는 권리가 새로운 다른 권리에 의해 대체까지는 아니더라도 보완됐다는 것에 있다고 저는 생각합니다. … 즉, 살게 만들고 죽게 내버려 두는 권력이 된 것이죠. 그러니까 주권의 권리란 죽게 만들거나 살게 내버려 두는 권리입니다. 그런 뒤에 새로운 권리가, 즉 살게 만들고 죽게 내버려 두는 권리가 정착하게 됩니다. 《사회를 보호해야 한다》

이 얼마나 무섭고 집요한가. '죽게 만들고 살게 내버려 두는' 권력(고문, 처형)에는 저항하지만, '살게 만들고 죽게 내버려 두는' 권력(감시, 훈육)에는 저항조차 할 수 없기 때문이다. 감시를 통해 서서히 길들이는 생체권력은 저항하기 더욱 어렵다. 성적이 떨어졌을 때, 다짜고짜 때리는 선생에게는 반항이라도 할 수 있다. 하지만 조용히 지켜보다가 "너에게 실망했다"라고 훈육하고 길들이는 선생에게는 제대로 된 반항조차 할 수 없지 않은가.

그토록 하기 싫은 공부를 억지로 하게 만드는 선생(부모)은 때리는 선생(부모)이 아니라, 조용히 감시함으로써 길들이고 교정하려는 선생(부모)이 아니던가. 그런 선생(부모)의 훈육과 교정은 우리의 신체에 새겨져 '알아서 기게' 만든다. 이것이 생체권력의 무서움이다. 그래서 저항조차 어렵다. 이제 알겠다. 직장과 집이 분명 자유로운데도 왜 그렇게 답답했는지를 말이다.

'직장'과 '집'이라는 팬옵티콘

내가 다녔던 직장은 '생체권력'이 작동하는 전형적인 팬옵티콘이었다. 사원은 제일 앞자리에, 대리는 그 뒤에, 또 그 뒤로 과장, 차장이 앉아 있었고, 제일 뒷자리는 부장이었다. 핵심은 '바라봄 - 보임'의 관계다. 사원은 보이기만 할 뿐 볼 수 없다. 반대로 부장은 보기만 할 뿐 보이지 않는다. 이런 팬옵티콘적 장치가 완성되어 있다면 아무리 자유롭더라도 답답하지 않을 도리가 없다. 서서히 길들고 교정을 당하면서 나다움의 잃어가는 과정이 어찌 답답하지 않을까. 차라리 직장이 교묘한 '감시'로 길들이는 것이 아니라, 직접적인 폭력으로 '처벌'했다면 7년이란 시간을 직장에서 괴로워하지 않았을지도 모르겠다.

집이 답답하다는 대학생도 마찬가지다. 그 친구는 가수가 되고 싶어 했지만, 부모는 아들이 공무원이 되기를 원했다. 하지만 많이 배운 부모는 결코 '처벌'하지(윽박지르지) 않았다. 대신 조용히 아들의 방을 엿봤다. 공무원 준비를 하는지 노래를 듣는지 '감시'했다. 아들은 저항할 수 없었다. "가수가 되고 싶다"라는 아들의 이야기에 부모는 노골적으로 반대하지 않았기 때문이다. 대신 "가수도 좋지만 기왕 시작한 공무원 시험에 최선을 다해 봤으면 좋겠다"라고 말했다. 그 자상하고 친절한 타이름은 길들임의 다른 이름이다. 이런 길들임은 저항조차 무력화시킨다. 그러니 '하지 마라'라는 것이 없는 집이지만 그토록 답답했던 것이다.

'살게 만들고 죽게 내버려 두는' 생체권력

생체권력은 신체에 각인된다. 그렇게 우리는 부모, 학교, 직장, 국가라는 권력에 길든다. 급기야 권력이 원하는 것이 우리가 원하는 것이라고 믿게 되는 지경에 이르게 된다. '부모가 원하는 게 아니라 내가 원하는 거야', '서울대는 내가 원해서 가고 싶은 거야', '업무는 내가 좋아서 하는 거야', '국가를 위한 희생은 내가 원하는 거야'라는 자발적 복종은 이렇게 탄생하게 된다. 생체권력이 없다면 자발적 복종도 없다. 푸코는 '생체권력을 통해 정신을 통제하는 것이 육체를 처벌하는 것보다 더 효과적인 사회 통제 수단'임을 간파했다.

'죽게 만들고 살게 내버려 두는' 과거 권력은 잔혹하지만 그래서 저항할 수 있다. 여기에 자발적 복종은 없다. 하지만 '살게 만들고 죽게 내버려 두는' 생체권력은 표면적으로 인간적인 것 같다. 그래서 저항은커녕 그 권력에 감읍마저 하게 된다. 생체권력의 작동 방식인 감시와 통제, 길들임은 언제나 '다 너희를 위한 거야!'라는 인자한 표정으로 다가오니까. 그렇게 생체권력은 자발적 복종을 만들어낸다. 이 얼마나 무섭고 끔찍한가! 지배당하면서 저항하기는커녕 감사한 마음으로 자발적 복종을 한다는 것이.

마찬가지로 예전의 사장(부모, 선생)이 윽박지르고(죽게 만들고) 무관심했다면(살게 내버려 두고), 지금의 사장(부모, 선생)은 타이르고(살게 만들고) 실망하는(죽게 내버려 두고) 방식으로 우리를 길들인다. 우리의 신체는 이런 교묘한 생체권력의 메커니즘에 의해 지배당하고, 결국에는 자발적으로 복종하게 된다. 집, 학교, 직장 더 나아가 우리 사회는 그런 생체권력이 작동하는 공간이다.

생체권력과 자발적 복종

자유롭지만 동시에 답답한, 그 기묘한 느낌의 정체를 알겠다. 그것은 생체권력으로 인한 '자발적 복종' 때문에 발생한 느낌이다. 자발적 복종의 방점은 '복종'에 있다. '자발적'이라는 자유는 생체권력에 지배당한 신체에 의해 촉발된 허구적 느낌이다. 주말에 쉬고 연차도 쓰는 직장, 딱히 하지 말라는 것이 없는 집이기에 자유롭다고 느낀다. 하지만 우리는 직장이나 집에서 이미 충분히 감시당하고 통제 당해 길들었다. 그래서 우리는 자유롭지만 답답한 그 기묘한 불쾌감에 시달리는 것이다.

푸코는 소중하다. 권력의 지배는 개체의 신체뿐만 아니라 내면에까지 집요하게 관철된다는 사실을 보여주었기 때문이다. 달리 말해, 푸코는 권력의 문제가 선명한 구도인 '지배자 – 피지배자' 사이의 관계뿐만 아니라, 우리의 눈에 보이지 않는 '검열하는 자아 – 검열을 당하는 자아'의 관계까지 확대된다는 사실을 분명하게 드러냈다. 푸코가 없었다면 어쩌면 우리는 권력에 지배당하고 있다는 사실조차 인식하지 못했을지도 모르겠다. 끔찍한 복종을 강요받으면서도 그것이 자발적이라고 오해하고 살았을지도 모르겠다.

미쉘 푸코 아는 척 매누웅

생체권력이란 개념을 알고 나면 암울하고 절망적인 느낌을 지울 수 없다. 그것은 신체뿐만 아니라 내면까지 이미 지배하고 있는 것 아닌가? 그러니 생체권력에서 벗어날 길이 없는 것처럼 보인다. 이 암울과 절망에도 한 줄기 희망이 있다. 그 희망은 바로 푸코의 '에피스테메'라는 개념이다. '에피스테메'에 대해서 이야기해 보자. '에피스테메'는 간단히 말해 '인식의 틀'이다. 우리가 무엇인가를 인식할 때 그냥 인식하는 것이 아니다. 어떤 '인식의 틀' 안에서 무엇인가를 파악하고 생각한다. 이 '인식의 틀'은 사물에 질서를 부여하는 무의식적 기초 같은 것이다. 우리의 앎을 만드는 거대한 '인식의 틀'이 '에피스테메'다.

꽃, 커피, 여행, 사랑과 같은 것들에 대해 생각해 보자. 우리는 대체로 이런 사물, 사건들을 인식할 때 무의식적으로 '돈'을 떠올린다. '저 꽃은 얼마지?', '커피를 마시지 않으면 돈을 더 모을 수 있어', '여행은 돈을 벌어야 가는 거지', '사랑도 돈이 있어야 하는 거 아니야?'라고 부지불식간에 무의식적으로 인식한다. 우리는 왜 이런 식으로 인식하는 걸까? 우리의 '에피스테메'가 바로 자본주의이기 때문이다. 에피스테메를 벗어나서 인식하는 것은 매우 어렵다.

고대 그리스의 플라톤은 이 '에피스테메'를 '독사doxa(시간과 공간에 의해 제한되는 의견 혹은 억측)'의 짝 개념으로 사용하며 '시간과 공간을 초월한 불변의 진리'를 의미하는 것으로 사용했다. 하지만 푸코의 에피스테메는 플라톤의 그것과 다르다. 자본주의에서 나고 자란 우리는 뭐든 자본주의적 '인식의 틀' 속에서 무의식적으로 인식할 수밖에 없다. 하지만 그렇다고 자본주의적 인식의 틀이 플라톤의 말처럼, '시간과 공간을 초월한 불변'의 진리는 아니다.

우리는 자본주의라는 체제에서 나고 자랐기에 그런 에피스테메를 가졌을 뿐이다. 다른 시간과 공간에서 나고 자랐다면 다른 에피스테메를 가지게 되었을 것은 너무 자명하지 않은가. 그래서 푸코의 '에피스테메'는 이렇게 정의할 수 있다. 특정한 시간과 공간에 의해 주어진 인식의 틀. 푸코의 에피스테메를 이해하는 일은 중요하다. '생체권력'이란 개념의 절망적 전망 때문이다.

푸코의 논의에 따르면, 가족, 학교, 매스컴, 감옥, 병원 등을 통해 권력은 오랜 시간 집요하게 인간이란 생명체를 훈육시켜 왔기에 우리는 자발적 복종에 벗어날 수 없는 것처럼 보인다. 생체권력은 우리의 신체뿐만 아니라 내면까지 지배하기 때문이다. 부모, 사장, 국가, 자본주의에 의해 이미 내면까지 길들었다면 자발적 복종에서 벗어날 길이 없다. 알아서 공부하고, 일하고, 돈을 벌려고 한다. 심지어 그것을 자신이 원하는 것으로 믿게 되니까. 쉽게 말해, '알아서 기게' 된다.

하지만 에피스테메라는 개념에서 희망을 찾을 수 있다. 지금 우리를 지배하고 있는 에피스테메는 시공을 초월한 고정불변의 진리가 아니다. 에피스테메는 '특정한 시간과 공간에 의해 주어진 인식의 틀'일 뿐이다. 즉, 우리를 지배하는 에피스테메는 그저 '지금 - 여기'에 있었기에 생긴 에피스테메일 뿐이다. 에피스테메를 알게 되면, 우리는 잠시지만 '지금 - 여기'를 벗어나 우리네 삶을 조망할 수 있다. 그렇게 '검열하는 자아 - 검열을 당하는 자아'의 문제에 대해 거리를 두고 볼 수 있다. 그 과정에서 우리는 생체권력의 심각한 증상인, 자발적 복종에서 벗어날 실마리를 찾을 수 있다.

푸코의 사유가 남기는 전망은 분명 어둡고 비관적인 면이 있다. 하지만 그 어둠과 비관 사이에 분명한 희망이 있다. 푸코는 철학에 대해 이렇게 말한 적이 있다. *"철학은 우리를 통제하도록 의도된 권력 구조를 노출시킴으로써 개인의 권력에 대한 균형을 바로잡는 수단으로 새로운 가치를 지닌다."* '생체권력'이라는, '에피스테메'라는 지식을 안다는 것만으로 삶이 변하지는 않을 것이다. 하지만 그런 앎을 통해 우리를 의도적으로 통제하는 권력구조를 노출시킬 수는 있다. 그 노출을 통해 우리의 삶을 변화시킬 실마리를 잡을 수 있다. 그것이 푸코가 남긴 절망 속의 희망이라 나는 믿고 있다.

20

인생을
리셋하고 싶나요?

들뢰즈의 '아장스망'

인생을 '리셋'하고 싶나요?

규석은 영어 공부 중이다. 취업에 필요한 성적을 만들기 위해 열심히 공부했다. 시험 날이 되었다. 컨디션이 안 좋았는지, 처음 듣기 평가에서 두 문제를 놓쳐버렸다. 세 번째 문제부터라도 집중한다면 지난번보다 성적이 올랐을 수도 있었으련만 규석은 그러지 못했다. 한숨을 푹 내쉬며 시험지를 뒤집고 엎드려 버렸다.

미선은 흰색 신발을 좋아한다. 그녀는 흰색 신발에 자그마한 얼룩이 생겨도 참지 못한다. 자세히 보지 않으면 잘 보이지 않는 얼룩이라서 조금 더 신어도 좋으련만 그녀는 그러지 못했다. 그래서 직장의 고된 업무를 끝내고 천근만근처럼 느껴지는 몸으로 일주일에도 몇 번이나 신발을 세탁해야 했다.

규석과 미선은 어떤 공통점도 없어 보인다. 하지만 둘의 정서적 상태는 닮았다. 둘 다 삶의 일부를 다시 시작하고 싶어 한다는 측면에서 그렇다. 규석은 왜 시험을 포기해 버렸을까? 처음 두 문제를 놓쳐서 이번 시험은 이미 틀렸다고 생각한 까닭이다. 그래서 이번 시험은 포기하고 다음 시험에 집중하자고 생각한 것이다. 미선도 마찬가지다. 미선은 왜 매번 신발을 세탁했던 걸까? 옆 사람이 미선의 신발을 살짝 밟았을 때 이 신발은 이미 틀렸다고 생각한 까닭이다. 그래서 그 신발을 깨끗이 세탁해서 처음처럼 돌려놓고 싶은 것이다.

규석과 미선의 이야기만은 아니다. 우리 역시 그렇다. 큰 사고를 당해 몸이 예전으로 돌아갈 수 없을 때, 혹은 누군가로부터 큰 상처를 받아 마음이 예전으로 돌아갈 수 없을 때를 생각해 보자. 그때는 규석과 미선처럼 삶의 일부가 아니라, 삶 자체를 다시 시작하고 싶어질지 모른다. 우리기대와 달리 삶이 잘 풀리지 않을 때 혹은 이미 삶이 엉망이 되어버렸다고 느낄 때, 우리는 깔끔하게 처음부터 다시 시작하고 싶다. 그렇게 다른 존재가 되어 원하는 삶을 새로 만들고 싶다.

삶을 '리셋'하지 않고 다른 사람이 될 수는 없을까?

세상 사람들은 이러한 생각이 어리석다고 말한다. "삶은 결코 되돌릴 수 없다. 그러니 지금 삶이 아무리 엉망이어도 처음부터 다시 시작할 수 없다"라고 덧붙이면서. 지극히 옳은 말이다. 하지만 그 옳은 말은 별 위로가 안 된다. '삶은 되돌 수 없다'라는 사실을 몰라서 삶을 '리셋'하고 싶은 마음이 드는 게 아니니까. 규석도 미선도 삶을 되돌릴 수 없다는 것쯤은 안다. 규석도 포기하지 않고 세 번째 문제부터라도 집중하는 게 옳다는 걸 안다. 미선도 얼룩이 묻은 신발을 그냥 신어도 된다는 걸 안다. 다 알지만 안 되는 것이다.

삶 자체는 되돌릴 수 없기에, 되돌릴 수 있는 이미 틀려버린 시험과 신발이라도 '리셋'하고 싶은 것이다. 규석도, 미선도 시험과 신발을 포기한 것이 아니다. 규석도, 미선도, 우리도 다들 살아보려고 발버둥을 치고 있는 것이다. 그렇다. 삶을 '리셋'하고 싶다는 건, '포기하고 싶다'라는 절망이 아니다. '다시 시작하고 싶다'라는 희망에 가깝다. 그래서 그들을 쉽게 비판하고 비난할 수가 없다. 이제까지의 불행한 삶과 결별하고 새로운 존재가 되고 싶다는 희망을 품지 않는 사람은 없기 때문이다.

물론 규석과 미선의 삶을 대하는 태도가 건강한 것은 아니다. 그들이 갖고 있는 희망이 '절망적인 희망'인 까닭이다. 다른 존재가 되고 싶다는 바람은 분명 '희망'이다. 하지만 그 희망을 '리셋'이라는 퇴행적 방식으로 접근할 때 역설적이게도 '절망'을 만나게 된다. 퇴행적 방식은 결국 희망이 아니라 절망으로 귀결되니까. 어찌 되었든 삶은 진입하면 결코 되돌아올 수 없는 '일방통행로'니까. 그렇다면 이제 지금과는 다른 존재가 되려는 우리가 해야 할 질문은 이것이다. "삶을 '리셋'하는 퇴행적 방식이 아닌, 다른 방식으로 다른 존재가 될 수는 없을까?"

'생성'의 철학자, 들뢰즈

이 질문에 답할 철학자는 질 들뢰즈Gilles Deleuze다. 그는 《차이와 반복》, 《안티 오이디푸스》, 《천 개의 고원》을 쓴 가장 영향력 있는 현대 철학자 중 한 명이다. "21세기는 들뢰즈의 세기가 될 것이다"라는 미셸 푸코의 전언을 통해 그의 영향력을 가늠할 수 있다. 그런 들뢰즈에게 "인생을 '리셋' 하지 않고 다른 존재가 될 수 있을까?"라고 묻는다면, 그는 "그렇다"라고 답할 것이다. 그리고 "아장스망을 통해 우리는 다른 존재가 될 수 있다"라고 덧붙일 것이다.

들뢰즈의 대답은 난해하다. 그러니 먼저 들뢰즈의 '생성'이란 개념부터 파악해 보자. 들뢰즈는 '생성'이란 개념으로 세상에 존재하는 대상들을 규정하려고 했다. (이것을 철학에서는 '존재론'이라고 한다.) 여기서 '생성'이란 개념을 단순히 '만들어짐'으로 이해하면 곤란하다. '만들어짐'에는 두 가지 형태가 존재하기 때문이다. '창조'로써의 만들어짐과 '생성'으로써의 만들어짐이 그것이다. '창조'는 쉽게 말해서 '무無에서 유有로의 만들어짐'을 의미한다.

들뢰즈가 말한 '생성'은 '창조'와 다르다. 들뢰즈에 따르면, 세상의 모든 존재는 무에서 유로 만들어지는 것이 아니라 유에서 유로 만들어진다. 이에 대해 들뢰즈는 이렇게 말한 적이 있다. *"우리는 결코 (무로부터 출발한다는 의미에서) 시작하지 않는다. 우리는 결코 백지를 가지고 있지 않다. 우리는 중간으로 미끄러져 들어간다."*

얼핏 난해하게 들리지만, 들뢰즈의 '생성'의 개념을 알고 있다면 어렵지 않게 이해할 수 있다. 우리는 결코 백지를 갖고 있지 않기에 무無로부터 시작하지 않는다. 모든 존재의 '생성'은 '있음'과 '있음' 그사이로 미끄러져 들어가는 것이다. 들뢰즈는 세상에 존재하는 모든 대상들은 '없음無'이 아니라 '있음有'에서 나온다고 보았다. 즉, 들뢰즈에게 모든 존재는 '생성'되는 것이다.

두 가지, 유有

세상 만물을 창조한 종교적인 '신'을 믿지 않는다면, 들뢰즈의 '생성'의 개념은 낯설지 않다. 책은 종이에서 나오고, 종이는 나무에서 나오는 것 아닌. 심지어 '나'도 부모에게서 나오고, 그 부모는 조부모에게 나왔으니까 말이다. 결국 존재하는 모든 것은 '무'가 아니라 '유'에서 나올 수밖에 없다. 그렇다면 이제 '유'에는 두 가지 '유'가 존재하게 된다는 결론에 도달한다. '유'에서 '유'가 나온다면, 거기에는 반드시 '존재하는 유'와 '존재하게 만든 유'가 있기 마련이니까.

책은 분명 종이에서 나왔지만 종이와 책은 다르고, '나'

는 부모에게서 나왔지만 '나'와 부모는 다르지 않은가. 즉 '존재하는 유(책, 나)'와 '존재하게 만든 유(종이, 부모)'가 있다. 여기서 의문이 하나 생긴다. '존재하는 유'는 어떻게 '바로 그 유'가 되는가? 그러니까 종이가 반드시 책이 되어야 하는 것이 아니듯, 부모가 꼭 '나'를 낳아야 하는 것은 아니지 않은가. 종이는 때로 공책이 되기도 하고, 돈이 되기도 한다. 마찬가지로 부모는 때로 누나와 형을, 때로는 동생을 낳기도 하기 한다. '존재하는 유'는 어떻게 '바로 그 유'로 '생성'되었을까?

들뢰즈의 '아장스망'

이제 우리는 들뢰즈의 '아장스망'이란 개념을 이해할 준비가 되었다. '아장스망agencement'은 '배치arrangement'를 의미하는 프랑스어다. 유(부모)에서 유(아기)가 나오지만, 나온 유(아기)가 특정한 바로 그 유(나)가 되는 이유는 '아장스망' 때문이다. 이미 존재하는 특정한 유(존재하게 만든 유)들의 '배치'에 의해 단독적이고 유일한 바로 그 유로 생성된다는 것이다. 들뢰즈의 이야기를 직접 들어보자.

아장스망이 무엇인가? 그것은 다양한 이질적인 항들로 구성되어 있으며, 나이의 차이, 성별의 차이, 신분의 차이, 즉 차이 나는 본성들을 가로질러서 그것들 사이에 연결이나 관계를 구성하는 다중체이다. 따라서 아장스망은 함께 작동하는 단위이다. 그것은 공생이며 공감이다.　　　　　　　　　　　《대화》

　　책은 어떻게 책이 되었을까? 그것은 이미 존재하는 '종이 − 작가 − 편집자 − 출판사'라는 다양한 이질적인 항들로 구성된 배치에 의해서 가능해진다. '나'도 마찬가지다. '30대의 남자 − 20대의 여자 − 쌉싸름한 맥주 − 감미로운 음악 − 호텔'이라는 나이의 차이, 성별의 차이, 신분의 차이, 즉 차이 나는 본성들을 가로질러서 그것들 사이에 연결이나 관계를 구성했기에 가능해진 것이다. 유에서 유가 나오지만, 나온 유가 그 유인 까닭은 그런 배치, 즉 아장스망 때문이다. 만약 그 이질적인 항들 중 하나만 어긋나도 전혀 다른 유가 되고 만다.

'인간 − 동물 − 제작된 도구' 유형의 아장스망, 즉 '인간 − 말 − 등자'를 생각해 보자. 기술자들은 등자가 기사들에게 옆 방향으로 안정성을 제공해줌으로써 새로운 조직, 즉 기병을 가능하게 했다고 설명한다. … 이 경우 인간과 동물은 새로운 관계에 들어간 것이고, 전자나 후자 모두 변화하게 된 것이다.　　　　　　　　　　　《대화》

'아장스망'은 모두를 새로 태어나게 한다

들뢰즈는 아장스망을 설명하기 위해 '등자'라는 물건을 예로 든다. 등자는 말 옆구리에 매달아 놓은 쇠고리로, 말에 오르거나 내릴 때 발을 넣도록 만든 물건이다. 역사학자들에 따르면, 등자의 발명이 당시 전쟁의 양상과 판도를 바꾸었다. 등자가 없던 시절의 전투는 주로 보병들의 싸움이었다. 그런데 등자의 발명으로 보병이었던 군인이 말에 쉽게 올라탈 수 있게 되었고, 말 위에서 쉽게 균형을 잡을 수 있게 되어 양팔을 사용해 무기를 사용할 수 있게 되었다. 기동성을 갖춘 기마병이 탄생한 것이다. 정확히는 보병이 기마병으로 바뀐 셈이다.

보병과 기마병은 전혀 다르다. 걸어서 전투하는 사람과 말을 타고 전투하는 사람은 다리와 팔, 허리 근육은 물론이고, 균형감각도 다르다. 바라보는 시야도 다르다. 심지어 그로 인해 생각과 판단도 다르게 하게 된다. 유(보병)에서 유(기마병)로 '생성'된 것이다. '아장스망' 때문이다. '인간(보병) – 동물(말) – 제작된 도구(등자)'처럼 아무 관련 없어 보이는 이질적인 항들의 배치를 통해 보병은 기마병으로 '생성'된 것이다. 인간만 그런가? 말은 그저 운송수단으로써의 온순한 말이다. 하지만 '인간(보병) – 동물(말) – 제작된 도구(등자)' 배치를 통해 그 온순한 말은 용맹스러운 사자와 같은 기마로 '생성'된다. 이렇게 아장스망은 모두를 새로 태어나게 한다.

사실 '아장스망'은 낯선 개념이 아니다. 이미 우리는 이질적인 항들의 특정한 배치를 통해 전혀 다른 존재가 되는 경험을 충분히 갖고 있다. 예를 들어보자. '남자 - 군복 - 총 - 신병훈련소'라는 배치(아장스망)를 통해 유순한 대학생이 군인으로 생성되지 않았던가. 마찬가지로 '여자 - 대학교 - 연인 - 이별 통보'라는 배치를 통해 순진했던 여고생은 성숙한 여인으로 생성되지 않던가. 이렇게 우리는 이질적인 항들의 '아장스망(배치)'을 통해 이전에는 전혀 상상할 수조차 없었던 전혀 다른 존재로 '생성'된다.

'이번 생은 틀렸다'라고 생각하나요?

'이번 생은 틀렸어!'라는 자조적인 이야기가 유행한 적이 있다. 이 이야기는 반은 농담이지만 반은 진담이다. 삶이 너무 버거워 사는 것이 힘들 때 이번 생은 포기하고 싶어지니까. 어쩌면 자살은 '절망'이 아니라 '희망'을 표상하고 있는지도 모르겠다. 자살은 삶의 '절망'적 포기가 아니라, 이미 틀려버린 이번 생을 다시 시작하고 싶다는 '희망'의 몸부림일지도 모르겠다. 지금은 그런 '절망적 희망'이 휩쓰는 시대다. 이미 틀려버린 삶을 '리셋'하고 싶다는, 그래서 새로운 존재가 되고 싶다는 절망적 희망 말이다.

들뢰즈의 '아장스망'은 그 '절망적 희망'에 새로운 전망을 열어준다. 삶을 '리셋'하고 싶다는 욕망은 '창조'의 욕망이다. 원래 백지(무)가 있었고 지금은 그 백지가 엉망이 되어버렸으니, 그 종이는 찢어버리고 새로운 백지를 갖고 싶다는 욕망이기 때문이다. 하지만 들뢰즈의 '생성'은 다르다. 들뢰즈의 말처럼 우리는 결코 무에서 시작하지 않는다. 원래 유가 있었고 그 유에서 새로운 유가 나오게 되니까. 그래서 아장스망(배치)이 중요해지는 것이다. 원래 존재했던, 이질적인 항들을 어떻게 배치하느냐에 따라 전혀 다른 존재가 생성되기 때문이다.

다시 묻자. 이번 생은 틀렸으니 리셋을 해야 할까? 그래서는 안 되는 것이 아니라, 그럴 필요 없다! 배치를 달리하는 것으로 우리는 다른 존재가 될 수 있을 테니까. 이제껏 나와 아무 상관 없다고 생각하는 이질적인 항들의 배치 속으로 들어가면 새로운 존재로 생성된다. 지금의 모습을 긍정하면서 다른 배치를 구성하는 것으로 우리는 전혀 다른 존재가 될 수 있다. 정말이다. 우리는 무엇이든 어떤 모습이든 될 수 있다. 싸구려 자기계발서에 나오는 허구적 희망이 아니다. 이에 대해 들뢰즈는 《차이와 반복》에서 다음과 같이 이야기한 적이 있다. "*잠재적인 것은 실재적인 것에 대립하지 않는다. 잠재적인 것은 현실적인 것에 대립할 뿐이다. 더 나아가 잠재적인 것은 실재적인 대상을 구성하는 엄정한 부분으로 정의되어야 한다. 마치 실재적 대상이 자신의 부분들 중의 하나를 잠재성 안에 갖고 있는 것처럼 말이다.*"

씨앗(실재성) = 알맹이(현실성) + 꽃(잠재성)

간단히 말해, '실재성 = 현실성 + 잠재성'이라는 말이다. 실재하는 존재는 현실적인 것 이외에 아직 발현되지 않는 잠재성까지 포함된다는 의미다. 흔히 우리는 '현실성'이 '실재성'이라고 믿는다. '나'라는 존재(실재성)는 취업을 못하고 있고, 토익점수는 형편없고, 심지어 무기력하기까지 한 존재(현실성)라고 믿고 있다. 완전히 틀린 말도 아니다. 하지만 들뢰즈에 따르면 반은 옳고 반은 틀렸다. '실재성'은 (이미 드러난) '현실성'뿐만 아니라 (현실에서 아직 드러나지 못한) '잠재성'마저 이미 포함하고 있기 때문이다.

납득이 어렵다면, 작은 씨앗 하나를 생각해 보자. 씨앗(실재성)은 그저 씨앗일 뿐일까? 씨앗은 이미 드러난 모습(현실성)처럼 보잘것없는 작은 알맹이일 뿐인가? 아니다. 그 씨앗 안에는 언젠가 화려하게 피울 꽃(잠재성)이 이미 들어 있다. 그러니 '씨앗(실재성) = 알맹이(현실성) + 꽃(잠재성)'인 셈이다. 씨앗의 실재성은 그런 것이다. 실재성에 이미 잠재성이 내포되어 있다면, 어떤 의미에서 씨앗은 이미 꽃이라고도 말할 수 있는 셈이다.

어떤 존재(실재성)도 겉으로 드러난 모습(현실성) 이외에 앞으로 다르게 '생성'될 수 있는 잠재성을 이미 가지고 있다. 그래서 우리는 무엇이든 될 수 있다. 심각하게 자살을 고민했던 친구가 나를 찾아온 적이 있다. 그녀는 취업을 못했고, 영어 점수도 엉망이었고, 무기력하기까지 했다. 그녀는 "이번 생은 틀렸다"라며 자살까지 고려했다. 그녀는 드러난 '현실성'만이 '실재성'이라고 믿었던 것이다. 자신의 '잠재성'을 보지 못했던 것이다. 그녀의 '현실성'은 '나 – 고시원 – 영어책'이라는 배치에 의해 '생성'된 것이었다.

하지만 그녀는 자살하지 않았을 뿐만 아니라 무기력으로부터 벗어났다. 그녀는 지금 강건하게 삶을 헤쳐 나가는 씩씩한 사람이 되었다. 씨앗이 '좋은 흙 – 비 – 햇볕'이라는 아장스망으로 아름다운 꽃이 되듯이, 그녀 역시 그렇게 아름다운 사람이 되었다. 그녀는 아장스망을 새롭게 구성했다. '나 - 도서관 - 불교책'이라는 아장스망. 언젠가 들었던, 마음이 괴로울 때 불교가 도움이 되었다는 이야기가 생각나서 그 길로 도서관에 가서 불교 관련 책을 읽기 시작했단다. 살기 위해 발버둥을 치느라 구성된 새로운 아장스망은 그녀를 다른 사람으로 만들었다. 그녀는 지금 작은 회사에서 일하며 잘 살고 있다.

삶을 리셋하지 않아야, 다시 시작할 희망이 있다

규석도 미선도 아장스망을 통해 다른 존재가 될 수 있다. 영화를 좋아하는 규석이 '나 - 영어 학원 - 영어 공부'라는 배치를 '나 - 영화관 - 글쓰기'라는 배치로 구성할 수 있다면 다른 존재로 생성될 수 있다. 두 문제 틀렸다고 시험 자체를 포기해 버리는 대신, 끈기 있게 영화를 보고 글을 쓰는 사람이 될 수 있다. 미선도 '나 - 집 - 부모'라는 배치 대신 '나 - 여행 - 연인'이라는 배치를 구성할 수 있다면 다른 존재로 생성될 수 있다. 잘 보이지도 않는 얼룩을 지우느라 밤새 신발을 닦는 대신 편안하게 신발을 신고 다니는 사람이 될 수 있다. 너무나 사랑하는 연인과 함께 하는 행복한 순간에 신발에 생긴 얼룩이야 이미 안중에도 없을 테니까.

삶을 '리셋'하지 않아도, 아니 삶을 '리셋'하지 않아야 우리는 다른 존재가 될 수 있다. 삶을 '리셋'해 버리면 배치를 구성할 항들도 사라지게 되니까. 중요한 것은 지금껏 나와 전혀 상관없다고 혹은 불편하다고 여겼던, 이질적인 항들을 연결시켜 새로운 아장스망을 구성할 수 있느냐 없느냐의 문제다. 어쩌면 우리의 잠재성이 드러나지 않고 계속 잠재해 있는 이유는 나와 다른 것이라고 규정해 놓았던 이질적인 것으로 눈을 돌리지 못했기 때문인지도 모르겠다.

'절망적 희망'이라는 유령이 도처에 배회하고 있는 지금, 아장스망을 점검할 때다. '나(실재성)'는 분명 지금 드러난 모습(현실성)이기도 하지만 동시에 누구도 알 수 없는 어떤 모습(잠재성)을 이미 포함하고 있다. 우리를 다른 존재로 생성하게 할, 그 잠재성은 아장스망을 통해 현실성이 된다. 이것이 우리가 너무나 익숙한 배치에서 벗어나 생경한 항들의 배치 속으로 과감하게 뛰어들어야 하는 이유다. 우리는 어떤 것이든, 무엇이든 될 수 있다. '아장스망'을 통해서.

질 들뢰즈 아는 척 매누요

대부분의 철학자들도 마찬가지이지만, 들뢰즈의 사유 역시 '생성', '아장스망'과 같은 몇 개의 개념으로 논하기 어렵다. 그만큼 들뢰즈의 사유는 방대하다. 하지만 그 방대함도 방대함 자체로 남겨둘 것이 아니라면 하나하나의 개념을 파악하면서 나아갈 수밖에 없다. 그런 의미에서 들뢰즈의 핵심 개념을 하나 더 알아보자. '노마디즘'이다.

이 '노마디즘'은 '유목주의'라고 번역할 수 있다. 그렇다면 '유목주의'는 무엇일까? 먼저 정착민과 유목민의 차이를 설명하는 것이 좋겠다. 정착민은 정해진 장소에 고정되어 살아가는 사람을 의미한다. 반면, 유목민은 한 장소에 고정되지 않고 여러 곳을 이동하며 사는 사람을 의미한다. 여기서 중요한 것은 여기서 말하는 '장소'라는 것이 꼭 특정한 공간만을 의미하지 않는다는 사실이다.

예를 들어보자. "내 전공은 기계공학이니 철학은 할 필요 없어!"라고 생각하는 사람이 있다고 해 보자. 그는 유목민처럼, 아무리 많은 곳을 여행했다고 할지라도 전형적인 정착민이다. 반대로 정착민처럼, 태어나 죽을 때까지 시골 마을에 있었다고 할지라도 늘 새로운 것에 관심을 두고 온몸으로 부딪쳐 그 새로운 것들을 받아들여 변화하려고 했다면 그는 유목민이다. 즉 노마디즘이란 하나의 가치, 하나의 스타일에 고정되어 있지 않고, 늘 자신이 있던 곳으로부터 벗어나 새로운 존재로 살아가려는 방식이라고 할 수 있다.

이 노마디즘을 통해 들뢰즈가 즐겨 썼던, '재영토화'와 '탈영토화'라는 개념 역시 이해할 수 있다. '재영토화'가 정착민의 태도라면, '탈영토화'는 유목민의 태도다. 정착민이라고 해서 언제나 고정된 장소에 있는 것은 아니다. 때로 정착민도 떠난다. 하지만 그들이 떠나면서도 유목민이 아닌 이유는 그들의 떠남의 목적이 '재영토화'에 있기 때문이다. 정착민이 떠나는 이유는 새로운 영토를 만들어 거기서 자리잡기 위함(재영토화)이다. 그러니 역설적이게도 정착민의 떠남은 정착에 포섭되어 있다.

유목민은 다르다. 그들의 태도는 언제나 '탈영토화'다. 유목민이라고 해서 항상 떠나는 것은 아니다. 유목민도 때로 고정된 장소에서 멈춘다. 하지만 유목민이 멈추는 이유는 재영토화하기 위해서가 아니다. 그들의 멈춤의 이유는 떠남을 위해서다. 먼 길을 떠나온 유목민도 때로 오아시스에서 며칠을 머물 수 있다. 하지만 거기에서 자리잡지 않는다. 유목민이 오아시스에서 멈추는 이유는 다시 떠나기 위함(탈영토화)이다. 그러니 역설적이게도 유목민의 정착은 떠남에 포섭되어 있다.

들뢰즈는 이런 노마디즘적 삶의 태도를 강조했는데, 그 이유를 이제 알 수 있을 것도 같다. 들뢰즈의 존재론을 다시 생각해 보자. 그는 존재가 생성되기 위해서는 이질적인 항들을 연결시키는 '아장스망'이 필요하다고 말했다. 그 과정에서 우리의 '현실성' 이외에 이미 존재하는 '잠재성'이 드러나 새로운 존재가 될 수 있다고 말했다. 하지만 여기에는 치명적 문제가 하나 도사리고 있다. 우리는 언제나 익숙한 배치에서 벗어나려고 하지 않는다는 사실이다.

학교, 직장, 사적 모임, 어디든 주위에 있는 사람들을 보라. 그들은 하나 같이 익숙한 환경을 결코 벗어나려고 하지 않는다. 학교에서는 한번 정해진 전공은 바꾸려 하지 않고, 직장에서는 자신이 하던 업무 이외에 다른 업무는 하려고 하지 않는다. 사적 모임은 어떤가? 새로운 사람을 만나기보다 언제나 익숙한 그래서 편안한 사람을 만나려고 하지 않던가. 여기도 저기도 전부 정착민들뿐이다.

'아장스망'은 분명 우리를 새로운 존재로 거듭나게 해 주지만 그 사실을 안다고 해도 쉽게 변하지 못한다. 왜? 우리의 삶의 태도는 정착민과 같기 때문이다. 언제나 익숙한 배치를 원하고 (심지어 그 배치가 우리를 불행으로 몰아넣는 것을 알지만) 그곳에 머무르려고 한다. 새로운 배치를 거부하기에 우리의 잠재성은 발현되지 못한다. 그래서 우리는 언제나 현실성만이 실재성이라 믿으며 살게 된다.

우리 속에는 잠재성이란 숨은 보석이 있다. 그 보석은 유목적인 삶을 사는 사람에게만 반짝임을 보여준다. '잠재성'은 유목적인 삶을 사는 사람들에게만 '현실성'으로 드러나게 된다. '아장스망'은 분명 우리의 삶에 새로운 전망을 열어준다. 하지만 이 '아장스망'은 '노마디즘'이란 삶의 태도가 전제되지 않는다면 공허한 이야기가 될 뿐이다. 언제나 탈영토화하려는 노마디즘적 삶의 태도를 갖고 있는 사람만이 새로운 '아장스망'을 구성할 수 있기에 새로운 존재가 될 수 있다. 그래서 들뢰즈는 '노마디즘'을 그리도 강조했을 테다. 유목적으로 살자! 아장스망을 위해, 새로운 '나'를 위해!

나도 모르게 배운
서양 철학사

'삶의 철학' 어떠셨나요? 조금이라도 더 건강하고 유쾌한 '삶'이 되셨기를 바랍니다. 이제 마지막 장을 덮으시려는 지금, 이 책에 숨겨둔 작은 비밀을 하나 말씀드려야겠어요. 여러분은 자신도 모르는 사이에 이미 서양 철학사를 공부했어요. 정확히는 근대부터 탈근대(현대)까지의 서양 철학사 전반을 공부했지요. 데카르트부터 들뢰즈까지, 서양 철학사의 굵직한 철학자와 그 사유에 대해 간략하게나마 다 배운 셈이에요.

고백하자면, 이 책의 애초 기획은 서양 철학사였어요. 하지만 그 기획을 전면에 드러내고 싶지 않았어요. 제가 읽

었던 서양 철학사에 관련한 많은 책은 하나 같이 딱딱하고
재미가 없었어요. 철학 오타쿠인 저에게도 말이지요. 철학
자와 그들의 개념들이 우리네 삶과 연결되는 과정을 통해
자연스럽게 철학사의 흐름을 알게 하고 싶었어요.

　의아하신 분도 계실 거예요. '앎'보다 '삶'이 중요하다고
말했잖아요? '이론철학'보다, '감정철학'과 '실천철학', 즉 '삶
의 철학'을 지향한다고 말씀드렸잖아요? 지금까지의 내용
도 그랬지요. 한 명의 철학자와 그 개념들이 우리네 삶과 어
떻게 연결되는지를 드러내고 그 과정에서 구체적이고 실제
적인 삶의 기술을 얻었지요. 그런데 철학사, 즉 철학자들과
개념들의 역사적 흐름을 파악하는 과정은 우리에게 어떤 쓸
모와 도움을 주는 걸까요? 얼핏 보면, 철학사는 '삶'이 아닌
'앎' 그 자체에 천착하는 것처럼 보이잖아요. 하지만 한 명
의 철학자와 그네들의 개념만큼 철학사는 우리의 삶에 구체
적이고 실제적인 쓸모가 있어요.

　삶은 어떻게 변화할까요? '개념적 전환'을 통해 변화합
니다. 개념적 전환은 무엇일까요? 우리가 가진 견고한 개념
(생각, 고정관념, 편견, 선입견, 이념 등)에 틈이 나고 그 틈 사
이로 새로운 개념이 자리 잡는 것을 의미합니다. 삶을 변화
시키는 '개념적 전환'을 촉발하는 것이 바로 어느 철학자의

개념입니다. 예를 들어, 스피노자의 '코나투스', 비트겐슈타인의 '언어게임', 들뢰즈의 '아장스망' 같은 철학이 우리의 기존 개념에 틈을 내고 그 틈에 새로운 개념이 자리 잡게 하는 것처럼 말이지요. 그렇게 우리의 삶은 변화됩니다.

철학사는 이런 개별적 '개념적 전환'이 모여 만들어내는 거대한 흐름입니다. 스피노자는 데카르트의 철학에 틈을 내고 그 틈 사이로 새로운 개념이 자리 잡게 했지요. 들뢰즈는 라캉의 철학에 틈을 내고 그 틈에 새로운 개념이 자리 잡게 했고요. 철학사를 공부한다는 건 그 거대한 '개념적 전환'의 흐름을 구경하는 셈인 거지요. 그런데 그 거대한 '개념적 전환'이 일어나는 과정을 멀리서 지켜보는 우리는 어떻게 변화하게 될까요?

우리가 지금 갖고 있는 개념도 고정불변의 진리가 아니라 언제든지 틈이 벌어질 수 있고, 그 틈 사이로 새로운 개념이 들어설 수 있다는 사실을 깨닫게 됩니다. 그런 측면에서 우리네 삶에 철학사보다 더 유용하고 쓸모 있는 '앎'도 흔치 않을 겁니다. 우리의 불행은 고정불변의 진리라고 믿는 개념에 기원합니다. '사랑은 이런 거야!'라는 고정불변의 개념 때문에 새로운 사랑을 놓쳐버리기 일쑤지요. '직장은 이런 거야!'라는 고정불변의 개념 때문에 지겨운 직장에 갇히곤 하지요.

진리화된 개념은 우리를 불행하게 합니다. 이때 우리를 구원하는 것은 '철학'과 '철학사'입니다. '철학', 즉 한 명의 철학자와 그의 새로운 개념이 우리의 개념적 전환을 이끈다면, '철학사'는 그런 개념적 전환을 받아들일 수 있는 내적 토대를 마련하니까요. 철학과 철학사가 힘을 합해야 견고한 기존의 개념에 틈을 내어 개념적 전환을 이끌 수 있을 겁니다. 분명 '앎'보다 '삶'이 중요하지만, '앎'이 없다면 '삶'이 변하지 않는다는 사실을 잊지 않으셨으면 좋겠습니다.

그것이 제가 철학자와 개념들 사이에 철학사를 몰래 숨겨놓으려 했던 속내입니다. '삶의 철학'만큼이나 '앎의 철학'도 중요하다는 걸, 이 책을 끝내기 전에 꼭 말씀드리고 싶었습니다. '삶의 철학'과 '앎의 철학'을 통해, 끊임없이 기존 개념에 틈을 내고, 그 틈 사이로 새로운 개념이 들어서는 삶을 이어가셨으면 좋겠습니다. 그럴 수 있을 때 여러분 앞에 새로운 삶이 펼쳐질 겁니다. 과거의 '나'를 떠나보내고 새로운 '나'를 만나게 되는 삶 말입니다.

그런 삶이 바로 행복한 삶이 아닐까요? 과거의 사랑을 떠나보내고 새로운 사랑을 시작하는 삶이 행복한 삶인 것처럼 말이에요. 철학을 통해, 철학사를 통해 어제보다 더 건강하고 유쾌한, 그래서 행복한 삶이 펼쳐지길 응원합니다. 여러분께 닿은 이 철학책은 여기서 끝이 나지만 여러분의 '철학'은 계속되셨으면 좋겠습니다. 언젠가 각자의 '철학'이 교차되는 곳에서 만나길 바랍니다. 긴 글, 읽어주어서 진심으로 고마워요.

국외 도서

Benedict de Spinoza,《Ethica in Ordine Geometrico Demonstrata(에티카)》, The Floating Press, 2009.

Bertrand Russell, 《History of Western Philosiphy(서양 철학사)》, Simon & Schuster, 1967.

Blaise Pascal, 《Pensées by Blaise Pascal(팡세)》, Oxford University Press,

Charles Baudelaire, 《Le Spleen de Paris (파리의 우울)》, Livre de Poche , 2003.

David Hume,《A Treatise of Human Nature(인간본성에 관한 논고)》, Oxford University Press, 2000.

Ferdinand de Saussure, 《Cours de Linguistique Générale(일반언어학 강의)》, Paris, Payot, 1968.

Georg Wilhelm Friedrich Hegel, 《Lectures on the Philosophy of History(역사철학 강의)》, Wordbridge, 2011.

Gilles Deleuze, 《Dialogues, Gilles Deleuze(대화)》, Columbia University Press, 2007.

Jean-Paul Charles Aymard Sartre, 《L'existentialisme est un humanisme(실존주의는 휴머니즘이다)》, Folio # 284, 2002.

Jean-Paul Charles Aymard Sartre, 《L'être et le néant(존재와 무)》,

Gallimard French , 1976.

Johann G. Fichte,《Grundlage der gesammten Wissenschaftslehre(전체
　　지식론의 기초)》, Forgotten Books, 2017.

René Descartes, 《Discours de la Méthode(방법서설)》, Paris : Librairie
　　Cerf, 1908.

국내 도서

게오르크 빌헬름 프리드리히 헤겔,《역사철학 강의》, 권기철 역, 동서
　　문화사, 2016.

루드비히 비트겐슈타인,《확실성에 관하여》, 이영철 역, 책세상,
　　2006.

루드비히 비트겐슈타인,《철학적 탐구》, 이승종 역, 아카넷, 2016.

미셸 푸코,《감시와 처벌》, 오생근 역, 나남, 2016.

미셸 푸코,《사회를 보호해야 한다》, 김상운 역, 난장, 2015.

미셸 푸코,《성의 역사 1》, 이규현 역, 나남, 2004.

미셸 푸코,《주체의 해석학》, 심세광 역, 동문선, 2007.

브루스 핑크,《라캉과 정신의학》, 맹정현 역, 민음사, 2002.

앙리 베르그손,《의식에 직접 주어진 것들에 관한 시론》, 최화 역, 아
　　카넷, 2001.

앙리 베르그손,《창조적 진화》, 황수영 역, 아카넷, 2005.

임마누엘 칸트,《 순수이성비판 1》, 백종현 역, 아카넷, 2006.

정성본,《임제어록》, 한국선문화연구원, 2003.

지그문트 프로이트,《정신분석학개요》, 열린책들, 2014.

질 들뢰즈, 《차이와 반복》, 김상환 역, 민음사, 2004.

카를 마르크스 · 엥겔스, 《공산당 선언》, 이진우 역, 책세상, 2002.

카를 마르크스, 《임금 노동과 자본》, 김태호 역, 박종철출판사, 1999.

클로드 레비 스트로스, 《야생의 사고》, 안정남 역, 한길사, 1996.

토마스 쿤, 《과학혁명의 구조》, 홍성욱 역, 까치글방, 2013.

프리드리히 니체, 《즐거운 학문 메시나에서의 전원시 유고》, 안성찬
  역, 책세상, 2005.

프리드리히 니체, 《 차라투스트라는 이렇게 말했다 》, 김인순 역, 열린
  책들, 2015.

프리드리히 니체, 《유고(1888년 초~1889년 1월 초)》, 백승영 역, 책
  세상, 2004.

한입
매일
'철학

초판 1쇄 발행 | 2018년 06월 19일
초판 2쇄 발행 | 2019년 04월 10일

지은이 | 황진규
발행인 | 이원주

임프린트 대표 | 김경섭
책임편집 | 송현경
기획편집 | 정은미 · 권지숙 · 정상미 · 정인경
디자인 | 정정은 · 김덕오
마케팅 | 윤주환 · 어윤지 · 이강희
제작 | 정웅래 · 김영훈

발행처 | 지식너머
출판등록 | 제2013-000128호

주소 | 서울특별시 서초구 사임당로 82
전화 | 편집 (02) 3487-1141 · 영업 (02) 3471-8044

ISBN 978-89-527-9089-7 (03100)

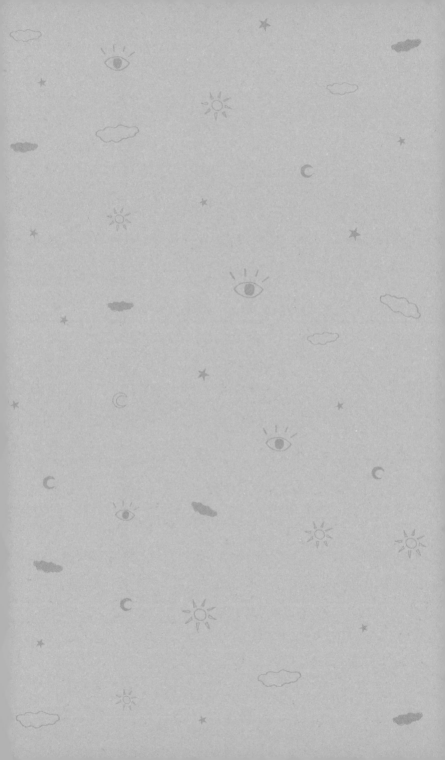

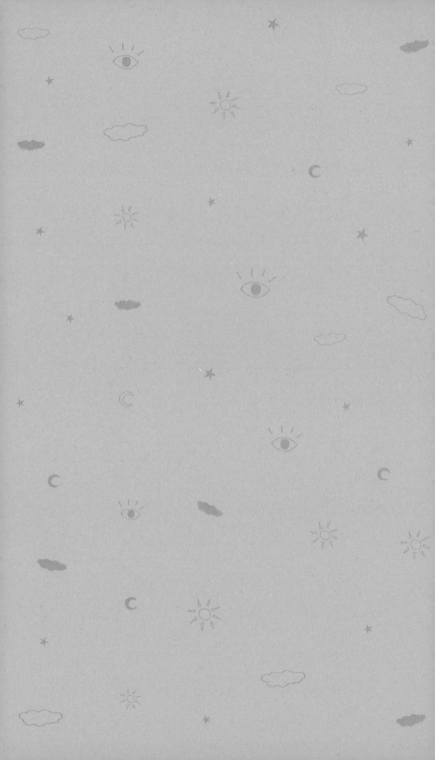